INTRODUÇÃO AO DESENVOLVIMENTO DE GAMES

Dados Internacionais de Catalogação na Publicação (CIP)
(Câmara Brasileira do Livro, SP, Brasil)

Introdução ao desenvolvimento de games: vol. 1:
entendendo o universo dos jogos / editado por
Steve Rabin; tradução Opportunity Translations;
revisão técnica Arlete dos Santos Petry;
Luís Carlos Petry. - São Paulo: Cengage
Learning, 2018.

1. reimpr. da 1. ed. de 2011.
Título original: Introduction to game development.
Bibliografia.
ISBN 978-85-221-1143-5

1. Jogos por computador - Design 2. Jogos por computador -
Programação
3. Videogames - Design I. Rabin, Steve.

11-12182   CDD-794.81536

Índice para catálogo sistemático:

1. Games por computador: Desenvolvimento
   794.81536

INTRODUÇÃO AO DESENVOLVIMENTO DE GAMES

Tradução da 2ª edição norte-americana

Volume 1
Entendendo o universo dos jogos

Tradução
Opportunity Translations

Revisão Técnica
Luís Carlos Petry

Doutor em Comunicação e Semiótica pela PUCS-SP. Professor no Programa de Pós-Graduação em Tecnologias da Inteligência e Design Digital e no Curso de Tecnologia Superior em Jogos Digitais da PUC-SP. Coordenador do Núcleo de Pesquisas em Hipermídia e Games da PUC-SP.

Arlete dos Santos Petry

Doutora em Comunicação e Semiótica pela PUC-SP. Pós-doutoranda na Escola de Comunicações e Artes da USP com apoio da FAPESP. Pesquisadora do Centro de Comunicação Digital e Pesquisa Partilhada da ECA-USP.

Editado por
Steve Rabin

CENGAGE

Austrália • Brasil • México • Cingapura • Reino Unido • Estados Unidos

CENGAGE

Introdução ao desenvolvimento de games
Volume 1 – Entendendo o universo dos jogos
Tradução da 2ª edição norte-americana
Editado por Steve Rabin

Gerente Editorial: Patricia La Rosa

Supervisora Editorial: Noelma Brocanelli

Editora de Desenvolvimento: Marileide Gomes

Supervisora de Produção Editorial: Fabiana Alencar Albuquerque

Título original: Introduction to game development, second edition
ISBN 13: 978-0-84003-103-7
ISBN 10: 0-84003-103-3

Tradução: Opportunity Translations

Revisão Técnica: Prof. Dr. Luís Carlos Petry e Arlete dos Santos Petry

Copidesque: Mônica de Aguiar Rocha

Revisão: Áurea de Faria e Maria Cecília de Moura Madarás

Diagramação: Alfredo Carracedo Castillo

Capa: Sergio Bergocce

Indexação: Casa Editorial Maluhy & Co.

© 2010 Course Technology, uma divisão da Cengage Learning

© 2012 Cengage Learning Edições Ltda.

Todos os direitos reservados. Nenhuma parte deste livro poderá ser reproduzida, sejam quais forem os meios empregados, sem a permissão, por escrito, da Editora.
Aos infratores aplicam-se as sanções previstas nos artigos 102, 104, 106 e 107 da Lei nº 9.610, de 19 de fevereiro de 1998.

Esta editora empenhou-se em contatar os responsáveis pelos direitos autorais de todas as imagens e de outros materiais utilizados neste livro. Se porventura for constatada a omissão involuntária na identificação de algum deles, dispomo-nos a efetuar, futuramente, os possíveis acertos.

A editora não se responsabiliza pelo funcionamento dos links contidos neste livro que possam estar suspensos.

Para informações sobre nossos produtos, entre em contato pelo telefone
0800 11 19 39
Para permissão de uso de material desta obra, envie seu pedido para
direitosautorais@cengage.com

© 2012 Cengage Learning.
Todos os direitos reservados.
ISBN: 13: 978-85-221-1143-5
ISBN: 10: 85-221-1143-X

Cengage Learning
Condomínio E-Business Park
Rua Werner Siemens, 111 – Prédio 20
Espaço 04 – Lapa de Baixo
CEP 05069-900 – São Paulo – SP
Tel.: (11) 3665-9900 – Fax: (11) 3665-9901
SAC: 0800 11 19 39

Para suas soluções de curso e aprendizado, visite **www.cengage.com.br**

Impresso no Brasil
Printed in Brazil
1. reimpr. – 2018

› Agradecimentos

Muitas pessoas dedicadas contribuíram para a criação deste livro. Primeiro, gostaria de agradecer aos autores. Esta obra é um tributo ao trabalho intenso e dedicação em compartilhar seu conhecimento com outros. Como líderes em seus campos, é necessário sacrifício e boa vontade para doar seu tempo livre na transmissão de conhecimento a outras pessoas. Por esse esforço, muito obrigado.

Este livro começou como um sonho de trazer veteranos importantes da área de jogos para criar um volume de conhecimento e sabedoria sem igual. Charles River Media acreditava imensamente no projeto desde o começo e me confiou a fazê-lo. Quero agradecê-los por sua orientação, suporte e fé. Toda a equipe da Charles River Media foi muito prestativa e utilizou suas habilidades para produzir esta obra rapidamente, e merece muitos agradecimentos por isso.

Quero manifestar minha gratidão a Jason Della Rocca, ex-diretor executivo da IGDA, não apenas pelo encorajamento para este projeto, mas também por seu suporte e contribuição a International Game Developers Association (IGDA) e IGDA Curriculum Framework, que inspiraram e orientaram este livro. Obrigado também aos outros membros do Curriculum Development Committee: Tracy Fullerton, Magy Seif-El Nasr, Darius Kazemi, Darren Torpey, Yusuf Pisan, Rob Catto, Doug Church, Robin Hunicke, Katherine Isbister, Katie Salen, Warren Spector e Eric Zimmerman.

Agradeço ainda a Rob Bakie, Isaac Barry, Hal Barwood, Jim Charne, Henry Cheng, Miguel Gomez, Jeff Lander, Eric Lengyel, Tito Pagan e Graham Rhodes pela ajuda no recrutamento de autores e pela revisão de muitos dos capítulos.

Por fim, obrigado à minha amada esposa e a meus filhos, Aaron e Allison, por me apoiarem durante essa jornada, bem como meus pais, Diane e Barry, e meus sogros, Jim e Shirley.

Sumário

Prefácio	xv
Prefácio à edição brasileira	xxi
Biografia dos colaboradores	xxiii

》》 PARTE 1 – ESTUDOS CRÍTICOS DE JOGOS

1.1 – UMA BREVE HISTÓRIA DOS VIDEOGAMES — 3

Visão geral	3
Os primeiros videogames	4
William Higinbotham e *Tennis for Two*	4
Steve Russell e *Spacewar*	5
Jogos para as massas	5
O advento dos videogames domésticos: Ralph Baer e o Magnavox Odyssey	6
Entrando no negócio de entretenimento: Nolan Bushnell e Atari	6
Trazendo jogos para as massas	7
Os reis do console	8
Atari e o 2600	8
A crise dos videogames de 1983	8
Nintendo e Shigeru Miyamoto	9
Sega	10
O PlayStation da Sony	12
Microsoft e Xbox	13
Computadores domésticos	13
Apple Computer	13
Commodore	14
IBM	15
Os designers	15
Maxis e Will Wright	15
MicroProse e Sid Meier	16
Sierra e Ken e Roberta Williams	18

Origin Systems e Richard Garriott 18
O outro sucesso da Origin: *Wing Commander* 20
Peter Molyneux 20

Os fenômenos 21

Space Invaders 21
Pac-Man 21
A confusa história do *Tetris* 22
Capcom e *Resident Evil* 23
Square e *Final Fantasy* 24
Cyan e *Myst* 24
Pokémon 25
Harmonix: *Guitar Hero* e *Rock Band* 25
Ascensão e queda do mascote de videogames 27

Os estúdios 28

Activision e Infocom 28
Electronic Arts 29
Interplay 30
LucasArts 31
Blizzard 32
id Software 32

Uma visão geral dos gêneros 33

Aventura 33
Ação 33
Ação-aventura 33
Plataforma 34
Luta 34
Tiro em primeira pessoa 34
Estratégia em tempo real (RTS) 34
Estratégia baseada em turno 34
Role-Playing Game (RPG) 34
Jogo de RPG massivo on-line (MMORPG) 34
Espionagem 35
Horror-sobrevivência 35
Simulação 35
Corrida 35
Esportes 35
Ritmo 36
Puzzle 36
Minijogos 36

Tradicional	36
Educacional	36
Sério	36
Resumo	**37**
Exercícios	**37**
Referências	**37**
1.2 – JOGOS E A SOCIEDADE	**39**
Visão Geral	39
Por que as pessoas jogam videogames?	40
Público e demografia	40
A Entertainment Software Association (ESA)	42
As estatísticas da ESA para os Estados Unidos em 2008	42
ESRB	42
Mais estatísticas da ESRB de 2007	43
Reação social aos jogos	43
Questões legais	43
Jogos e a violência juvenil	45
Raiz de todos os males ou a boa e velha diversão?	46
Questões culturais	46
Pior... estereótipo... possível	46
Diplomacia estrangeira	47
Alemanha	47
China	47
Japão	47
Aceitação cultural	48
Sociedade dentro dos jogos	48
Comportamento on-line: o bom	48
Comportamento on-line: o mau	48
Comportamento on-line: o feio	49
Ferramentas	49
Resumo	**50**
Exercícios	**50**
Referências	**51**

PARTE 2 – DESIGN DO JOGO

2.1 – JOGOS E A SOCIEDADE — 55
Visão geral — 55
Quem é o designer de jogos? — 56
Definições especiais — 57
- Artefatos — 58
- Jogo e diversão — 58

Um modelo de jogos — 60
- A metade do jogo — 62
- A metade do jogador — 63
- A terceira metade — 64
- Todos juntos — 65

Jogo — 66
- Objetivos — 66
- Resultados — 67
- Incerteza — 67
- Regras e Estrutura — 68
- Quadros — 69

Jogador — 69
- Emoções e sentimentos — 69
- Pensar é sentir — 71
- Memória operacional — 71
- Atenção — 72
  - *Exemplo: conseguir atenção em jogos de objetos escondidos* — 72
- Peculiaridades psicológicas — 73
  - *Desafios de quadros* — 73
  - *Condicionamento* — 73
  - *Visando públicos* — 74

Experiência — 75
- Domínio — 76
- Fluxo — 77
- Imersivo — 78
- Experiência interna — 79
- Experiência social — 79
- Tempo e ritmo — 80

Duração da sessão	80
Mecânicas de jogo	**81**
Arranjos do jogador	81
Mecânicas principais	82
Jogabilidade local emergente	83
Luta	83
Inventários e coleções	84
Recompensas (e punição)	84
Puzzles	86
Informação	86
Aprimorando a incerteza	88
Escolhas e resultados	88
Simplifique	89
Ações	**89**
Metas (Goals)	89
Kobe Bryant não dribla	90
Mundo real para mundo do jogo	90
Interface	**92**
Controles	93
Feedback	94
Restrições e sensibilidade de contexto	95
Ponto de vista	95
Visões ortogonais	95
Primeira e terceira pessoas	96
Interface gráfica	96
Efeitos de áudio	97
Sistemas de jogo	**98**
Dinâmicas dos sistemas	100
Loops de feedback	102
Simulação e emulação	104
Dificuldade variável	105
Probabilidade	106
Sistemas de salvamento/carregamento	109
Recursos e economia	110
Conteúdo	**110**
Tema	111
Premissa	112

A definição do jogo 112
Conteúdo e progressão 113
Design de nível 113
Progressão 114
Balançando a linha 115
Sons do ambiente 116

Trabalho de design 117
Os designers resolvem problemas 117
Criando conceitos 119
Criatividade 119
Seguindo sozinho 119
Seguindo juntos 120
Seis chapéus pensantes 120
Inspiração: 121

Prototipagem e ciclos de teste do jogo (*Playtesting Cicles*) 122

Teste do jogo (*Playtesting*) 123

Cinco dicas 123

Resumo 124

Exercícios 125

Referências 126

2.2 – ESCRITA DE JOGOS E CONTANDO HISTÓRIAS INTERATIVAS (*INTERACTIVE STORYTELLING*) 129

Visão geral 129

Conheça seu público 130

Orçamento e outras limitações 132

Técnicas básicas de contar histórias 133
Incidente provocador 133
Ação crescente 134
Ritmo 134
Clímax 135
Resolução 135

Tipos de trama 135
Tramas lineares 136
Tramas ramificadas 136

Tramas ramificadas modificadas	137
Narrativa modular	137
Tramas não lineares	137
Tramas semilineares	138
História de fundo	**138**
A história interativa	**139**
Agência do jogador	140
A espinha dorsal	140
O caminho dourado	141
Mantenha o jogador no caminho	141
Narrativa interativa algorítmica	142
Mecanismos da história	**143**
Cenas cinematográficas	143
Eventos roteirizados	144
Artefatos	144
Personagens não jogadores	145
Monólogos internos	145
Eventos acionados	146
Técnicas de história interativa	**146**
O diretor	147
Personagens	**148**
Diálogo	**149**
Árvores de diálogo	150
Resumo	**151**
Exercícios	**151**
Referências	**151**
Índice	**153**

> Prefácio

Bem-vindo à *Introdução ao desenvolvimento de games, Volume 1 – Entendendo o universo dos jogos*. Este é um livro único que combina a sabedoria e a experiência de mais de 20 profissionais do setor de jogos para lhe dar uma visão sem precedentes do desenvolvimento de jogos – desde o design, programação, produção até questões de negócios.

O maior desafio na criação deste livro foi abordar praticamente todo o desenvolvimento de um jogo, tentando manter a profundidade necessária para realmente entender e apreciar o estado da arte dos processos tecnológicos. A solução foi reunir alguns dos especialistas mais brilhantes e respeitados na indústria e permitir que cada autor fosse fundo nos detalhes para cobrir sua especialidade. Esse processo resultou em um livro bastante longo, dividido em quatro volumes. Apesar de ser uma obra longa comparada à maioria, tal aspecto foi peça-chave para manter conceitos e ideias importantes, dando-lhe discernimento profundo para os problemas do desenvolvimento real de jogos.

O histórico dos autores é impressionante. Grande parte tem mais de uma década de experiência na indústria de jogos e são líderes em seus respectivos campos, palestrando regularmente na Game Developers Conference,[1] ministrando aulas de desenvolvimento de jogos em nível superior, ou até mesmo escrevendo seus próprios livros. O que destaca esta obra é a incrível percepção e experiência que cada autor traz para seu capítulo, com todas as áreas do desenvolvimento de jogos sendo exploradas. Ninguém poderia criar um livro como este, já que requer vidas de especialização e experiência para entender e refinar os problemas. Contudo, não leve minhas palavras em consideração; observe a biografia dos autores nas páginas a seguir.

Estrutura do livro e inspiração
A estrutura da obra é totalmente apoiada na Estrutura de Currículo da International Game Developers Association (IGDA) proposta pelo IGDA Curriculum Development Committee. Por meio da cooperação entre os profissionais respeitados da indústria e da academia, esse comitê foi capaz de definir uma estrutura que daria orientação para escolas e universidades para criar seus próprios programas acadêmicos no desenvolvimento de jogos. Por ser a Estrutura de Currículo da IGDA um continuado processo, ela forneceu a orientação e a inspiração para este livro.

Não é a intenção que todo tópico e capítulo deste livro sejam ensinados completamente em uma aula de desenvolvimento de jogos. Em vez disso, a obra contém uma classificação de assuntos, divididos em partes, que podem ser misturados e combinados para criar um currículo customizado, porém direcionado a um programa acadêmico particular.

Embora o livro possa ser customizado para criar um foco em particular, há um valor imenso na compreensão de todos os elementos do desenvolvimento de jogos e como eles interagem. O desenvolvimento de jogos não é apenas o design, programação ou criação de modelos 3D. Ele abarca o processo completo e como cada elemento interage e influencia os demais. Especialistas em programação não serão muito úteis se não entenderem as motivações do designer de jogos, artistas ou produtor. Os artistas irão criar uma arte inútil se não levarem em conta as limitações da programação do hardware e não criarem uma arte que combine com o design do jogo. Por fim,

---

[1] N.R.T.: A *Game Developers Conference* é um evento da indústria de games que se organiza em vários módulos. Consulte o site da GDC em http://www.gdconf.com/.

seria prejudicial a um projeto se a área comercial não entendesse os desafios técnicos envolvendo programação e criação de arte. O desenvolvimento de jogos é um processo cooperativo que depende de que cada departamento compreenda as motivações, os requisitos e as limitações colocadas pelos demais. Este livro deseja estabelecer um respeito mútuo e atitude de equipe de trabalho para o desenvolvimento de jogos.

Atualizações da segunda edição

A primeira edição deste livro foi desenvolvida em 2004-2005, antes do lançamento do Xbox 360, PS3 e Wii. Durante essa última transição dos consoles, vimos os processadores passarem do *single core* para o *multicore*,[2] os preços dos jogos subirem de US$ 50 para US$ 60, a distribuição digital se tornar cada vez mais aceita mundialmente e um retorno à ênfase na jogabilidade sobre materiais visuais impressionantes. E por mais que o desenvolvimento de jogos tenha mudado nos últimos quatro anos, os fundamentos principais continuam os mesmos. O único modo de ter sucesso é produzir grandes jogos que se concentrem na experiência do jogador.

Nesta segunda edição, tornamos mais eficiente a seção *Design de Jogos*, expandindo métodos e técnicas para fazer o design dos jogos. Um novo capítulo sobre *Escrita de jogos e contando histórias interativas* (*Interactive storytelling*) foi adicionado. Este capítulo, que faz parte do Volume 1, complementa e completa a seção *Design de Jogos*, dando orientação na disciplina de como construir e contar uma história dentro de uma experiência interativa. Além disso, atualizamos todos os capítulos para refletir o avanço tecnológico no desenvolvimento comercial de jogos.

Desenvolvimento de jogos no século XXI

Passados são os dias que um desenvolvedor solitário fabricava sozinho o design, o código e a arte do jogo. Desenvolvimento de jogos no século XXI trata da luta de grandes equipes para atingirem uma meta comum, em um período de vários anos. A indústria de jogos é um negócio "movido por grandes êxitos", e é necessário incrível talento, experiência, criatividade, marketing e sorte para produzir o próximo jogo de sucesso. Contudo, nessa indústria inovadora e evolutiva, há uma enorme oportunidade para alcançar novas barreiras e empurrar a tecnologia ainda mais além.

Enquanto a primeira edição do livro estava em produção, a indústria de jogos testemunhou o aparecimento do Nintendo DS. Esse sistema de jogos portáteis se mostrou como um exemplo perfeito de como a inovação continua a surgir ao nosso redor, ano após ano. O sistema suporta múltiplas telas, um microfone, um painel de toque, conectividade sem fio, e o jogar por transferência sem fios. Cada um desses elementos já existia há algum tempo, de uma forma ou de outra, mas ao colocarem tudo em um único pacote que milhões de pessoas compraram, os desenvolvedores podem contar com a presença dessas características na exploração de novos modos de jogabilidade. Centenas de empresas dedicaram seus desenvolvedores mais talentosos na criação de jogos que exploram essa nova interatividade.

Com quase 40 anos de idade, a indústria de videogames ainda é jovem e se encontra em um ritmo de expansão impressionante. A receita global de 2007 foi de US$ 41,9 bilhões e foi estimada em torno de US$ 57 bilhões em 2008. Apesar da crise econômica global ao final de 2008 e 2009,

---

[2] N.R.T.: Os computadores contam atualmente com uma arquitetura de multiprocessamento, designada como *multicore*, baseada em estudos da indústria e, em pesquisadas do MIT. Maiores detalhes em: http://www.ic.unicamp.br/~rodolfo/Cursos/mc722/2s2007/trabalhos/g20_texto.pdf.

os videogames parecem ser mais à prova de recessão do que as outras indústrias e irá resistir ao ambiente econômico muito bem, talvez alcançando US$ 68 bilhões em receita global em 2012 de acordo com a PricewaterhouseCoopers LLP.

Esse crescimento incrível significa oportunidade para novas ideias, novas formas de jogar e a necessidade de novos talentos para a indústria. Este livro espera inspirar, motivar e guiar gerações futuras de desenvolvedores a criar jogos inovadores que continuem a elevar as fronteiras do que foi criado no passado.

www.IntroGameDev.com

Juntamente com a publicação do livro, temos um site que serve de suporte aos aspirantes a desenvolvedores de jogos. Nele você encontrará informações sobre tudo o que deve saber e conhecer para o desenvolvimento de jogos. O site funciona como um guia para encontrar artigos e informações sobre desenvolvimento de jogos; dicas que não estão disponíveis em qualquer outro local. São mais de 1.300 artigos, categorizados por disciplinas como física, IA ou design de jogos. Utilize-o como ferramenta e recurso quando for explorar as técnicas e conhecimentos de desenvolvimento de jogos. As informações estão disponíveis em inglês.

Como utilizar este livro

À primeira vista, a natureza desta obra pode ser desencorajadora para qualquer estudante, instrutor ou aspirante a desenvolvedor de jogos. Claramente, não é a intenção de que todo o capítulo seja ensinado de modo minucioso em uma aula acadêmica, mas encorajamos que várias partes sejam usadas para criar uma experiência educacional customizada. Personalizando o conteúdo deste livro, muitos programas acadêmicos com propósitos um pouco diferente podem ser satisfatoriamente atendidos. As partes e os capítulos são independentes, o que facilita a sua customização. É possível ignorar certas partes ou mover capítulos quando necessário. As informações a seguir fornecem uma orientação e exemplos de como usar o livro em um contexto educacional.

Entender as várias partes deste livro é a chave para criar um currículo customizado. Como mostra a Figura 1, os volumes que compõem o livro estão divididos em quatro categorias principais: entendendo os jogos, programação de jogos, criação de arte/recursos e negócios/gerenciamento. Para qualquer currículo, o objetivo é encontrar um equilíbrio entre as quatro categorias.

Entendendo os Jogos (Volume 1)	**Parte 1** Estudos Críticos de Jogos	**Parte 2** Design de Jogos	
Programação de Jogos (Volume 2)	**Parte 3** Programação de Jogos: Linguagens e Arquitetura	**Parte 4** Programação de Jogos: Matemática, Detecção de Colisão e Física	**Parte 5** Programação de Jogos: Gráficos, Animação, IA, Áudio e Rede
Criação de Arte/Recursos (Volume 3)		**Parte 6** Design Audiovisual e Produção	
Negócios/Gerenciamento (Volume 4)		**Parte 7** Produção de Jogos e o Negócio dos Jogos	

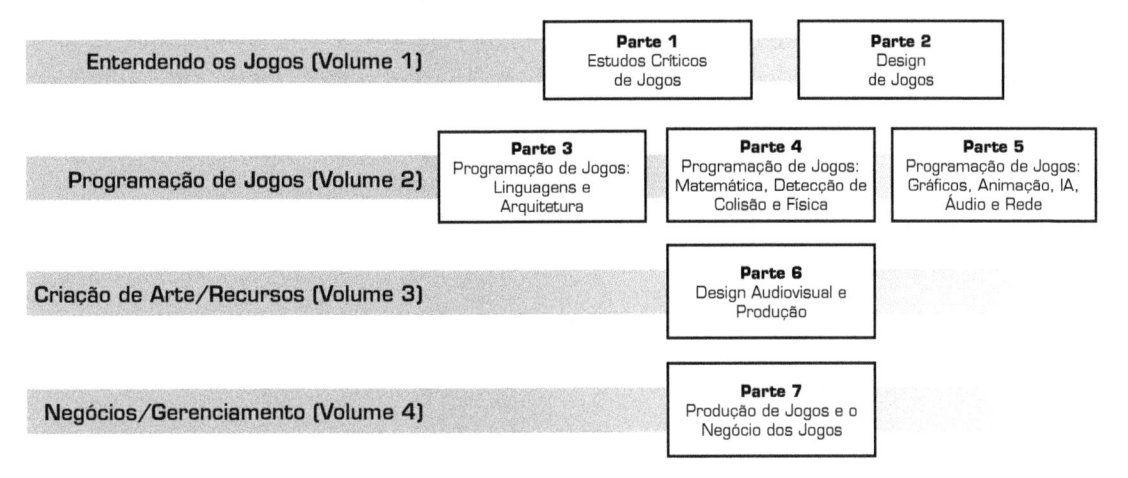

Figura 1 Quatro categorias principais para equilibrar um currículo.

Em um curso de desenvolvimento de jogos, promovido por um departamento de ciência da computação, é, sem dúvida nenhuma, importante se concentrar nos aspectos de programação (Partes 3, 4 e 5 – Vol. 2). Contudo, é essencial para motivar o que está sendo construído (Partes 1 e 2 – Vol. 1), evidenciar que existem limitações relacionadas a recursos que vão ser integrados (Parte 6 – Vol. 3), e como um projeto de jogo é gerenciado (Parte 7 – Vol. 4). Em um curso de dez semanas, seria apropriado dedicar sete a oito semanas em programação, enquanto se intercala o tópico principal, com aproximadamente duas ou três semanas, de *entendendo os jogos*, *criação de arte/recurso*, e questões de *negócios/gerenciamento*.

Cada vez mais em universidades, cursos interdisciplinares especiais estão sendo oferecidos na área do desenvolvimento de jogos, abrangendo estudantes de disciplinas diferentes como ciência da computação, arte, música e negócios. Em um ambiente dinâmico e rico, este livro pode ajudar de diversas maneiras, desde design de jogos, programação, criação de arte até no gerenciamento de projetos de equipes. Nesse tipo de curso, estudantes adotam um papel e interagem uns com os outros como se fossem parte de uma equipe real de desenvolvimento de jogos. As aulas podem ser divididas dentro das quatro categorias principais, observando-se uma maior ênfase na parte da programação. O livro fornece profundidade suficiente para que os estudantes em cada disciplina se aprofundem mais e explorem tópicos individuais.

Outros currículos, como os de design de jogos, podem se beneficiar da exploração das inter-relações de todos os aspectos do desenvolvimento que este livro oferece. Enquanto a maioria dos tópicos de programação poderia ser abordada superficialmente ou de maneira esparsa, há uma grande quantidade de material a explorar nas Partes 1 e 2 (Vol. 1), 6 (Vol. 3) e 7 (Vol. 4). Um curso sobre design de jogos dedicaria mais ou menos três semanas à história dos jogos e à análise de jogos, outras duas a três ao design principal, então as quatro semanas restantes na relação da programação seriam dedicadas a criação de recurso e questões de negócios (como regulamento de conteúdo) com o design do jogo. Por exemplo, temas como inteligência artificial ou áudio podem ter um grande impacto no design de um jogo proporcionando muitas oportunidades interessantes de jogabilidade.

Em resumo, três currículos de exemplo são dados na Tabela 1 para cada um dos três tipos de cursos apresentados. Cada um aborda a maioria dos capítulos deste livro, mas a diferença está no foco e na profundidade. Ao dedicarem tempo apropriado a cada tópico, os estudantes garantem aprofundar-se em um assunto, porém podendo apreciar as questões tecnológicas, artísticas e de negócios que são parte integrante do desenvolvimento do jogo. Observe também que as partes e os capítulos são geralmente independentes e podem ser omitidos, misturados ou distribuídos em pares conforme for necessário.

Tabela 1 Três exemplos de currículos baseados em um curso de nível superior, de 10 semanas.

Semana	Curso orientado à programação	Curso interdisciplinar	Curso de design de jogos
1	Visão geral e design de videogames (Caps. 1.1, 1.2, 2.1, 2.2) – Vol.1	Visão geral de videogames (Caps. 1.1, 1.2) – Vol.1	História dos videogames (Cap. 1.1) – Vol. 1
2	Equipes e a produção de jogos (Caps. 3.1, 7.1) – Vols. 2 e 4	Equipes e a produção de jogos (Caps. 3.1, 7.1) – Vols. 2 e 4	Questões sociais e culturais dos jogos (Cap.1.2) – Vol.1
3	Linguagem e arquitetura (Caps. 3.2 – 3.6) – Vol. 2	O papel da indústria de jogos e a economia (Caps.7.2, 7.3, 7.4) – Vol.4	Estudando os jogos a partir de uma perspectiva acadêmica (Cap. 1.3) – Vol.1
4	Matemática, detecção de colisão e física (Caps. 4.1, 4.2, 4.3) – Vol. 2	Design de jogos (Caps. 2.1, 2.2) – Vol.1	Design de jogos (Caps. 2.1, 2.2) – Vol.1
5	Gráficos, modelos 3D, texturas (Caps. 5.1, 6.2, 6.4, 6.7) – Vols. 2 e 3	Criação de recursos e arte (Caps. 6.1 – 6.7) – Vol. 3	Design de jogos (Caps. 2.1, 2.2) – Vol. 1
6	Programação de animação e criação (Caps. 5.2, 6.7) – Vols. 2 e 3	Linguagens de programação e arquitetura (Caps. 3.2 – 3.6) – Vol. 2	Influência da inteligência artificial e do áudio no design de jogos (Caps. 5.3, 5.5, 6.8) Vols. 2 e 3
7	Gráficos e animação continuação (Caps. 5.1, 5.2) – Vol. 2	Conceitos de matemática e física 3D (Caps. 4.1, 4.3) – Vol. 2	Equipes e produção de jogos (Caps. 3.1, 7.1) – Vols. 2 e 4
8	Inteligência artificial (Caps. 5.3, 5.4) – Vol.2	Visão geral dos gráficos e animação (Caps. 5.1, 5.2) – Vol. 2	Visão geral da criação de arte e recursos (Caps. 6.1 – 6.7) – Vol. 3
9	Áudio e rede (Caps. 5.5, 5.6) – Vol.2	Visão geral de inteligência artificial, áudio e rede (Caps. 5.3, 5.5, 5.6) – Vol. 2	Papel da indústria de jogos e da economia (Caps. 7.2, 7.3, 7.4) – Vol. 4
10	Questões legais e de negócios (Caps. 7.2 – 7.6) – Vol. 4	Propriedade intelectual e regulamento de conteúdo (Caps. 7.5, 7.6) – Vol. 4	Propriedade intelectual e regulamento de conteúdo (Caps. 7.5, 7.6) – Vol. 4

› Prefácio à edição brasileira

O ano de 2011 será lembrado historicamente por importantes acontecimentos na indústria dos jogos. Um deles será a declaração da *National Endowment for the Arts (NEA)* de que os jogos são considerados obras de arte. A posição da NEA, com profundas consequências no mercado e no fomento aos processos de produção, nada mais faz do que referendar a importante discussão sobre o estatuto dos jogos desde a sua origem. Considerados possíveis obras de arte, os jogos podem deixar de ser vistos apenas como produtos técnicos de uma sociedade de consumo. Como obras de arte, podem adquirir o status conceitual proposto por inúmeros autores e desenvolvedores: tornam-se objetos digitais e conceituais altamente relevantes para compreendermos a cultura contemporânea.

É exatamente sob esse contexto que recebemos a presente edição de *Introdução ao desenvolvimento de games, Volume 1: Entendendo o universo dos jogos,* editado por Steve Rabin, liderando uma equipe de profissionais e desenvolvedores com uma larga experiência e competência no tema da produção de jogos. O livro irá ocupar um lugar de destaque para todos aqueles que pensam, pesquisam, estudam e produzem jogos digitais para as mais diversas plataformas, pois contribui decisivamente para a discussão e organização prático-conceitual de todos os passos para o desenvolvimento de jogos digitais, considerando a questão da concepção e produção sob a perspectiva das equipes e competências multidisciplinares. É nesse sentido que se tornará referência fundamental na bibliografia dos jogos digitais em língua portuguesa, essencial nos cursos de graduação em design e jogos digitais, e um valioso recurso para as pesquisas nas pós-graduações que pesquisam e produzem jogos.

Foi visando às características deste volume e do público ao qual é destinado, que o trabalho de revisão técnica buscou considerar a especificidade do tema e a regionalidade epistêmica do campo de pesquisa, esforçando-se para oferecer o máximo possível de integração dos conceitos no idioma original à língua e cultura nacionais.

O futuro dos jogos no Brasil em muito depende de livros como este, que seriamente discutem o tema e, dessa forma, contribuem para o aprimoramento de sua produção.

Luís Carlos Petry e *Arlete dos Santos Petry*

› Biografias dos colaboradores

Robert T. Bakie

slinkie@serv.net
Rob Bakie é um profissional da indústria de jogos desde 1998 e um ávido jogador desde pouco tempo após seu nascimento. Atualmente, trabalha na Nintendo of America como webmaster no grupo de suporte ao desenvolvedor. Antes, trabalhou na divisão on-line multijogador WON.net da Sierra Entertaiment. Já escreveu críticas e revisões de jogos para revistas e sites norte-americanos. Rob é bacharel em Communications-Broadcast Journalism pela University of Washington com formação secundária em Música Computacional.

Isaac Barry

isaac.barry@gmail.com
Isaac Barry é diretor de Criação para a GameHouse, o primeiro estúdio de desenvolvimento de games casuais em Seattle, Washington. Próximo do final do século XX, começou a procurar trabalho e logo encontrou o de designer de jogos. O trabalho com design em todos os tipos de sistemas e conteúdos o levou a uma paixão pelo desenvolvimento de ferramentas visando à melhoria de seu trabalho e da indústria em geral. Ele teve a sorte de ter encontrado sua segunda casa em um campo no qual os profissionais se dedicam na criação de experiências afetivas, e grato à sua primeira casa por continuar a apoiar e sustentar seu processo.

Ed Bartlett

ebartlett@igaww.com
Ed Bartlett, vice-presidente e cofundador do IGA Worldwide Europa, é um profissional da nova geração de visionários da indústria multidisciplinar, combinando um histórico de 15 anos no setor de videogames com uma perspicácia de negócios e especialidade em mídia e publicidade comprovada. Tendo participado de cargos de produção e criatividade sênior em lançamentos importantes de jogos para produtoras, incluindo a Sega, Virgin Interactive, BMG Interactive, Acclaim e Hasbro Interactive, Bartlett passou para o desenvolvimento de negócios em 1999, como diretor de um renomado estúdio de desenvolvimento de jogos, The Bitmap Brothers.
Bartlett é um dos pioneiros da publicidade de jogos, dedicadamente fundando a agência Hive Partners, à frente da concorrência em 2003. Como diretor executivo, levou a empresa a lucrar em seu primeiro ano, conseguindo contas globais de anunciantes como Red Bull, e alcançando acordos revolucionários com produtoras de videogame, incluindo Sega e Vivendi Universal Games. Em 2005, negociou a aquisição da Hive Partners pela IGA Worldwide, unindo as companhias como membro fundador e ajudando a aumentar os US$ 17 milhões de capital de risco da empresa. Desde então é responsável pela construção das fundações da Radial Network, líder no setor, garantindo negócios mundiais com empresas como Electronic Arts, Valve, Sega, Atari e Codemasters. A IGA Worldwide foi selecionada pela Sony Computer Entertainment America e pela Sony Computer Entertainment Europe como a principal parceira para a inserção de publicidade a ser realizada no interior de jogos do Playstation3 (os *in-game advertising plataform*).

James Boer

author@boarslair.com

James Boer está na indústria de jogos desde 1997, trabalhando em títulos como *Deer Hunter, Deer Hunter II, Trophy Hunter, Pro Bass Fishing, Microsoft Baseball 2000, Tex Atomic's Big Bot Battles* e *Digimon Rumble Arena 2*. Também contribuiu de maneira frutífera com a mídia impressa da indústria de jogos, tendo escrito vários artigos para a revista *Game Developer*, com coautoria no *DirectX Complete*, autoria em *Game Audio Programming* e contribuído com quatro volumes de *Game Programming Gems*. Atualmente, trabalha na ArenaNet, onde é responsável pela criação de sistemas de áudio e cinemática, bem como de ferramentas para títulos que ainda estão em produção.

Sue Bohle

sue@bohle.com

Sue Bohle é uma profissional de relações públicas altamente conceituada. Iniciou sua carreira na Burson-Marsteller, a maior agência de relações públicas do mundo. Ela então foi contratada pela J. Walter Thompson Co. para ajudar a empresa a desenvolver uma presença de relações públicas em Los Angeles. No prazo de três anos, tornou-se a primeira vice-presidente da JWT na Costa Oeste e, um ano depois, a primeira mulher em Los Angeles a ser nomeada gerente geral de um escritório de uma empresa internacional de Relações Públicas. Em 1979, Sue decidiu abrir sua própria empresa de relações públicas. Hoje, The Bohle Company é uma das 50 maiores agências independentes de Relações Públicas nos Estados Unidos e a maior empresa focada em tecnologia no Sul da Califórnia. Profissionalmente ativa, é membro e ex-presidente do College of Fellows, PRSA, uma honra concedida a profissionais avaliados como modelo na indústria de Relações Públicas. Ela também é ex-presidente da Counselors Academy, uma organização nacional de chefes de agências, bem como ex-presidente da Los Angeles Chapter of Public Relations Society of America. Sue possui tanto o bacharelado como o mestrado da Northwestern University's Medill School of Journalism. Antes de entrar em relações públicas, ela era instrutora de jornalismo dos ensinos médio e superior.

Todd M. Fay

todd@audiogang.org

Todd M. Fay era o diretor de desenvolvimento para a Game Audio Network Guild (www.audiogang.org). Já trabalhou com Creative Labs ATC, Blizzard Entertainment, THQ, Vivendi Universal, Black Ops Entertainment, G4 Media, e Tommy Tallarico Studios. Seu talento chamou a atenção na *Game Developer Magazine*, Gamasutra.com, Music4Games.net e, no G4: Television for Gamers, a rede 24 horas dedicada a jogos e ao estilo de vida dos jogadores. No G4 Media, Todd supervisionou o desenvolvimento dos programas *Filter and Cheat!: Pringle's Gamer's Guide*, bem como o *Special: Splinter Cell* da Icon. Enquanto trabalhava com a Creative Labs, contribuiu com o desenvolvimento do EAX 3.0, e foi também autor do guia do designer para essa tecnologia. Todd produziu seu primeiro livro, *DirectX 9 Audio Exposed: Interactive Audio Development*, para a Wordware Publishing em 2003, que lhe proporcionou o Prêmio G.A.N.G.[3] em 2004. Possui bacharelado em música pela University of Massachusetts Lowell (UML), cujo Departamento de Tecnologia em Gravação de Som foi ganhador do Prêmio Lowell (UML).

---

[3] N.R.T. : Consulte o site da G.A.N.G em http://www.audiogang.org/.

Tom Forsyth

Tom.Forsyth@eelpi.gotdns.org
Tom é um arquiteto de software e hardware na Intel trabalhando no projeto Larrabee. Anteriormente, escreveu software de animação para a RAD Game Tools, motores gráficos de jogos para a Muckyfoot Productions e drivers para placas de vídeo Direct3D para a 3Dlabs. Em seu tempo livre, fez uma variedade de pesquisas relacionadas aos gráficos, com foco em sombras, e já escreveu e editou muitos livros e artigos, notavelmente como parte da série *ShaderX*.

David Johnson

undertone_dj@yahoo.com
David iniciou sua carreira como colorista na CST Technology, em 1994, colorizando desenhos animados e filmes. Após estudar animação e efeitos especiais no Santa Monica College's Academy of Entertainment Technology, tornou-se um modelador 3D. Trabalhou como modelador profissional na 3Name3D e Viewpoint Digital. David tem créditos em um filme, créditos em vários jogos e já criou modelos para diversos sites e comerciais de TV. Está trabalhando em jogos desde 1999 e é um dedicado artista de efeitos desde 1995. Trabalhou em títulos como *Shadowrun*, *Halo 3* e também no *Modern Warfare 2*, da Infinity Ward.

Eric Lengyel

lengyel@terathon.com
Eric Lengyel é arquiteto chefe no Terathon Software, onde comanda o desenvolvimento do C4 Engine. Ele se dedica à pesquisa de gráficos 3D há mais de 15 anos e é autor do best-seller *Mathematics for 3D Game Programming and Computer Graphics*. Também é autor do *OpenGL Extensions Guide* e já escreveu muitos artigos para publicações da indústria desde o Gamasutra.com até a série *Game Programming Gems*.

Peter Lewis

peterlewis@primitive-eye.com
Peter Lewis trabalha com gráficos de computador desde metade dos anos 1980, quando começou a programar câmeras de controle de movimento para a indústria de filmes. Começou a atuar na indústria de videogames em 1991 com a Dynamix, Sierra Online, onde criou o Cinematics e gráficos 3D para jogos. Foi *senior art lead*[4] na WildTangent, Mad Doc Software, estúdio ACES dentro da Microsoft Game Studio, e é atualmente diretor de arte na Reality Gap. Peter é instrutor no DigiPen Institute of Technology, onde ensina animação de computador para estudantes de arte e programação; tem sido instrutor do programa de animação de computador certificado pela University of Washington Extension.

Noel Llopis

llopis@gmail.com
Noel Llopis é fundador da Snappy Touch, desenvolvendo independentemente jogos para iPhone. Anteriormente cofundou a Power of Two Games. Também foi arquiteto técnico chefe na High Moon Studios onde coordenou a pesquisa e o desenvolvimento de tecnologia de ponta. No Day 1 Studios, arquitetou e

---

[4] N.R.T.: *Senior art lead* é um cargo da indústria de games. Ele é o responsável pela produção, processamento e a localização das artes e recursos dentro do jogo. O cargo é ocupado por um artista com ampla experiência e conhecimento; uma versão possível seria: *artista principal sênior*.

desenvolveu a tecnologia que está na base de jogos como *MechAssault 1* e *2*. É um entusiasta dos métodos de desenvolvimento ágil, testes automatizados e desenvolvimento direcionado por testes. É autor do livro *C++ for Game Programmers*, contribuiu com diversos artigos para a série *Game Programming Gems*, e atualmente escreve a coluna Inner Product na *Game Developer Magazine*. Obteve bacharelado pela University of Massachusetts Amherst e mestrado pela University of North Carolina em Chapel Hill.

Syrus Mesdaghi

syrusm@hotmail.com
Syrus Mesdaghi é o engenheiro chefe de IA na Dynamic Animation Systems, onde é o chefe de tecnologia em um projeto FPS (*First Person Shooter*) para treinamento tático de tomada de decisões baseadas em equipe, assumindo muitos aspectos do projeto, o que inclui a IA. Anteriormente foi diretor do Curso de IA no programa de Desenvolvimento e Design de Jogos da Full Sail University. Além de sua paixão por IA, dedicou-se à melhoria, demonstração e promoção da tecnologia Java. Desenvolveu e exibiu tecnologia de jogos de ponta para DAS, Full Sail University e Sun Microsystems em diversas conferências como GDC, SIGGARH, QuakeCon e I/ITSEC em projetos, desde jogos de FPS, RTS, luta e corrida. Realizou apresentações na GDC e é um dos autores de *Practical Java Programming*. Contribuiu ainda com outras publicações como *AI Game Programming Wisdom*.

Tito Pagan

tpagan@w-link.net
O diretor de arte Tito Pagan é um veterano desenvolvedor de jogos e escritor com 17 anos de experiência na indústria, além de possuir créditos em dezenas de títulos de jogos. Sua experiência vai desde artista de texturas, designer de nível, chefe de animação, modelador de personagem, artista de conceito, diretor de captura de movimentos e diretor técnico. Há pouco tempo fundou o BoldFist, um estúdio de animação e captura de movimentos em Washington. Anteriormente para a WildTangent, Tito chefiou a direção de arte de títulos de jogos Internet, bem como a edição de jogos para a Internet publicados de forma customizada para os clientes. Os ciclos de desenvolvimento agressivos na WildTangent ensinaram muito a Tito sobre produção e terceirização otimizada de arte nos jogos, com uma média de três jogos por ano durante seus cinco anos de empresa. Com o lançamento da Gas Powered Games, chefiou o trabalho de animação, com a tarefa de coordenar os elementos de movimentação do personagem no jogo *Dungeon Siege*.

Mark Peasley

mp@pixelman.com
Mark Peasley é um veterano na indústria de jogos, com 20 anos de experiência produzindo ilustrações, cronogramas, gerenciando equipes e fazendo trabalhos impossíveis. Durante esse tempo, foi artista, diretor de arte, produtor e diretor de projeto. Trabalhou em mais de 25 títulos de PC, 3DO, Xbox e Xbox 360. Recentemente na Microsoft Games Studio, trabalhou com *Forza Motorsport*, *Forza Motorsport 2*, *Midtown Madness* e *Rallisport*.

Steve Rabin

steve.rabin@gmail.com
Steve Rabin é engenheiro de software principal da Nintendo of America, onde pesquisa novas técnicas para as plataformas atuais e futuras da Nintendo, ferramentas de desenvolvimento para arquitetos como o WiiProfiler e dá suporte aos desenvolvedores da empresa. Antes da Nintendo, trabalhou principalmente como engenheiro IA em diversas empresas iniciantes em Seattle incluindo Gas Powered Games,

WizBang Software Productions e Surreal Software. Organizou e editou a série de livros da *AI Game Programming Wisdom*, o livro *Introduction to Game Development* e tem dúzias de artigos publicados na série *Game Programming Gems*. Palestrou na conferência AIIDE em Stanford, na Game Developers Conference e em muitas conferências de desenvolvimento da Nintendo na América do Norte e Europa. Organizou a AI Summit com duração de dois dias na GDC 2009 e moderou as mesas-redondas de IA na GDC. Steve também fundou e gerencia um grupo profissional conhecido como AI Game Programmers Guild. Ensina inteligência artificial para jogos na University of Washington Extension e no DigiPen Institute of Technology. Possui bacharelado em Engenharia da Computação e mestrado em Ciência da Computação, ambos pela University of Washington. Por fim, mantém um site que cataloga mais de mil artigos de desenvolvimento de jogos no www.introgamedev.com.

Graham Rhodes

grhodes@nc.rr.com

Graham Rhodes começou a fazer jogos nos computadores Commodore e Atari de 8 bits quando ainda estava no ensino médio. Desde então vem criando software para gráficos 3D em tempo real, jogos e simulações. Foi programador chefe para uma série de jogos educacionais para o *World Book Multimedia Encyclopedia*, bem como em diversos *"serious games"* em primeira/terceira pessoa, além de contribuir em inúmeros projetos de modelagens procedurais de simulações baseadas em física. Graham contribuiu com capítulos para diversos livros na série *Game Programming Gems*. É moderador do fórum de matemática e física no site *gamedev.net*, apresentou-se na Game Developers Conference (GDC) anual e outros eventos e regularmente participa da GDC e da conferência anual ACM/SIGGRAPH. Graham é membro da ACM/SIGGRAPH, da International Game Developer's Association (IGDA), da North Carolina Advanced Learning Technologies Association (NC Alta) e da Long Now Foundation.

Dr. Stephen Rubin , Esquire

sr@stephenrubin.com

Steve Rubin representa desenvolvedores e distribuidores engajados em todos os aspectos da indústria de jogos em assuntos tais como contratos, licenças, proteção e aplicação da propriedade intelectual e litígio, formação de negócios, aquisições e financiamento. Antes de criar sua própria empresa, Steve era um advogado na Divisão Antitruste do Departamento de Justiça dos Estados Unidos, professor de direito na University of Florida e sócio em um escritório onde chefiava as práticas de propriedade intelectual e antitruste. Também atuou como *special master*[5] e como mediador na Corte Federal norte-americana para casos de patentes e outros litígios. É autor de diversos livros e artigos sobre antitruste e propriedade intelectual. Além disso, é palestrante sobre tópicos de direito e negócios na Game Developers Conference.

Kathy Schoback

kathy@igda.org

Como vice-presidente executiva e diretora global de marca para a Game Group of Think Services, Kathy supervisiona a série de eventos da Game Developers Conference, localizada em São Francisco, CA; Austin, TX; Vancouver, Canadá; Xangai, China; e Colônia, Alemanha. Também gerencia produtos impressos e sites para o Game Group, que inclui Gamasutra.com e *Game Developer*. Uma veterana da indústria de jogos, Kathy começou sua carreira na SEGA of America e em seus nove anos lá ocupou uma variedade de cargos de desenvolvimento de gerenciamento e negócios. Outra experiência profissional inclui trabalhar

---

[5] N.R.T.: O *special master* é um cargo judiciário nos EUA, designado pelo juiz. Sua função é a de cuidar que as ordens judiciais sejam seguidas criteriosamente.

como diretora de Operações de Produtos na Eidos e vice-presidente de Aquisição de Conteúdo para AGEIA Technologies, bem como fazer parte do comitê consultivo da Game Developers Conference, como diretora da International Game Developers Association, e participar no comitê de direção do Women in Games International. Kathy se graduou com *summa cum laude* no bacharelado em Inglês da University of California, Berkeley.

Jeff Selbig

jselbig@hotmail.com
Jeff trabalha na indústria de jogos desde 2000 como artista 3D, diretor de arte e gerente de terceirização. Anteriormente, atuou como geologista de exploração para ARCO e engenheiro geotécnico no Alasca. Gasta seu tempo livre convencendo sua família de que jogar *World of Warcraft* e *Guild Wars* é pesquisa relacionada a trabalho.

Tom Sloper

tomster@sloperama.com
Tom Sloper é produtor e designer de jogos há mais de 25 anos, projetou e produziu jogos para grandes plataformas desde o Vectrex e Atari 2600 até Playstation, Dreamcast, Nintendo DS, Xbox 360 e IPTV. Trabalhou para Sega, Atari, Activision e Yahoo. Como palestrante, proferiu palestras na KGC, GDC e no Smithsonian. Como autor contribuiu com diversos livros sobre jogos e a indústria (*Secrets of the Game Business*, *Game Design Perspectives*, *Introduction to Game Development*). Sloper está na faculdade da University of Southern California, onde ensina design de videogames, produção e garantia de qualidade. É um autor e um expert internacionalmente reconhecido do clássico jogo chinês de mah-jongg.

Leslie Stirling

lesliestirling@hotmail.com
Leslie é escritora de jogos e contadora de histórias profissional de jogos. Possui mestrado em Biblioteconomia e Ciência da Informação, com ênfase em narrativas e tecnologia pela University of Washington. É uma jogadora de longa data e gerencia ativamente uma guilda MMO on-line com mais de 2.500 jogadores.

Tommy Tallarico

www.tallarico.com
Tommy Tallarico é compositor musical para videogames há mais de 18 anos. Em 1994, fundou o Tommy Tallarico Studios, o maior estúdio de produção de áudio da indústria de multimídia. Foi o primeiro a utilizar um áudio 3D em um jogo (*Q-sound*), responsável por trazer o verdadeiro som *surround* interativo digital 5.1 (seis canais) para a indústria dos jogos. Tommy trabalhou na indústria de jogos como analista de jogos, gerente de produto, produtor, escritor, designer e chefe dos departamentos de Vídeo e Música. É o fundador e presidente da Game Audio Network Guild (G.A.N.G.), uma organização sem fins lucrativos para educar e elevar a percepção do áudio para o mundo interativo (www.audiogang.org). Tommy está no comitê consultivo da Game Developers Conference, é um orgulhoso membro da International Game Developers Association, e membro da comissão de indicação da Academy of Interactive Arts & Sciences. Já ganhou mais de 20 prêmios da indústria pelo melhor áudio de videogames e trabalhou em mais de 20 títulos, até hoje, com total de vendas de mais de 75 milhões de unidades e 2 bilhões de dólares.

Bretton Wade

brettonwade@gmail.com
Bretton Wade é um veterano da indústria de gráficos e jogos. Atualmente é diretor na SC Technologies and Clockwork 3. Foi diretor de tecnologia da Firaxis Games, gerente da equipe de software do sistema Xbox, líder de um estúdio independente contratado pela Blizzard Entertainment e líder de desenvolvimento no projeto do Microsoft *Flight Simulator*.

Chuck Walters

chuck@gamegineer.com
Chuck Walters atualmente contrata desenvolvimento de jogos por meio da Gamegineer Corp. Também instrui cursos sobre Arquitetura de Jogos Multijogador (*Multiplayer Game Architecture*) e ASP.NET na University of Washington Extension. Seus empreendimentos anteriores incluem *Magic The Gathering Online* na Wizards of the Coast, jogos para celulares baseados na plataforma Brew para a Tooned In, o jogo de corrida *Need for Speed* para a Electronic Arts, demonstrações para Microsoft Research Group, transferência de jogos de uma plataforma para outra para Manley & Associates, ferramentas de software para a Tektronix, engenharia de hardware para Attachmate, e um artigo sobre dispositivos de feedback de força para *Game Developer Magazine*.

PARTE 1

Estudos críticos de jogos

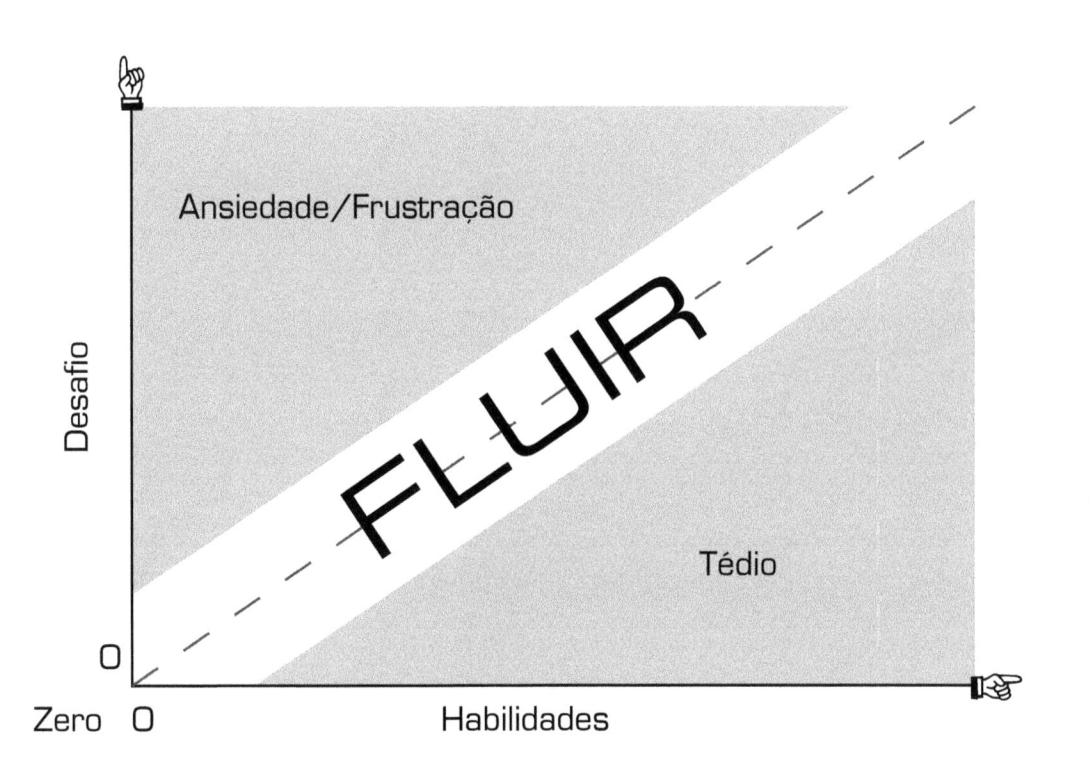

Desafio

Ansiedade/Frustração

FLUIR

Tédio

Zero 0   Habilidades

PARTE

1

Estudos críticos
de jogos

1.1 Uma breve história dos videogames

Neste capítulo

- Visão geral
- Os primeiros videogames
- Jogos para as massas
- Os reis do console
- Computadores domésticos
- Os designers
- Os fenômenos
- Os estúdios
- Uma visão geral dos gêneros
- Resumo
- Exercícios
- Referências

⟩ Visão geral

Na jornada para aprender sobre a indústria de jogos e como jogos de ponta são feitos, facilita iniciar com alguma perspectiva. Como tudo começou? Quem eram as pessoas que dirigiram os negócios e quais suas aspirações? Quais são os jogos significativos do passado recente que serviram de exemplo aos de hoje?

Enquanto um estudante de cinema estuda diretores lendários como Orson Welles e filmes revolucionários como *Cidadão Kane*, há uma razão semelhante para os desenvolvedores de jogos estudarem o trabalho e técnicas de Shigeru Miyamoto e jogos influentes como *Donkey Kong* e *The Legend of Zelda*. É claro que os jogos não alcançaram o status de filmes como uma obra de arte, mas isso está mudando de forma vagarosa[1]. A habilidade e o talento artístico envolvidos na produção de jogos logo irão rivalizar com os filmes, com produções típicas de jogos alcançando orçamentos de $ 10 a 20 milhões e sem previsão de limite.

---

[1] N.R.T.: Em 2011 os jogos digitais foram declarados oficialmente como obra de arte nos EUA: esta foi uma decisão da National Endowment for the Arts (NEA), a qual foi criticada pela FOX. Com esta posição, estúdios de arte, artistas digitais e desenvolvedores poderão concorrer a subsídios e fomentos para produções artístico-culturais na área dos games. Vide matérias no ArtsGov e no The escapist:http://arts.gov/grants/apply/AIM-presentation.html e http://www.escapist-magazine.com/news/view/109835-Games-Now-Legally-Considered-an-Art-Form-in-the-USA.

Este capítulo viaja pelo tempo, a partir do primeiro videogame registrado em 1958 até o presente. Há muitas maneiras de visualizar e comparar a história, então começaremos com uma abordagem de linha do tempo e dividiremos plataformas específicas, estúdios, pessoas e gêneros para entender efetivamente linhas específicas de inovação.

❯ Os primeiros videogames

Os primeiros videogames[2] podem ser atribuídos a duas pessoas: William Higinbotham e Steve Russell. Enquanto William Higinbotham seria creditado como o primeiro a fazer o design e desenvolver um videogame, Steve Russell seria o primeiro a criar um jogo que inspiraria a indústria multibilionária de jogos.

William Higinbotham e *Tennis for Two*

Quem inventou o primeiro videogame? A conclusão mais lógica dos historiadores foi o Departamento de Energia dos Estados Unidos. Especificamente, um homem chamado William Higinbotham que era o chefe da Divisão de instrumentação para o Brookhaven National Laboratory. Antes de Brookhaven, William havia trabalhado no Projeto Manhattan em Los Alamos e testemunhou a primeira explosão atômica. Contudo, nos anos 1950, as pessoas estavam receosas do poder atômico, e Brookhaven tentou apresentar uma imagem amigável da instituição celebrando o dia do visitante anual. Centenas de visitantes iam ao laboratório a cada inverno para ver as várias exibições montadas no ginásio. Em 1958, William teve uma ideia. Nos anos anteriores, o público não havia ficado muito interessado nas exibições estáticas, então para aquele ano ele teve a ideia de criar um display interativo. O display seria um videogame de tênis.

O primeiro videogame foi desenvolvido em três semanas de trabalho. William, que desenhou o projeto original em apenas algumas horas, trabalhou com Robert V. Dvorak, um especialista técnico, que conectou o painel de ligação. Eles gastaram quase dois dias depurando e configurando o jogo, terminando-o bem a tempo para a primeira apresentação. *Tennis for Two* foi o resultado, e, diga-se de passagem, um sucesso com os visitantes.

Executado em um computador analógico e ligado a um osciloscópio, o primeiro videogame parecia bonito e funcionava de forma rápida. Surpreendentemente, não tinha uma perspectiva de cima para baixo como *Pong*, mas uma visão lateral da quadra de tênis. Dois jogadores bateriam na bola de um lado para o outro, com a bola realisticamente rebatendo no chão ou na rede, aparentemente sob a influência da gravidade. Enquanto o jogo não mantinha pontuação, claramente havia um vencedor e um perdedor a cada batida. Mesmo sem alto-falantes de qualquer tipo, o jogo tinha seus próprios efeitos sonoros, mesmo que fossem não intencionais. Os relés que permitiam o dispositivo operar faziam barulhos altos com cada acerto e batida da bola.

O jogo era verdadeiramente uma impressionante primeira tentativa, mesmo para os padrões de hoje. Porém, para William, não lhe ocorria o fato de que tinha inventado uma coisa única.

---

[2] N.R.T.: O termo videogames também é traduzido como videojogos, como em Portugal, por exemplo. No Brasil observamos que os dois modos estão sendo utilizados pela comunidade. Ainda que ambos os termos estejam dicionarizados (Houaiss), cada vez mais o termo videojogo se torna mais usado e tende a se tornar um padrão de uso na linguagem com o tempo.

O computador analógico que usou, na verdade, veio com exemplos no livro de instrução, mostrando como simular muitas situações em um osciloscópio, como trajetórias de míssil/balas, bem como uma bola. Quando William deu o salto criativo permitindo que duas pessoas batessem em uma bola para lá e para cá, ele não considerou isso uma grande descoberta.

Apesar de diversas centenas de pessoas verem a exibição do Brookhaven em 1958 e 1959, ela falhou em inspirar videogames futuros. A exibição não alcançou o público certo para causar impacto, e assim é registrado na história como um incidente isolado. Foi como se o avião tivesse sido inventado, mas ninguém reconheceu a significância ou teve o interesse para impulsionar a ideia. Após o outono de 1959, *Tennis for Two* foi desmontado e substituído por novas exibições no ano seguinte.

Steve Russell e *Spacewar*

Em 1961, computadores eram escassos, mas podiam ser encontrados nas escolas mais prestigiadas, como o MIT (Massachusetts Institute of Technology). Steve Russell era um estudante no MIT, e, durante o curso de seis meses e quase 200 horas, criou um videogame para dois jogadores chamado *Spacewar* em um computador DEC PDP-1. O objetivo do jogo era que cada jogador controlasse sua espaçonave ao mesmo tempo em que tentava atirar torpedos na espaçonave do outro. Usando quatro botões diferentes, cada jogador podia rotacionar no sentido horário e anti-horário, tomar propulsão ou atirar um torpedo.

Spacewar foi criado em 1961, mas na primavera de 1962, o jogo foi expandido. Pete Sampson adicionou um campo estelar preciso no plano de fundo integrando um programa existente chamado *Expensive Planetarium*. Depois, Dan Edwards otimizou o jogo para permitir que computações gravitacionais fossem realizadas. Assim, um sol pulsante foi adicionado ao centro da tela, o qual iria influenciar as espaçonaves e destruir qualquer uma que voasse próximo a ele. Por fim, J. Martin Graetz adicionou o conceito de hiperespaço: a habilidade de um jogador em pânico teleportar sua espaçonave de seu ponto atual no espaço para um outro aleatório. Com essas adições, táticas começaram a ser desenvolvidas, como fazer um movimento de estilingue ao redor do sol para rapidamente derrotar um oponente lento. No MIT, o jogo foi um tremendo sucesso e criou uma comoção no evento anual Science Open House, do MIT.

Steve Russell nunca ganhou dinheiro com o Spacewar, mas considerou brevemente a ideia. Infelizmente, o custo de um computador PDP-1 no começo de 1960 era quase $ 120 mil e a possibilidade de recuperar comercialmente tal custo estava fora de cogitação. *Spacewar* se tornou um programa de domínio público e se espalhou rapidamente para outras faculdades através da ARPAnet, uma versão primária da Internet. Além disso, DEC acabou usando o *Spacewar* como programa de diagnósticos enviado com as máquinas PDP, distribuindo, portanto, o jogo de graça a seus clientes. Uma recriação do *Spacewar* em Java pode ser jogada em http://spacewar.oversigma.com/.

〉 Jogos para as massas

Enquanto *Tennis for Two* e *Spacewar* eram jogos incríveis, apenas alcançaram um grupo pequeno de pessoas. Durante o começo dos anos 1970, duas importantes pessoas, Ralph Baer e Nolan Bushnell, trariam os videogames e os fliperamas para alegria das massas. Assim, esses dois visionários deram à luz a indústria dos videogames como nós conhecemos hoje.

O advento dos videogames domésticos: Ralph Baer e o *Magnavox Odyssey*

O próximo capítulo significativo dos videogames está centrado em Ralph Baer. O histórico de Ralph estava no design de TV, mas no começo da década de 1960 ele foi gerente de divisão na Sanders Associates, um fornecedor de defesa militar localizado na cidade de New Hampshire. Em uma viagem de negócios para Nova York no verão de 1966, teve a ideia de fazer videogames para a TV doméstica. Uma vez que Ralph tinha mais de 500 pessoas sob sua responsabilidade, junto com uma folha de pagamento de $ 8 milhões, foi capaz de colocar uma dupla de engenheiros, Bob Tremblay e Bob Solomon, para trabalhar em suas ideias sem que ninguém percebesse.

Quando Ralph apresentou o projeto ao comitê executivo na Sanders, sua nova invenção teve uma recepção sem entusiasmo. A maioria do comitê pensou que era desperdício de dinheiro da empresa e queria acabar com o projeto. Apesar da exibição problemática, o chefe de Ralph, Bill Rusch, impressionou-se justamente por causa do jogo de revólver. Rusch era adepto do tiro ao alvo na tela da TV com um revólver de plástico. Com um campeão ao seu lado, o projeto continuou vivo.

Em 1967 e 1968, jogos melhores começaram a tomar forma com a ajuda de Bill Rusch. Logo, apresentou-se um jogo de pingue-pongue respeitável. Com um pouco de ajuste – removendo a rede e adicionando a cor azul "gelo" para o plano de fundo – tornou-se um jogo de hockey. O jogo tinha três controles: um controle cima/baixo para proteção do gol, um controle esquerda/direita para aproximação da linha central e um "controle inglês" para colocar giro no disco.

Já que Sanders não estava no negócio de TV ou brinquedos, o próximo passo era vender o sistema de videogame doméstico para um grande fabricante. Após várias tentativas frustradas com a General Electric, Zenith e Sylvania, a empresa de televisão Magnavox assinou contratos com a Sanders no final de 1971. Em 1972, a Magnavox mostrou o novo dispositivo, comercializado como *Magnavox Odyssey*. Infelizmente, a máquina tinha um preço muito alto (U$ 100) e passou despercebida pelo público devido ao marketing limitado.

Entrando no negócio de entretenimento: Nolan Bushnell e Atari

William Higinbotham era um cientista, Steve Russell, um prodígio da programação, e Ralph Baer, um inventor determinado. Contudo, para a indústria dos videogames decolar, era necessário um vendedor e um empresário. E assim surge Nolan Bushnell. Como estudante de engenharia na University of Utah de 1962 a 1968, Nolan teve sorte suficiente de estar em uma das poucas faculdades que faziam experiências com gráficos de computador. Ele aprendeu a programar em FORTRAN e se tornou um jogador ávido do *Spacewar* de Steve Russell. Por ser um homem carismático, convenceu vários estudantes seniores a ajudá-lo a criar um videogame. Nolan acabou criando sete jogos de computador com a ajuda dos amigos.

Da mesma maneira que a universidade e o *Spacewar* foram grandes influências, a experiência de Nolan durante os mesmos anos trabalhando em um parque de diversões ao norte de Salt Lake City forneceu-lhe o traquejo necessário. Começando como vendedor de bolas para a brincadeira de derrubar garrafas de leite, ele tornou-se um especialista em convencer as pessoas a gastar suas moedas. Posteriormente, ele iria trabalhar no pinball e no fliperama eletromecânico do parque, aprendendo como os dispositivos funcionavam e como os negócios seguiam em frente. Essas experiências se tornariam inestimáveis. Nolan era um engenheiro que amava videogames, entendia muito de entretenimento e tinha o carisma para vender sua paixão. Tudo de que precisava era um produto.

Com *Spacewar* em mente, em 1969 Nolan trabalhou para recriar um jogo inspirado em *Spacewar* como um dispositivo operado com fichas. Já que computadores baratos não tinham o poder de cálculo para fazer o jogo funcionar, ele recorreu à construção de um dispositivo customizado que funcionaria apenas com seu próprio jogo. Uma vez que o protótipo estava pronto após alguns meses, encontrou um sócio para a fabricação: a Nutting Associates. Nutting já estava no ramo de entretenimento com um jogo de perguntas bem-sucedido chamado de *Computer Quiz*, mas a empresa viu futuro no novo jogo de ação espacial, *Computer Space*.

Licenciando o jogo de Nolan, a Nutting o contratou como engenheiro-chefe. Logo, havia 1.500 máquinas de *Computer Space* fabricadas em gabinetes futuristas curvos, mas a reação pública ao jogo foi baixa. Apesar de Nolan pessoalmente demonstrar o jogo no show Music Operators Association em 1971 em Chicago, poucos operadores de fliperama compraram a máquina. No final, o jogo era muito complexo e intimidador para o novo público. Achando que poderia fazer um melhor trabalho de marketing, Nolan saiu e fundou sua própria empresa para produzir jogos de fliperama. Esta empresa se tornaria a Atari.

Trazendo jogos para as massas

O nome Atari é um sinônimo de videogames. Contudo, em 1972, era uma pequena startup com Nolan Bushnell como seu líder visionário. Enquanto trabalhava em planos para combinar a física do *Computer Space* com um conceito de pista de corrida, contratou um engenheiro chamado Al Alcorn. A primeira tarefa de Al era fazer um jogo baseado em pingue-pongue com uma bola e duas raquetes. Após três meses, um protótipo funcional estava finalizado. Al não tinha certeza de que o produto teria sucesso como um jogo de fliperama, mas Nolan estava impressionado e chamou o jogo de *Pong*. Após duas semanas de testes em um bar local, parecia claro que seria um sucesso.

Logo depois de a Atari começar a fazer o marketing de *Pong*, a Magnavox levou a empresa ao tribunal. Infelizmente para a Atari, Ralph Baer mantinha registros impecáveis de seu processo inventivo e tinha registrado inúmeras patentes durante os anos 1960. A Magnavox alegou que a Atari tinha violado as patentes de Ralph e, ainda mais crítico, havia copiado o conceito de pingue-pongue de Ralph. Em depoimentos, testemunhas também alegaram que Nolan Bushnell participou de uma demonstração do *Magnavox Odyssey* em uma exposição em maio de 1972.

No final, a Atari entrou em acordo com a Magnavox em 1976 para um pagamento único de licença de $ 700 mil. Após isso, a Atari estava livre para produzir videogames sem ter de pagar nada mais à Magnavox – "um acordo de cavalheiros" como Nolan chamaria mais tarde. Como parte do acordo, a Magnavox concordou em agressivamente ir atrás de outros fabricantes de videogame, exigindo direitos autorais em cada jogo produzido. Nolan escapou dessa situação com a Atari ainda intacta e ainda no topo.

Pong se tornou o primeiro videogame conhecido e ajudou a lançar toda a indústria do videogame. A Atari lutou para conseguir cumprir os pedidos para o *Pong*, enquanto outras empresas imitaram e exploraram o sucesso da Atari. A Atari se tornou a primeira empresa de videogames; contudo, foi forçada a inovar para manter a concorrência para trás. Durante a década de 1970, essa inovação levou a Atari a criar o primeiro jogo de corrida, *Trak 10*, e o primeiro jogo de perseguição em labirinto, *Gotcha*.

⟩ Os reis do console

Após o sucesso de *Pong*, o próximo passo na evolução dos videogames nas residências eram os consoles de cartucho. A Atari foi uma empresa importante, mas logo outras se juntaram com um propósito a ser alcançado.

Atari e o 2600

Em 1977, a Atari entrou no mercado de console doméstico baseado em cartuchos com o Atari Video Computer System (mais tarde chamado de Atari 2600). Apesar de sua reputação para inovação, eles não foram os primeiros a lançar um sistema doméstico baseado em cartucho; foram ultrapassados por dois consoles que sobreviveram pouco, o Fairchild VES e o RCA Studio II. Embora não tenham sido os primeiros a comercializar, após um Natal conturbado, tornaram-se os primeiros a obter um sucesso gigantesco (vendendo bem pelos próximos 10 anos), e o nome do sistema tornou-se quase um sinônimo de videogames. Inicialmente lançado com nove jogos, era um sistema inovador baseado na ideia de transferir funcionalidades caras do hardware para o software. Além de ter gráficos coloridos e chaves seletoras que selecionavam os jogos e mudavam configurações de dificuldade, também introduziu o joystick no mercado doméstico.

Parte de seu sucesso provinha da grande variedade de jogos que podiam ser feitos para o sistema – uma consequência não intencional de se ter uma arquitetura feita para economizar no hardware. Formaram-se empresas terceirizadas para se aproveitar da arquitetura aberta e criar jogos sem a benção da Atari. A mais famosa delas foi a Activision, formada por quatro ex-funcionários da Atari. Inicialmente a Atari tentou impedir essas empresas de fazer jogos para seu sistema, mas depois desistiu e começou a cobrar direitos autorais. Essa é uma prática comum no mercado doméstico de console atualmente, com somas gigantescas de dinheiro na forma de transferência de direitos autorais para os jogos serem "licenciados" pelos fabricantes do console.

A crise dos videogames de 1983

Em 1983, uma grande reformulação ocorreu na indústria de videogames que iria ter repercussões sérias no mercado. Foram vários os fatores que levaram à crise: uma economia fraca, ciclos naturais de mercado e a percepção do consumidor de que os videogames eram apenas uma moda. Os dois fatores principais na crise foram o papel da Atari com o 2600 e a introdução de computadores domésticos baratos no mercado.

Além de alguns jogos fracos terceirizados para o Atari 2600 no momento, dois títulos exclusivos muito esperados, porém ruins, foram lançados para o sistema naquele ano. A versão doméstica de *Pac-Man* foi uma adaptação decepcionante de sua contraparte do fliperama, com gráficos medíocres e muito diferente do original. O jogo *E.T.*, vinculado com o filme de Spielberg, foi criado às pressas durante cinco semanas pelo programador da Atari, Howard Scott Warshaw. Os direitos foram comprados por $ 20 milhões, com expectativa de que o jogo seria um grande sucesso no Natal. A jogabilidade era fraca, a programação tinha muitos erros. O jogo foi outro desapontamento para a Atari, que havia produzido mais cópias do que existiam de consoles 2600 nas residências na época (levando a rumores, atualmente confirmados, de que os lixões do Novo México haviam sido aterrados com milhões de cartuchos do game). Dados outros fatores, esses dois jogos causaram danos irreparáveis à reputação da Atari. Além disso, ao passo que a Atari havia produzido mais cartuchos de jogos do que poderia ser absorvido pelo mercado, o excesso da oferta de cartuchos para o 2600, produzidos também por outras empresas, teve como consequência o agravamento do problema.

Outro fator foi o influxo de computadores domésticos baratos no mercado – particularmente o Commodore Vic-20, o Commodore 64 e o Atari 400. Ao contrário de um cenário em que computadores eram caros e exclusividade de lojas especializadas, o começo da década de 1980 presenciou lojas de departamentos e de brinquedos locais onde os consoles de videogames estavam à venda –, comercializando tais equipamentos. Os computadores apresentaram um roteiro de vendas convincente, duplicando muitos dos jogos populares dos consoles e oferecendo ainda software como processadores de texto e programas de contabilidade. Além disso, empresas como a Commodore propunham negócios de troca com as máquinas de jogos usadas, encorajando os usuários a abandonar seus consoles.

Como resultado do aumento na concorrência, a ausência do console de última geração que ainda não estava pronto, a abundância de jogos exclusivos e terceirizados de péssima qualidade e a má economia, o mercado sofreu uma profunda quebra. As empresas terceirizadas, incapazes de vender produtos, também se tornaram incapazes de pagar seus distribuidores e fecharam as portas. A Atari, um reduto contra o pânico que se instalava, começou a vender seus produtos a preços baixos no mercado e entrou em colapso. Em vista disso, os consumidores começaram a acreditar que tudo não passava de uma moda, e perderam a confiança na indústria. Empresas como Mattel, Magnavox e Coleco, assim como outras, saíram da indústria de videogames. A depressão durou anos, até a introdução do console NES da empresa japonesa Nintendo.

Nintendo e Shigeru Miyamoto

A Nintendo ajudou a moldar a indústria de videogames e tirá-la da depressão de 1983, e continuar a ser uma força poderosa e inovadora. De maneira surpreendente, foi fundada há mais de 100 anos, em 1889, e começou fazendo cartas *hanafuda* (um baralho japonês). No meio do século XX, teve sucesso com cartas ao estilo faroeste licenciadas pela Disney e mais tarde se expandiu para o mercado de brinquedos. Durante o fim da década de 1970, os brinquedos começaram a se direcionar para videogames eletrônicos, e a Nintendo entrou na briga com a série *Game and Watch*.

A série *Game and Watch*, criada pelo visionário Gunpei Yokoi em 1980, era uma linha de 50 jogos portáteis que tinha uma ou duas telas LCD. Como o nome indica, cada unidade tinha um jogo junto com a funcionalidade de relógio digital. Gunpei inventou os botões direcionais [D-Pad] (o controle direcional em formato de cruz encontrado na maioria dos controles modernos), e iria mais tarde criar o portátil Game Boy e o jogo revolucionário de NES, *Metroid*.

Ao mesmo tempo da série *Game and Watch*, outro criador visionário da Nintendo começou a planejar o jogo de fliperama *Donkey Kong*. A Nintendo tinha enviado 3 mil jogos *Radarscope* para os Estados Unidos, mas apenas mil foram vendidos. Desesperados para vender o restante do estoque, foi dada a tarefa ao jovem Shigeru Miyamoto de criar um jogo que poderia ser colocado dentro dos gabinetes do *Radarscope*. Shigeru começou criando uma história elaborada sobre um gorila que tinha roubado a namorada de um carpinteiro. Esse carpinteiro, simplesmente chamado de Jumpman (mais tarde conhecido como Mario), seria forçado a evitar barris e chamas, enquanto pulava de plataformas de metal para chegar à sua namorada. As unidades convertidas de *Radarscope* foram vendidas rapidamente em 1981 e pedidos por mais máquinas começaram a chegar. *Donkey Kong* se tornaria um dos jogos de fliperama (*arcade games*) mais influentes, vendendo mais de 65 mil unidades nos Estados Unidos e lançando Mario como o mascote da Nintendo.

A personagem Mario de Shigeru Miyamoto já apareceu em mais de 80 jogos, vendendo um combinado total de quase 200 milhões de jogos. Os mais notáveis são *Mario Brothers*, a série *Super Mario Brothers*, *Super Mario 64*, *Super Mario Kart* e a série *Mario Party*. Em 1983, *Mario Brothers* introduziu o irmão de Mario, Luigi. O jogo *Super Mario Brothers* de 1985, que apareceu primeiro nos fliperamas e mais tarde no Nintendo Entertainment System (NES), é reconhecido como um dos mais vendidos de todos os tempos, com aproximadamente 40 milhões de cópias só nos Estados Unidos. Em 1996, *Super Mario 64* do console Nintendo 64 iria novamente inovar trazendo o gênero para a plataforma 3D. Pela primeira vez, os jogadores podiam explorar o mundo de Mario, correndo, pulando, nadando, voando e andando para onde o jogador quisesse ir.

Apesar de lojistas se mostrarem relutantes em manter estoques de jogos domésticos após a crise dos videogames de 1983, em 1985 a Nintendo conseguiu posicionar o NES de uma tal maneira que o fez mais palatável para lojistas contrários a qualquer risco. A unidade vinha junto com uma arma leve e um robô nomeado de R.O.B (Amigo Robótico Operacional), e foi chamada como "sistema de entretenimento" em vez de "sistema de videogame". Com a finalidade de tranquilizar os lojistas, a Nintendo também garantiu que compraria de volta as unidades que não fossem vendidas. Essa estratégia única funcionou, o NES foi para as prateleiras e logo se tornou um sucesso memorável.

Ao final da década de 1980, o sucesso da Nintendo foi tão extremo que eles chegaram a dominar 90% do mercado dos videogames. Como resultado de ser tão bem-sucedida, internamente a empresa estava preocupada em perder a marca registrada "Nintendo" já que estava se tornando sinônimo de "videogame" e "máquina de videogame". Contudo, esse medo desapareceria e no fim dos anos 1990, era mais comum ouvir "Playstation" para se referir a videogames.

Hoje, a Nintendo continua a ser uma força considerável na indústria de videogames. Enquanto aproveitava da dominância do mercado sem desafios no mercado de portáteis com o Game Boy, o Game Boy Advance e o Nintendo DS, a Nintendo teve problemas com consoles caseiros como o N64 e o Nintendo GameCube. Apesar de nenhum sistema ter sido considerado um fracasso, o número de vendas indicou um sucesso *cult* (em vez de comercial). A sorte dos consoles da Nintendo se transformou com o lançamento do Wii em 19 de novembro de 2006.

O Wii foi um empreendimento arriscado, confiando no seu controle inovador enquanto propositalmente evitava a corrida de especificações de sistema para poder alcançar um preço inicial baixo de $ 250. Ao construir uma máquina bem menos poderosa que seus rivais, a Nintendo apostou que sistemas com preços baixos, associado a jogos inovadores iriam compensar a potência menor e os gráficos de menor qualidade. O risco valeu a pena e, em dezembro de 2008, o Wii vendeu mais de 45 milhões de unidades ao redor do mundo. Isso representa aproximadamente 50% das vendas de consoles da geração atual. O *Wii Sports* (que vem junto com o Wii na maioria das regiões) atualmente é o jogo mais vendido de todos os tempos, ultrapassando o *Super Mario Bros* para o NES (também um título que vem com o videogame). Até hoje, os dez jogos mais vendidos de todos os tempos são títulos da Nintendo. Dezesseis dos 20 mais vendidos são títulos da Nintendo. Dado o passado das vendas de console, os sucessos atuais dos consoles, bem como as dez franquias como *Pokémon* e *Mario*, a Nintendo facilmente tem a maior parte dos negócios de videogames.

Sega

A empresa japonesa Sega começou em 1952 com o nome de Service Games. Por acharem um mercado viável fornecer jukebox e outros dispositivos de entretenimento para as bases militares americanas, os criadores americanos Dick Stewart e Ray Lemaire logo fizeram a empresa crescer para além de suas modestas ambições. Mudando seu nome para Sega (as primeiras duas letras de cada palavra do nome da empresa anterior), eles continuaram a tirar vantagem da recuperação da economia japonesa. Em 1965, se fundiram com a empresa Rosen Enterprises de David Rosen, organização formada por outro norte-americano em 1953, com a finalidade de importar máquinas de fliperama dos Estados Unidos para o Japão. Eles se tornaram a Sega Enterprises Ltd. e criaram muitos dos melhores fliperamas mecânicos já criados.

Na década de 1970, começaram a trabalhar em jogos de fliperama, adquirindo a empresa Gremlin, da Califórnia, e logo se expandiram criando jogos para o mercado de consoles domésticos. No começo dos anos 1980, a Sega brevemente se tornou parte da Paramount, produtora de filmes de Hollywood, até a queda dos videogames, quando se separaram. Rosen, seu chefe de operações japonesas H. Nakayama, e o investidor japonês Ohkawa compraram a empresa de volta. Rosen se tornou chefe das operações norte-americanas, com Nakayama como presidente e Ohkawa como diretor no Japão.

Durante esse tempo, a Sega esteve desenvolvendo um console doméstico, o Sega Master System. Após verem o NES da Nintendo reviver o mercado de videogames, a empresa assinou um contrato de distribuição com a Tonka Toys e lançou o Master System quase um ano após o NES provar que ainda existia um mercado viável. A Sega teve problemas em arranjar softwares terceirizados para seu sistema (a Nintendo tinha muitos desenvolvedores com contratos exclusivos) e praticamente transferiu seus jogos do fliperama para o sistema.

Embora o Master System não tenha sido um grande sucesso, deu à Sega tempo para criar um console de 16 bits para alimentar a próxima geração. No Natal de 1990, a Sega lançou o Genesis (inspirado por um sentimento de renascimento e pelo Projeto Genesis de *Star Trek II: A Ira de Khan*). Sua competição principal era o NES que estava envelhecendo e o PC Engine (lançado nos Estados Unidos como TurboGrafx-16). A Sega ganhou a batalha do Natal com sua combinação de títulos de fliperama bem conhecidos e jogos de esporte. No final, a Sega ganhou um importante suporte através de um contrato de terceirização com a Electronic Arts, e a corrida do console de 16 bits continuou sendo travada entre a Sega, a Nintendo e a NEC, as três participantes de todo o processo.

Em 1994, no Japão, a Sega recebe uma boa aceitação ao lançamento de seu novo sistema, o Saturn. Já em maio de 1995 nos Estados Unidos, a recepção foi mais problemática. Consumidores desapontaram-se com a empresa por causa do lançamento ou lançamento falho de periféricos para o Genesis. O Saturn era $ 100 mais caro que o PlayStation da Sony e, em virtude de uma introdução apressada, tinha problemas iniciais de fornecimento. Tudo isso contribuiu para o fim do sistema em 1998, apesar de apresentar alguns jogos inovadores como o *Nights* de Yuji Naka e periféricos como modem.

O ano de 1999 viu o lançamento do último console doméstico da Sega, o Sega Dreamcast. Um console inovador sob vários aspectos, que incluía um modem de 56k embutido, gráficos de 128 bits e suporte para cartões de memória gráfica que podiam exibir *objetos de jogo* ou *minijogos* no controle. Apesar da natureza inovadora do sistema, não foi capaz de conquistar uma posição forte. O PlayStation e o N64 ainda tinham força no mercado. Quando a Sony anunciou as especificações de seu sistema de próxima geração, o PlayStation 2, a Nintendo revelou o codinome "Dolphin" para seu próximo projeto e a Microsoft tornou clara suas intenções de se juntar ao mercado de consoles, o Dreamcast saiu de cena, no final das contas tornando-se obsoleto antes do ciclo de vida de seu produto acabar. Desde então, a Sega mudou o foco de seu negócio, produzindo software de qualidade para outros consoles.

A Sega empregou profissionais talentosos, em especial Yu Suzuki que direcionou muitos dos melhores jogos de fliperama da empresa. Ele foi responsável por *Hang-On*, *Space Harrier*, *Out Run* e *Afterburner*, pseudojogos 3D. Em 1992, começou a produzir a série *Virtua* que utilizava hardware 3D real. O mais notável foi o *Virtua Fighter*, o primeiro jogo de luta 3D em tempo real. O Smithsonian Institute reconheceu a série *Virtua Fighter* por sua contribuição às artes e entretenimento, e o jogo se tornou parte da Coleção Permanente de Pesquisa do Smithsonian Institution (o primeiro jogo japonês a receber a honraria). Mais tarde, em 2001, Yu Suzuki terminou o jogo de console *Shenmue*, que levou cinco anos para desenvolver e aproximadamente $ 50 milhões, tornando-se o exemplar mais caro já criado. Em desenvolvimento, o jogo foi referenciado como o *Virtua Fighter RPG*, caracterizando-o muito bem com uma mistura de batalhas estilo *Virtua Fighter* e elementos de RPG.

O PlayStation da Sony

Em 1991, a gigante de eletrônicos Sony fez um acordo com a Nintendo para criar um sistema de jogo em CD-ROM, mas o projeto foi abandonado prematuramente. Como resultado do conhecimento adquirido, a Sony decidiu criar seu próprio videogame. Em dezembro de 1994, lançou o PlayStation no Japão, e em setembro de 1995 colocou-o também nos mercados norte-americano e europeu. Na falta de jogos exclusivos, confiou em editoras terceirizadas. Embora não tenha sido um sucesso inicialmente, o Playstation cresceu em popularidade e lentamente se tornou o console doméstico dominante de seu tempo. Isso se deu em grande parte devido a jogos exclusivos, como a série *Final Fantasy*, mas também pelo formato de jogo em CD ser mais barato, resultando em tempo menor de fabricação e em menores investimentos – ambos fatores críticos para adquirir suporte terceirizado.

No ano de 2000 a Sony lançou o PlayStation 2 no Japão e nos Estados Unidos (um ano antes do GameCube da Nintendo e Xbox da Microsoft). Incorporando um DVD player, forte suporte terceirizado e retrocompatibilidade com o PlayStation, o Playstation 2 dominou o mercado de console doméstico no começo dos anos 2000.

A empresa esperava expandir seu domínio no mercado de portáteis em 2005 com o lançamento do Playstation Portable (PSP), um dispositivo com poder 3D comparável ao Playstation 2, também um player de MP3 e filmes. Apesar de mais poderoso que o Nintendo DS, bem como o primeiro console portátil a ter um drive de disco ótico, as vendas do PSP ficaram muito atrás do Nintendo DS, e as vendas de filmes em UMD não atingiram as expectativas esperadas.

Enquanto o PlayStation 2 era uma lenda de sucesso incomparável, o Playstation 3 tem uma história bem mais problemática. Lançado em novembro de 2006, o PS3 até meados de 2009 detinha apenas 21% das vendas de consoles domésticos da geração atual. As primeiras críticas apontavam o preço alto (quando comparado ao Wii e Xbox 360) e os poucos títulos existentes. Incialmente, alguns fatores contribuíram para vendas baixas: a perda de antigos exclusivos como *Grand Theft Auto*, um controle que não tinha a apreciada característica *rumble*, modelos que confundiam o consumidor e um drive de Blu-Ray de alta definição que encarecia o produto. Entretanto, na Game Developers Conference de 2011, foi anunciado que até o final do ano de 2010 o PlaySation tinha vendido 47,9 milhões de consoles, ultrapassando em 2010 as vendas do seu concorrente, o Wii. Somente no Japão foram vendidas 1.017.094 unidades do console. Além disso foram registradas 70 milhões de contas na Playstation Store, números altamente expressivos, comparados com o seu desempenho incial. Um dos fatores que contribuiu para este sucesso estão nos novos jogos distribuídos para a plataforma como, por exemplo, o *Heavy Reain,* que revolucionou o conceito de narrativa interativa.

Microsoft e Xbox

Fundada em 1975 por Bill Gates e Paul Allen, o começo modesto da Microsoft que criava e vendia interpretadores BASIC os levou a se tornar a maior empresa de desenvolvimento de software do mundo. O sistema operacional Windows é quase onipresente no mercado de computadores domésticos e corporativos. Antes de 2001, a Microsoft era de alguma forma bem menos conhecida por seus jogos, apesar de duas fortes franquias, *Age of Empires* e *Microsoft Flight Simulator.*

Em 1999, eles decidiram entrar no mercado de consoles domésticos, batendo de frente com a Sony e a Nintendo. Lançado em 15 de novembro de 2001, o Xbox baseado na arquitetura de PC se tornou um sistema muito popular com uma linha forte de softwares encabeçada por jogos de tiro em primeira pessoa como *Halo* e *Halo 2*. Talvez sua maior característica seja o Xbox Live, um serviço on-line por assinatura conectando usuários de Xbox pelo país.

Logo depois do Xbox, a Microsoft lançou o Xbox 360 em novembro de 2005; um ano antes do Wii ou do PS3, a empresa esperava conseguir uma vantagem na guerra de consoles "next-gen" (nova geração) e conquistar as mentes, corações e salas de estar dos jogadores. Suas expectativas foram atendidas com sucesso parcial. Vendendo bem mais na época que o PS3 (seu concorrente mais forte na demografia de jogadores *hardcore*) ele, no entanto, ficou atrás do Wii. A Microsoft continuou a investir e expandir o serviço Xbox Live, tornando-o o principal serviço on-line da geração atual dos consoles com suas ofertas de jogos do tipo *matchmaking*, bem como jogos, filmes, programas de TV para download e serviços terceirizados como a Netflix.

A empresa investiu e perdeu bilhões de dólares com o Xbox, Xbox 360 e Xbox Live, e não espera ter um lucro constante na franquia do Xbox durante anos. Em vez disso, aposta no longo prazo para ganhar espaço nas salas de estar em âmbito mundial. Em cada geração de consoles, se dedica mais a essa empreitada, e à criação de um hardware cativante.

› Computadores domésticos

Simultaneamente ao advento dos consoles domésticos está a introdução dos computadores domésticos baratos no mercado. Inicialmente no âmbito de universidades e empresas, a introdução do computador doméstico teve implicações sérias para o negócio de jogos eletrônicos em desenvolvimento.

Apple Computer

Criada no Dia da Mentira, 1º de abril de 1976, a Apple Computer começou sua vida como uma parceria entre dois garotos prodígios da Califórnia e funcionários da Hewlett-Packard, Steve Wozniak e Steve Jobs. Woz, como ficou conhecido, era um gênio da construção de computadores. Funcionário da Atari, Jobs era um visionário entusiasta de eletrônica, com autoconfiança. Woz mostrou sua última criação na Homebrew Computing Club, chamada de Apple I, e Jobs o convenceu de que deveriam começar uma empresa juntos. Vendo algum sucesso com o Apple I em lojas locais, Jobs foi se aconselhar com Nolan Bushnell da Atari. O conselho de Bushnell eventualmente levou Jobs até Mike Markkula, um ex-funcionário da Intel que tinha se aposentado como milionário. Markkula investiu seu dinheiro nos jovens sonhadores, e a empresa nasceu.

Seu próximo computador, o Apple II, foi lançado em 1977 e começou uma revolução. Com um teclado integrado e suporte para TV e monitor, foi o primeiro equipamento a obter uma real posição no mercado doméstico e a encontrar um grande suporte junto às editoras de software. Com seu design aberto e encaixes para hardware, também permitiu o uso de uma diversidade de dispositivos terceirizados que poderiam aumentar suas capacidades. Vários modelos do Apple II foram lançados durante seu ciclo de vida, cada um aprimorando seu predecessor – o mais famoso foi o Apple IIe. O Apple IIc Plus, o último da série Apple II, foi produzido em 1988. Um elemento popular nas classes escolares, contudo, o Apple IIg foi produzido e vendido até 1993. Criaram-se ou transportaram-se muitos jogos clássicos para o Apple II, incluindo *The Bard's Tale*, *Castle Wolfenstein*, *Choplifter*, os jogos *Infocom*, *Karateka*, *Prince of Persia*, *Swashbuckler*, a série *Ultima* e *Wizardry*. No total, produziu-se algo em torno de 366 jogos para a série Apple II.

Enquanto o panorama favorece fortemente consoles e jogos de PC, a mudança para arquitetura de chips Intel tornou o desenvolvimento da Apple mais fácil que nunca. Enquanto a maioria dos jogos lançados para OS X da Apple são versões de sucessos recentes de jogos de PC, existem alguns jogos notáveis com lançamento simultâneo no OS X e no Windows XP/Vista como o *World of Warcraft* da Blizzard e o *Spore* da EA.

Commodore

Fundada em 1954 por um sobrevivente de Auschwitz, Jack Tramiel, a Commodore Business Machines iniciou sua vida como fabricante de máquinas de escrever. Mudando de máquinas de escrever para máquinas de somar e, então, para calculadoras antes de terminar em computadores em 1977, o lema da empresa se tornou "Computer for the masses, not the classes" [Computadores para as massas, não para as classes]. Em 1977, lançou o Commodore PET, um computador simples com um monitor monocromático, teclado, drive de fita e gabinete de metal. O produto não foi um grande sucesso (encontrando seu melhor mercado em salas de aula por causa de sua construção de metal). Seu próximo computador modificaria tudo.

O Commodore Vic-20 foi lançado em 1981 com uma campanha publicitária estrelada por William Shatner que fez a seguinte pergunta: "Por que comprar apenas um videogame?". Apesar de o computador possuir pouco poder na época, seu preço de $ 299 e sua posição nas lojas de departamentos e brinquedos o ajudaram a vender mais de um milhão de unidades. Eventualmente, o Vic-20 venderia 2,5 milhões de unidades antes de ser interrompida sua produção.

O sucessor do Vic-20 teve uma melhoria significativa, com seus 64K de memória e chip de som customizado. Vendido por $ 595, o Commodore 64 foi lançado em 1982 em um esforço de competir mais diretamente com o Apple II. Uma batalha de três territórios começou entre Texas Instruments, Atari e Commodore. Tramiel reduziu o preço do C64 para competir com os valores baixos do TI-99/4a. O plano funcionou, e o Commodore 64 se tornou o computador mais vendido na história, vendendo 22 milhões de unidades apenas em 1983. A batalha causou danos sérios à concorrência, com a Texas Instruments desistindo inteiramente e a Atari saindo com danos consideráveis. A guerra de preços também teve consequências na Commodore, e Tramiel deixou a empresa em 1984.

A Commodore tentou se restabelecer comprando um design para um novo computador de um grupo de ex-designers da Atari. Em 1985, lançaram esse design como o Amiga, uma máquina inovadora que no fim das contas teve problemas para encontrar seu nicho em um mercado dominado pelo Macintosh da Apple e clones de PC baratos. Em 1992, os últimos Amigas, o A4000 e o

A1200, foram lançados. A terceira geração de Amigas eram computadores poderosos, oferecendo uma alternativa interessante aos PCs, mas também eram caros – levando-os à falência.

IBM

Em agosto de 1981, a respeitável fabricante de computadores, IBM, introduziu o IBM PC (abreviação de "personal computer"). O PC representou um novo ponto de partida para a empresa, que havia falhado em oferecer uma máquina a preço acessível ao mercado com o IBM 5100. Dessa vez, a IBM reservou uma pequena equipe de engenheiros chefiada por William Lowe para o projeto, e lhes deu livre acesso para seu design. O grupo criou o IBM 5150 em um ano, decidindo usar peças compradas de OEM (*original equipment manufacturers*, fabricantes originais de equipamentos) em vez de componentes projetados pela IBM. Outro aspecto importante do PC, de importantes consequências para a IBM, foi o uso de uma arquitetura aberta, permitindo a outras empresas criar máquinas compatíveis ou "clones". O objetivo com o PC era licenciar sua BIOS e manter uma inovação para dominar a concorrência.

O PC foi lançado por $ 1.565,00, colocando-o fora da faixa de preço da maioria dos lares. Contudo, fez progressos importantes com os usuários de negócios quando se criou para ele o programa de planilhas *VisiCalc*. Mais modelos de PC foram feitos, oferecendo capacidade expandida (como discos rígidos internos). Eventualmente, o PC e seus compatíveis viriam a ter um papel significativo no mercado doméstico, com vários jogos transportados ou desenvolvidos para ele.

O plano da IBM de licenciar sua BIOS e manter uma arquitetura aberta, no final das contas se voltou contra ela quando sua BIOS sofreu engenharia reversa, realizada por muitas empresas, que então surgiram no mercado com clones compatíveis e mais baratos. Mesmo então, a empresa fez grandes negócios, pois os consumidores sentiram que podiam confiar nela. Essa confiança começou a ruir quando a IBM lançou máquinas que não mantinham 100% de compatibilidade com suas próprias especificações. De um modo geral, os consumidores queriam um computador que executasse programas feitos pela IBM PC sem nenhum problema. Quando começaram a sentir que outros fabricantes podiam fornecer essa segurança de forma mais barata, os computadores da IBM, que eram mais caros, foram deixados de lado.

Hoje, o termo PC se tornou um termo genérico para computadores pessoais, e a IBM se retirou completamente do mercado doméstico. A arquitetura moderna de PC ainda é muito similar à original criada pela equipe de William Lowe, apesar de sensivelmente mais poderosa. O PC compatível IBM (executando alguma versão de Windows ou do Linux) ainda domina o mercado de computadores pessoais, com apenas a Apple fornecendo uma alternativa significativa.

〉 Os designers

Além das empresas que criam o hardware para jogos, alguém deve criar os próprios jogos – esses são os designers.

Maxis e Will Wright

Will Wright criou um dos legados de software que mais resistem ao tempo. Em 1984, Wright desenvolveu o jogo de sucesso *Raid on Bungeling Bay* para Brøderbund. Seu projeto seguinte, inspirado nos livros *Urban Dynamics* e *System Dynamics*, de Jay Forester, foi um jogo para o

Commodore 64 inicialmente chamado *City Builder* ou *Micropolis*. Ao montar uma equipe com a empresa Maxis (criada por Jeff Braun e Ed Kilham com o desejo de desenvolver videogames que adultos gostariam de jogar), o jogo foi renomeado de *SimCity*.

Em fevereiro de 1989, foi lançado para Apple Macintosh e Commodore Amiga. Um artigo na *Newsweek* e propaganda de qualidade ajudaram o jogo inovador de simulação de cidades a se tornar um sucesso. As pessoas amaram o jogo, em que você gerencia muitos aspectos do desenvolvimento da cidade. A denominação *Sim*, sugerida pelo escritor Michael Breme, da Maxis, ajudou a definir uma marca.

Wright deu continuidade a *SimCity* com algo de menos sucesso chamado *SimEarth* em que se pode guiar o ecossistema, geologia e clima da Terra. O jogo seguinte, *SimAnt*, uma simulação de colônia de formigas, foi mais divertido. Depois veio *SimCopter*, uma simulação ambiciosa que permite ao usuário voar em um helicóptero através das cidades de *SimCity 2000*. Maxis publicou outros títulos *Sim* (incluindo *SimTower*, *SimFarm* e *SimLife*), mas o próximo projeto de Wright não sairia por alguns anos. Ao ser lançado, solidificou o nome *Sim* na cultura popular.

Enquanto trabalhava em *SimAnt* e *SimCopter*, Wright foi inspirado por livros mais uma vez – *Understanding Comics*, de Scott McCloud, forneceu a ideia para um nível de abstração e representação que permitiria aos jogadores colocar mais de si próprios no jogo; o livro de arquitetura *A Pattern Language*, de Chris Alexander, forneceu o conceito de que cuidar dos elementos de uma casa era divertido. O jogo, com codinome *Project X* durante sua produção, foi eventualmente chamado *The Sims*.

The Sims, um "jogo de Divindades", é uma simulação do dia a dia de pessoas virtuais. O usuário os guia em muitos dos elementos cotidianos de suas vidas – cozinhar, comer, fazer a higiene, trabalhar, aprender, dormir e assim por diante – enquanto cuida de sua casa com base no dinheiro que ganham. A série se tornou um fenômeno – vendendo mais de 100 milhões de cópias desde sua estreia em janeiro de 2000. Possui um número sem precedentes de pacotes de expansão, bem como múltiplas sequências e portas, e se tornou um dos raros jogos utilizados por pessoas que tradicionalmente não jogam ou compram videogames.

Em setembro de 2008, Wright e Maxis lançaram *Spore*, um jogo que acompanha uma espécie desde o estado de micróbio até a corrida espacial através de quatro etapas distintas e quatro estilos de jogabilidade. Características que os jogadores selecionam em estágios anteriores possuem ramificações em estágios avançados e assim por diante. Um grande aspecto do jogo é a criação e compartilhamento de conteúdo com outros jogadores de *Spore*, incluindo veículos, construções e até mesmo espécies. O jogo foi lançado para as plataformas Mac, PC e DS simultaneamente e vendeu milhões de cópias logo nas primeiras semanas de lançamento. Um "pacote de criaturas" foi lançado até agora, com mais expansões planejadas, bem como versões dirigidas a outros sistemas.

MicroProse e Sid Meier

A MicroProse iniciou-se a partir de um desafio. Em uma viagem de negócios até Las Vegas, Sid Meier e J. W. "Wild Bill" Stealey se encontraram em um jogo de *Red Baron*, uma máquina de fliperama de aviões. Wild Bill estava ganhando de todos os que o desafiavam, até Sid Meier colocar sua ficha. Meier impressionou Stealey por vencer o jogo — um que Meier nunca havia jogado antes. Meier, após seu desempenho impressionante, se gabou, dizendo a Stealey que poderia programar um jogo melhor que aquele em apenas uma semana. Stealey contra-atacou dizendo que se Meier podia programá-lo, ele poderia vendê-lo.

Meier levou dois meses, mas criou algo chamado *Hellcat Ace*. Stealey cumpriu sua parte da barganha e de forma bem-sucedida vendeu 50 cópias logo no início, então juntaram forças e fundaram uma empresa. Eles a nomearam de MicroProse como um sinal aos microprofissionais que trabalham em jogos e para dar a ideia de que estariam criando trabalhos de arte. Mais jogos foram desenvolvidos, e o dinheiro começou a entrar. Eles se demitiram de seus respectivos empregos na empresa de defesa de Baltimore que os enviara para aquela viagem até Vegas, e começaram a trabalhar nos projetos da MicroProse em tempo integral.

Solo Flight (1984) foi seu primeiro sucesso nacional, e sua combinação de diversão e jogabilidade realística ajudou a definir o objetivo da empresa. Mais simulações estratégicas seguiram, jogos colocando o jogador em aviões, submarinos ou em controle de exércitos em conversões de jogos de tabuleiros hexagonais como no *Decision in the Desert* de 1985.

Então, em 1987, veio o primeiro jogo que recebeu o nome de Sid na capa – *Sid Meier's Pirates!*. Uma mistura inteligente de interpretação de papéis, ação e aventura, *Pirates!* é tido como um dos melhores jogos de todos os tempos. (A demanda por uma visita de volta ao jogo do mundo caribenho foi tão forte que Meier até o refez em 2004 com gráficos atualizados e modificações para alguns elementos de jogabilidade.) Mais jogos com assinatura se seguiram, o próximo, *Railroad Tycoon* – um "jogo de Divindades", no qual você controlava o sistema de transporte e economia de uma nação durante a era dourada das ferrovias.

Em 1991, Sid expandiu as ideias de *Railroad Tycoon*, adicionou um pouco de *SimCity* e *Empire*, e criou *Sid Meier's Civilization*. O jogo se tornou um clássico instantâneo, com jogabilidade que inspirou muitas sessões tardes da noite com seu estilo viciante de "mais um turno". No jogo, o usuário guia uma civilização em desenvolvimento através de todas as tecnologias das eras – de trabalho com bronze e cerâmica até computadores e energia nuclear. O objetivo final era adaptável ao estilo do jogador, com estratégias pacíficas e jogabilidade viáveis ou algo mais bélico. O jogo teve várias sequências; algumas com a direção de Meier e outras só com seu nome e espírito. Em 2001, a nova empresa de Sid, a Firaxis, obteve os direitos para a série e criou o *Civilization III*, expandindo e atualizando o jogo clássico com novos elementos enquanto manteve sua jogabilidade viciante. Desde então lançaram inúmeros pacotes de expansão para *Civilization III*, *Civilization IV* com múltiplos pacotes de expansão, e uma nova versão de *Colonization* usando o motor[3] gráfico de *Civilization IV*.

A MicroProse teve muitos acertos com outros designers talentosos em sua equipe. Particularmente notável é o *Master of Orion*, um jogo de exploração espacial criado pelo grupo SimTex de Steve Barcia e, em 1994, um jogo baseado em turnos, inspirado em UFO, de equipes de combates, chamado *X-Com* pela Mythos Gaming.

A Spectrum Holobyte adquiriu a MicroProse em 1993, com a saída de Sid para formar a Firaxis algum tempo depois. Em 1998, a Hasbro Interactive comprou a MicroProse, fechando os estúdios da Califórnia e Carolina do Norte em 1999. Em 2001, a empresa francesa Infogrames (que mais tarde compraria a Atari e renomearia a si mesma para a marca clássica) adquiriu a Hasbro Interactive e desativou a marca MicroProse, eventualmente fechando os escritórios de Maryland onde a MicroProse começou.

---

[3] N.R.T.: Optamos pela tradução *motor gráfico* para o inglês *graphic engine*. De modo geral, traduzimos *engine*, *game engine*, etc., por *motor* e *motor de jogo*, correspondentemente.

Sierra e Ken e Roberta Williams

Uma das organizações mais duradouras de todos os tempos, a Sierra literalmente começou em uma mesa de cozinha. O programador Ken Williams criou uma empresa chamada On-Line Systems em 1979, em que fazia alguns trabalhos de programação para o setor financeiro. Sua esposa, Roberta, com um recém-nascido e muito tempo livre, entreteu-se com um jogo chamado *Colossal Cave* em um mainframe através de uma conexão do TRS-80 de Ken. Inspirada por uma simples aventura de texto, ela começou a planejar seu próprio jogo de computador, mapeando com pedaços de papel em sua mesa de cozinha. Em um jantar romântico mais tarde, Roberta convenceu Ken a ajudá-la com o projeto e uma lenda nascia.

Mystery House, o primeiro jogo gráfico de aventura do mundo, foi o primeiro produto deles. Lançado em 1980 – e distribuído de mão em mão dentro de sacolas Ziploc® em lojas – *Mystery House* finalmente vendeu 80 mil cópias. A produtividade era prolífica nos primeiros anos, fazendo uma variedade de recriações de jogos de aventura (arcade)[4], aventuras gráficas e títulos licenciados. Os responsáveis pela fama, apesar disso, foram os títulos gráficos de aventura que Roberta criou, como *The Princess and the Warrior*. Ken também era um inovador; fazia coisas inéditas com gráficos, desenhava cenas complexas por meio de programação, em vez de confiar em gráficos já prontos, armazenados no disco (uma técnica que economizou muito espaço).

Em 1982, mudaram o nome para Sierra On-Line e se mudaram para escritórios em Oakhurst, Califórnia. A IBM os abordou logo após para criarem um jogo para seu novo computador, o PCjr. Roberta deu um salto importante nesse momento. Com as capacidades avançadas do PCjr, ela descobriu uma maneira de colocar o jogador na tela do computador renderizado em terceira pessoa. Dada a mudança de foco, seu processo de escrever a história simplesmente decolou e o jogo encomendado pela IBM se tornou o hoje clássico *King's Quest*.

Lançado em 1984, *King's Quest* foi um sucesso enorme, finalmente tendo sete sequências. Outros títulos *Quest* por outros designers foram criados, incluindo *Space Quest* e *Police Quest*. Cada um começou uma franquia de sucesso, e a Sierra tornou-se altamente lucrativa. Além da linha de jogos *Quest*, teve êxito com diversas outras franquias, incluindo a série de comédia adulta *Leisure Suit Larry*, as aventuras do detetive sobrenatural *Gabriel Knight*, *Phantasmagoria* (uma série de horror adulto), o futurista *EarthSiege* e o jogo arrasador de tiro em primeira pessoa *Half-Life*.

Em 1994, se mudaram para Bellevue, Washington, para se situarem em um ponto mais tecnológico. Na década de 1990, a Sierra começou a adquirir outros estúdios (Impressions e Dynamix sendo os mais notáveis). Em 1996, eles foram adquiridos pela CUC, mais tarde se fundindo com HFS para se tornar Cendant Software. Cendant foi, por sua vez, comprada pela editora francesa Havas Interactive, e então se tornou parte do império Vivendi.

Hoje, a Sierra Entertainment existe apenas como marca da Vivendi Universal Games. Ken deixou a Sierra um ano após a venda da CUC. A última produção de Roberta é de 1999, apesar de não descartar uma volta para os jogos de computador. Os escritórios de Bellevue foram fechados em 2004.

Origin Systems e Richard Garriott

Inspirado por *Dungeons & Dragons*, o *Senhor dos Anéis* de J. R. R. Tolkien e seu amor por computador, Richard Garriott construiu um império do RPG. Garriott criou seu primeiro jogo comercial,

---

[4] N.R.T.: Os *jogos de aventura* são os *arcade games*, os tradicionais *jogos de fliperama*. Eles migraram para o PC e os consoles e ali se desenvolveram como um poderoso gênero.

Akalabeth, enquanto adolescente em um verão na loja Computerland. Baseado em um jogo que havia criado na escola, *Akalabeth* era um jogo em primeira pessoa que possibilitava a exploração de masmorras, dentro das quais o jogador recebia missões de uma personagem chamada de Lord British para matar monstros, cada vez mais difíceis. A aventura em embalagem plástica Ziploc conseguiu a atenção da California Pacific Computer, que fez um acordo com Garriott: $ 5 por jogo vendido. Garriott ganhou $150 mil e então começou a trabalhar no jogo *Ultimatum*.

Ultima I, como foi chamado mais tarde, entrou no mercado em 1981 e colocou o jogador em uma jornada para derrotar o mago maléfico Mondain. *Ultima I* foi depois republicado pela Sierra On-Line quando a California Pacific abriu falência. Em 1982, a Sierra publicou o *Ultima II*, uma aventura de viagem no tempo, que enviava o jogador em uma jornada para obstruir os caminhos da amante de Mondain, Minax. Um elemento marcante da série *Ultima* era o mapa de tecido contido em cada caixa (Uma das razões que Garriott foi para a Sierra como editora era sua vontade de incluir o mapa.). Durante o lançamento de *Ultima II*, o autor perdeu o encanto com o acordo que tinha com a Sierra e criou sua própria empresa, a Origin Systems.

Enquanto os primeiros *Ultimas* eram bons jogos, com o *Ultima IV*, Garriott (ou Lord British como é conhecido fora e dentro dos jogos) aumentou o nível de complexidade do mesmo. Garriot reconheceu que os três primeiros jogos funcionaram como um processo para ele aprender a programar, e que com *Ultima IV*, pode se concentrar na história pela primeira vez. O enredo continha um elemento de moralidade e ética, algo que preocupava Lord British, pois talvez arruinasse as chances de sucesso do jogo, mas *Ultima IV* alcançou o topo das listas de software. No jogo, a meta[5] do jogador era se tornar um profeta, o ideal das Eight Virtues of the Avatar (Oito Virtudes do Avatar). Aqui residia um diferencial em relação aos RPGs anteriores, nos quais a meta consistia em se livrar de um vilão. Os próximos dois *Ultimas* continuaram a história iniciada no *Ultima IV*.

A EA adquiriu a Origin Systems em 1992, na época em que a produção de *Ultima VII* se iniciava. Em 1997, *Ultima Online*, um dos primeiros jogos de RPG on-line massivo com multijogadores[6] (MMORPGs), foi lançado. O jogo teve sucesso suficiente, por isso a EA decidiu em 1999 que a Origin se tornaria uma empresa apenas on-line. Garriott saiu logo depois. Enquanto muitos pacotes de expansão para o *Ultima Online* foram lançados, o último jogo *Ultima* de um jogador – *Ultima IX: Ascension* – foi colocado no mercado em 1999. Lançou-se o *Ultima IX: Ascension* antes de estar terminado, e foi conhecido por seus erros de programação e uma história incompleta. A Origin Systems foi dissolvida em 2004 pela EA, apesar disso ainda retém os direitos da marca.

Garriott criou a Destination Games em 2000, e em 2001 fez uma parceria com a NCSoft, uma empresa de MMORPG da Coreia do Sul que havia alcançado sucesso em jogos on-line com o game *Lineage*. Os escritórios de Austin da Destination Games se tornaram NCSoft Austin, e Garriott

---

[5] N.R.T.: Traduzimos aqui o termo inglês *goal*, por meta, quando se referir ao conceito interno do projeto de game. Sempre que possível e adequado ao contexto, iremos manter esta opção de tradução, ainda que ela possa não corresponder exatamente ao conceito utilizado no inglês.

[6] N.R.T.: O termo inglês *multiplayer* se diferencia de *multi-user*. *Multijogador* é restrito ao campo dos jogos, nasce com ele, enquanto *multi-user* está ligado a computação. Uma única exceção pode ser apresentada, isto devido à época de seu surgimento, na fase heróica. É quando falamos dos *Multi-User Dungeons/Dimensions* (MUDs). Mesmo assim, se tratam de jogadores, de multijogadores. Quando falamos dos MMORPGs, os *massively multiplayer online role-playing games* estamos, em realidade, não falando de usuários, mas de jogadores. Optou-se pelo uso da tradução *multijogadores* para enfatizar o caráter ontológico do jogo ali presente, bem como alinhar o conceito com o seu uso nos demais países de língua portuguesa.

trabalhou lá como produtor e designer do jogo MMORPG de ficção científica *Tabula Rasa*. Desde então, ele se tornou o primeiro filho de um astronauta a também ir ao espaço, voando para a Estação Espacial Internacional como um "turista espacial" em outubro de 2008. No mês seguinte, anunciou seus planos de deixar a NCSoft com o desejo de buscar novos interesses decorrentes desse voo espacial. Mais tarde naquele mês, a NCSoft anunciou que interromperia o serviço on-line para *Tabula Rasa* em fevereiro seguinte.

O outro sucesso da Origin: *Wing Commander*

O *Ultima* não foi a única série famosa a ser criada no Origin Studios. Em 1990, Chris Roberts criou o *Wing Commander*. Os jogos tinham um enredo épico baseado em uma guerra intergaláctica. A história era contada através de uma série de missões de uma nave de batalha espacial e cenas cinematográficas. Versões mais recentes tinham vídeos totalmente animados com atores de Hollywood como Mark Hamill e Malcolm McDowell. Em 1996, Chris Roberts deixou a Origin para formar seu próprio estúdio, o Digital Anvil (apesar de a EA continuar a produzir os jogos *Wing Commander*). Ele voltou ao universo *Wing Commander* em 1999 ao dirigir uma versão de filme de jogo ao vivo (*live-action movie*) que se passa na linha do tempo do primeiro jogo. Desde então, continuou a trabalhar como produtor de filmes em Hollywood.

Peter Molyneux

Em 1987, Peter Molyneux e Les Edgar transformaram sua antiga empresa, a Taurus, na Bullfrog Productions. Dois anos depois teriam um verdadeiro sucesso com o primeiro "jogo de Dividandes" para PC, o *Populous*. Esse jogo inovador permite ao jogador supervisionar um mundo inteiro e seus habitantes como um tipo de divindade, em vez de uma personagem específica. *Populous* teve sequências e foi portado para várias plataformas, quando mesmo recentemente, em novembro de 2008, uma versão para o Nintendo DS foi lançada. Além disso, colocou a Bullfrog, baseada no Reino Unido, no mapa dos games e divulgou o nome do designer Peter Molyneux. Desde então, Molyneux lançou um fluxo estável de jogos mesmo como designer ou produtor, primeiro na Bullfrog e, após venderem para a EA em 1995, na Lionhead Studios, que ele fundou em 1997.

Embora Peter tenha uma reputação de colocar muita expectativa em seus jogos, geralmente discutindo recursos com a imprensa que não chegam com o jogo final, (dada a natureza dos ciclos de produção dos videogames, isso é compreensível, pois recursos são deixados para trás para se poder cumprir os prazos finais) ele, todavia, teve uma série altamente respeitada de sucessos associados a seu nome, incluindo hits como *Magic Carpet*, *Dungeon Keeper*, *Black and White* e *Fable*.

Em 2008, foi lançado o *Fable II* e, em outubro de 2010, Molyneux lançou o *Fable III*. Trata-se de uma sequência ambiciosa que conquistou muitos prêmios por sua história bem executada e jogabilidade. Ambientado quinhentos anos após o primeiro *Fable*, o RPG de ação incorpora alguns estereótipos, que hoje são padrões, como jogabilidade do bem contra o mal afetando a aparência e as reações da personagem dentro do jogo, bem como uma abordagem literária dos relacionamentos com os NPC[7] (personagens não jogadores), que permite a você casar, ser poligâmico, ter filhos, divórcios e muito mais. O download para o jogo saiu na forma da expansão *Knothole Island*, em 2009, para o *Fable II*, com mais conteúdo planejado.

---

[7] N.R.T.: NPC: *non-player character*. Corresponde aos personagens não jogadores, aqueles que o jogador não pode assumir o papel ou o controle, mas que fazem parte da narrativa e com os quais interage.

〉 Os fenômenos

Enquanto existem muitas histórias de sucesso na trajetória dos videogames, há alguns exemplos que estão acima e até ultrapassam a barreira de mero sucesso. Estes se relacionam com a inovação incrível e espírito de descoberta que definiu a indústria.

Space Invaders

Em 1978, a empresa japonesa Taito, em uma parceria de distribuição com a Midway, introduziu no mercado americano a máquina de fliperama *Space Invaders*. Apesar de não ser a primeira importação japonesa, foi o primeiro grande sucesso japonês. O jogo, criado por Toshihiro Nishikado, da Taito, tinha um fluxo inesgotável de invasores alienígenas atacando a base terrestre solitária do jogador. O jogador usa três escudos destrutíveis para cobertura enquanto atira nas linhas de alienígenas que descem na tela. Todos os níveis são essencialmente os mesmos, mas os alienígenas ficam progressivamente mais rápidos durante o jogo, garantindo que, no final, o jogador nunca vença. A música era simples, mas eficaz, mantendo o ritmo do ataque alienígena e aumentando a tensão. Os gráficos também eram simples – preto e branco com revestimento colorido no topo da tela do vídeo.

Apesar de sua modesta premissa, apresentação e jogabilidade, o jogo foi um sucesso enorme, criando uma falta de moedas de 100 ienes no Japão quando foi lançado. O jogo mais tarde foi reproduzido em uma variedade de consoles domésticos, incluindo o Atari 2600. Talvez sua mais notável contribuição para o mundo dos videogames foi a introdução da High Score (Pontuação Alta), uma lista salva de pontuações altas alcançadas durante o jogo que era então exibida enquanto o jogo estava em modo atração.

Pac-Man

Inspirado no herói folclórico japonês Paku (conhecido por seu grande apetite) e em uma pizza com um pedaço faltante, Toru Iwatani, da Namco, criou o fliperama mais popular de todos os tempos. Originalmente chamado de *Puckman*, o jogo era a tentativa de Iwatani de criar um jogo de fliperama sem violência, que teria um apelo para homens e mulheres.

No jogo, os jogadores usam um controle de quatro posições para guiar o protagonista amarelo ao redor de um campo estilo labirinto. A missão de Pac-Man é comer todos os pontinhos brancos, enquanto tenta evitar quatro fantasmas (chamados de Inky, Blinky, Pinky e Clyde) que o perseguem ao redor da tela. Em cada tela existem quatro pontos grandes que Pac-Man pode comer para virar o jogo – os fantasmas se tornam azuis por um breve período, em que Pac-Man pode comê-los. O jogo foi bem-sucedido no Japão, e com uma pequena mudança no nome para evitar que vândalos transformassem o nome do herói em algo impróprio, *PAC-man* estreou em terras norte-americanas em 1981.

O *Pac-Man* distribuído pela Bally/Midway foi um grande sucesso nos fliperamas, gerando $ 100 milhões em vendas durante seu tempo de vida. A loucura *Pac-Man* não estava limitada aos fliperamas, a nação comprava tudo do Pac-Man, desde cereais até camisetas e álbuns que tinham músicas sobre o colega faminto. Até hoje, já houve dez sequências para o jogo, com muito mais ainda por vir nas quais terão o herói amarelo, bem como Ms. PAC-Man e os fantasmas Inky, Blinky, Pinky e Clyde.

A confusa história do *Tetris*

Em 1985, o programador russo Alexey Pajitnov criou o jogo *Tetris*, baseado em um jogo de quebra-cabeças chamado *Pentominoes*. Pajitnov decidiu colocar o conceito no computador (especificamente um Electronica 60 no Computer Center da Academy of Sciences em Moscou), fazendo algumas alterações no processo. Primeiro limitou os blocos em suas peças para quatro em vez de cinco, o que reduziu o número de permutações de formas para sete. Então fez o campo de jogo como bidimensional e vertical, permitindo que as peças caíssem no lugar. Enquanto escrevia o código que rotacionava as peças, Pajitnov ficou impressionado com a velocidade que alcançava e decidiu que o jogo precisava estar em tempo real. Por último, resolveu o problema a respeito do que fazer quando as linhas fossem completas, removendo-as completamente, permitindo a continuação do jogo e novos modos. Rebatizando-o de *Tetris* (da letra grega "tetra"), ele conseguiu que Vadim Gerasimov o colocasse no PC. A versão de Gerasimov começou a se espalhar em Moscou e seguiu para Budapeste, Hungria. A partir daí, as coisas ficaram mais complicadas.

Programadores húngaros usaram a versão de Pajitnov e portaram para o Apple II e Commodore 64. Uma dessas versões chamou a atenção de Robert Stein da Andrômeda, empresa de software britânica. Stein começou a trabalhar com Pajitnov para conseguir os direitos, mas vendeu os direitos do PC para a Mirrorsoft UK – e sua afiliada norte-americana Spectrum Holobyte (uma subsidiária da Pergamon, chefiada por Robert Maxwell) – antes do negócio ser firmado. O empreendimento com Pajitnov não deu certo, e Stein contatou os programadores húngaros para tentar licenciar por meio deles. A versão de PC da Spectrum Holobyte foi lançada e rapidamente se tornou um sucesso.

Mais tarde, Stein foi até a Rússia e provavelmente voltou com os direitos para computador doméstico para o *Tetris* – mas nenhum contrato. Antes de Stein conseguir trabalhar em sua outra alternativa e garantir os direitos dos programadores húngaros, a CBS Evening News fez uma matéria sobre o *Tetris* que firmou Pajitnov como inventor do programa. As negociações de Stein com os russos começaram a passar pela ELORG (Electronorgtechnica), organização comercial do governo soviético. A ELORG ameaçou cancelar quaisquer acordos com Stein quando souberam de seu envolvimento com os programadores húngaros. Eles provavelmente finalizaram os termos, com Stein conseguindo os direitos das versões de computador, mas não os direitos de fliperama ou versões portáteis.

Tudo ficou ainda mais complicado quando a Spectrum Holobyte sublicenciou os direitos japoneses do jogo para a Bullet-Proof Software (sob a liderança de Henk Rogers) e sua divisão britânica Mirrorsoft licenciou os direitos de console doméstico e fliperama para Tengen (uma empresa Atari). Esses eram direitos que eles realmente não tinham. Em novembro de 1988, a Bullet-Proof Software lançou o *Tetris* para o Nintendo FamiCom no Japão.

Rogers contatou Stein a pedido do presidente da Nintendo of America, Minoru Arakawa. O Game Boy estava em desenvolvimento, e a Nintendo queria oferecer o *Tetris* como um conjunto com o novo portátil. Meses se passaram, e Stein falhou em conseguir os direitos para Rogers, então este voou até Moscou para tentar garantir os direitos diretamente. Stein também foi a Moscou, sabendo que Rogers tinha perdido a fé em sua habilidade ou vontade de garantir os direitos do portátil e estava tentando resolver o problema sozinho. A Spectrum Holobyte abordou a Nintendo ao mesmo tempo, querendo desenvolver o *Tetris* para o Game Boy. Kevin Maxwell, filho de Robert Maxwell, foi para Moscou para tentar conseguir os direitos para que pudesse criar a versão portátil.

Maxwell, Rogers e Stein chegaram a Moscou ao mesmo tempo. Rogers se encontrou com a ELORG antes dos outros, e garantiu os direitos do portátil. No processo de se encontrar com a ELORG, os russos estavam surpresos em perceber que a versão de console já tinha sido desenvolvida (*Tetris* para o FamiCom). Stein nunca discutiu com a ELORG que ele tinha vendido os direitos para console que não possuía para a Atari. Rogers avançou, achando que poderia garantir os direitos de console com a força da Nintendo dando suporte.

Stein se encontrou com a ELORG após Rogers assinar um documento com os russos que alterava um pouco seu contrato – trecho que definia um computador de tal modo que consoles e jogos de fliperama não estavam cobertos por seu contrato. A empresa soviética informou a Stein que ele não poderia obter os direitos do portátil, mas adquirir os direitos de fliperama – e assim ele o fez.

Maxwell foi até a ELORG. À Maxwell foi mostrado o cartucho do FamiCom e, não percebendo que sua empresa havia licenciado, disse à ELORG que ele deveria ser falso. Ele não conseguiu os direitos que havia ido buscar, e então lhe ofereceram a chance de obter os direitos remanescentes do *Tetris*.

Quando tudo estava feito, Rogers tinha garantido os direitos do Tetris portátil para a Nintendo, e aberto uma porta para que a empresa pudesse oferecer um lance pelos direitos de console; Stein havia garantido os direitos de fliperama e assinado um contrato que definia especificamente o que era um computador enquanto Maxwell tinha declarado que não havia nenhuma versão de console, garantindo para sua empresa a oportunidade de oferecer um lance contra a Nintendo pelo direito dos consoles.

A oferta da Nintendo foi muito acima do que a empresa de Maxwell podia cobrir, e a Nintendo garantiu os direitos para os consoles domésticos. Um processo legal sucedeu-se, com a Tengen acionando a Nintendo, alegando que a versão de *Tetris* iria violar seu direito autoral. A Nintendo lançou um processo contra Tengen. A Tengen então lançou o *Tetris* para o NES, apesar dos problemas legais. A disputa da Tengen pautava-se no fato de que o FamiCom era um computador, e uma versão do *Tetris* na plataforma violava seus direitos. A declaração da Nintendo era que os russos nunca planejaram entregar os direitos de videogame até a Nintendo fazer sua oferta.

A Nintendo ganhou o processo após muitos anos, ainda que uma liminar inicial os tenha favorecido fortemente. A Tengen foi forçada a retirar sua versão do *Tetris* para o NES das prateleiras. A Nintendo colocou no mercado o *Tetris* para o NES e lançou como um conjunto com o Game Boy. Ambas as versões venderam muito bem, com a versão do conjunto do Game Boy ajudando a vender o portátil em dezenas de milhões.

Em 1996, Pajitnov estabeleceu uma parceria com Rogers para formar a The Tetris Company LLC, que mantém e controla os direitos do *Tetris* ao redor do mundo, permitindo a Pajitnov lucrar com seu sensacional jogo – aproximadamente 17 anos após sua criação.

Capcom e Resident Evil

Fundada em 1979, a japonesa Capsule Command (abreviada como Capcom) é uma das primeiras desenvolvedoras japonesas e editoras de videogames. Durante anos, criou muitos jogos memoráveis, aparecendo virtualmente em todas as plataformas e fliperamas, além de três séries dignas de nota. Primeiro veio a série de jogos de luta *Street Fighter*, imortalizada nos fliperamas e com o filme. A segunda, extremamente popular, a série de plataforma *Mega Man*. E, por fim, aquela que popularizou um gênero, *Resident Evil*.

Resident Evil (conhecida como *Biohazard* no Japão) cunhou o termo "horror-sobrevivência"[8] descrevendo o gênero que viria a definir. Em *Resident Evil*, você é parte de uma equipe de elite enviada para recuperar outra equipe que se perdeu investigando uma série de assassinatos horrendos nos arredores de Raccoon City. *Resident Evil* joga com todos os tipos de puzzles, zumbis e outras espécies fantasmagóricas contra o jogador; este precisa continuar vivo para resolver o mistério. O jogo já recebeu mais de 15 variações, atualizações e sequências desde seu lançamento no Sony Playstation em 1996, bem como quatro filmes de Hollywood (*Resident Evil*, de 2002, *Resident Evil: Apocalypse*, de 2004, *Resident Evil: Extinction*, de 2007, *Resident Evil: Afterlife*, de 2010) e duas versões fílmicas japonesas especiais (Biohazard 4D-Executer, de 2000 e *Resident Evil: Degeneration*, de 2008).

Square e *Final Fantasy*

Em 1987, em um último esforço para evitar falência, a empresa japonesa de software Square Co., Ltd. lançou o que pensara ser seu último jogo. Ela estava enganada. Felizmente seu próximo jogo foi *Final Fantasy*, do tipo RPG de console para o FamiCom. Criado por Hironobu Sakaguchi, provou ter sucesso suficiente para que a Square buscasse um contrato de distribuição com a Nintendo para o mercado norte-americano.

Quinze jogos depois e 40 milhões de cópias vendidas até agora, a série *Final Fantasy* é a líder do RPG de consoles. Os jogos da série apareceram em praticamente todas as plataformas desde o NES (apesar de uma briga entre a Nintendo e a Square que não lançou nenhum *Final Fantasy* no N64). Apesar de muitos deles não serem sequências, as histórias complexas, a qualidade gráfica e a direção de arte soberba claramente definem os jogos com o nome *Final Fantasy*. A série é tão popular que um filme de computação animado foi lançado em 2001, chamado *Final Fantasy: The Spirits Within*. Em 2004, *Final Fantasy: Advent Children* – um filme de animação computadorizada como o *The Spirits Within* – foi produzido como uma sequência ao jogo mais popular da série, *Final Fantasy VII*.

Final Fantasy não é a única série de sucesso da Square; a *Dragon Quest* (conhecida como *Dragon Warrior* nos Estados Unidos) é incrivelmente popular no Japão, com cada lançamento estabelecendo um novo recorde de vendas. A série *Kingdom Hearts*, que tem uma mistura de personagens da Square e da Disney, também se provou popular.

Cyan e *Myst*

De seus estúdios em Spokane, Washington, os irmãos Robyn and Rand Miller criaram um dos jogos mais bem-sucedidos dos anos 1990. Os Millers fizeram alguns jogos de sucesso discreto quando a empresa japonesa Sunsoft os abordou para criar algo para o público adulto. Anunciando um periférico de CD-ROM para o N64 (nunca lançado nos Estados Unidos), a Sunsoft estava apenas interessada nos direitos de console. O orçamento dos Miller foi de $ 400 mil e eles próprios custearam o excedente. Os irmãos Miller deram início aos trabalhos em 1991, e criaram o jogo *Myst* em computadores Macintosh através do sistema reticular e hipermídia do Hypercard, no qual cada nó reticular englobava uma cena renderizada em 3D de uma beleza atmosférica e etérea. As cenas

---

[8] N.R.T.: O *horror-sobrevivência*, "*survival horror*", geralmente é formado por uma estrutura de gênero FPS, associado a oponentes zumbis ou outro tipo de criaturas que se colocam como os oponentes do jogador. Resident Evil também é classificado como um gênero de *ação* combinado com *FPS*.

eram pontuadas por vídeos de *live-action* curtos que ajudavam a dar continuidade à história. Ao clicar em cada tela, o usuário navegava pelo mundo e resolvia o puzzle que o levava a descobrir o mistério da ilha.

Lançado em 1993 no Macintosh e logo em seguida no PC (1994), *Myst* se tornou um dos preferidos dos críticos e o tipo de jogo que todos tinham de ter no começo da era CD-ROM. O imenso sucesso levou a sequências como *Riven, Myst III: Exile, Uru: Ages Beyond Myst* e *Myst IV: Revelation*, bem como a *remakes*, três livros e uma leva de clones que buscaram capturar a essência do jogo de puzzle-aventura de grande sucesso.

Pokémon

Quando o ávido caçador de insetos Satoshi Tajiri ganhou o apelido de Dr. Bug (Dr. Inseto) de seus amigos quando criança, mal sabia que iria criar uma das mais lucrativas franquias de jogos do mundo. Satoshi ia procurar nas poças e campos próximos a sua casa no subúrbio de Tóquio por insetos, classificando-os depois que os pegava. Algumas vezes trocava com seus amigos, e então os deixava lutar. Na adolescência, foi para uma escola técnica para tornar-se eletricista a pedido de seu pai, mas, em seu tempo livre, ficava nos fliperamas. Em 1982, fundou uma revista chamada *Game Freak* com seus amigos. Em 1991, Satoshi comprou um Game Boy; vendo um Link Cable, imaginou insetos rastejando no cabo entre os Game Boys. A ideia para *Pokémon* havia nascido. Depois de um contrato para financiamento inicial do estúdio Creatures, levou sua ideia para a Nintendo e trabalhou nos seis anos seguinte para criar seu jogo.

Originalmente chamado *Pocket Monsters* (*Pokketo Monsuta* em japonês), o nome foi abreviado para *Pokémon* quando se descobriu que já existia um brinquedo chamado Pocket Monsters nos Estados Unidos. *Pokémon Red* e *Green* foram lançados em 1996 no Japão e identificados como *Pokémon Red* e *Blue* para o lançamento norte-americano. No jogo, o jogador parte para coletar os monstros míticos e fazê-los lutar. Cada versão (*Red* e *Blue*) tem configurações diferentes da coleção de monstros *Pokémon*. Esse aspecto contribuiu para a dependência dos jogos – aliás, o primeiro lema de *Pokémon* era "Temos que pegar todos!". Desde sua estreia, cada versão quebrou os recordes de vendas estabelecidos por versões anteriores. O jogo se tornou muito popular e se ramificou em diversas outras formas de mídia, incluindo quadrinhos, desenhos, animes[9], filmes, mangás e jogos de cards colecionáveis.

Harmonix: *Guitar Hero* e *Rock Band*

Um dos gêneros mais explosivos dos últimos anos foram os jogos de ritmo, mais especificamente os criados pela Harmonix Music Systems de Cambridge, Massachusetts. Ao alcançar sucesso de crítica (não financeiro) cedo com os jogos baseados em música *FreQuency* e *Amplitude*, a Harmonix conquistou ouro em 2005 com o lançamento de *Guitar Hero*. Este combinou elementos de jogabilidade dos dois anteriores, bem como um pouco de inspiração de um colaborador (no *Karaoke Revolution* de 2003) *GuitarFreaks* da Konami. *Guitar Hero* era um jogo de música baseado em ritmo com canções populares "tocadas" em um controle especial em formato de guitarra (baseado em uma Gibson SG e desenvolvido em conjunto com a editora RedOctane) utilizando-se cinco "botões" e uma "strum bar". A guitarra também é sensível à inclinação, que o jogador pode utilizar para ativar o "star power", um multiplicador bônus que adiciona elementos de performance e

---

[9] N.R.T.: Em Portugal, o termo *anime* é traduzido por *animé*.

rejogabilidade. A ideia de tocar guitarra com suas músicas favoritas sem a necessidade de anos de prática e lições acertou a nota (trocadilho pretendido) com os jogadores.

O *Guitar Hero* foi sucesso de crítica e comercial, e trouxe outras duas sequências, *Guitar Hero II* e *Guitar Hero Encore: Rocks The 80s*. A MTV Networks adquiriu a Harmonix em setembro de 2006 por $ 175 milhões e, após o lançamento do *Rocks The 80s*, a produção da Harmonix na série *Guitar Hero* acabou.

A Activision adquiriu a RedOctane em junho de 2006 por $ 99,9 milhões em dinheiro e ações, e com isso adquiriu a franquia *Guitar Hero*. O desenvolvimento mudou para a Neversoft, subordinada da Activision (que foi muito bem-sucedida com a franquia de skate *Tony Hawk*), que começou a trabalhar em *Guitar Hero III: Legends of Rock*, reconstruindo o motor gráfico do zero.

A Harmonix pode não mais estar controlando a franquia *Guitar Hero*, mas não parou com os jogos musicais e controles customizados. Em *2001: A Space Odyssey*, a chegada de um grande monólito preto do espaço iniciou a próxima evolução do homem pré-histórico. Em novembro de 2007, a etapa evolucionária dos jogos de ritmo chegaram na forma de um conjunto plástico de bateria. A Harmonix lançou *Rock Band*, que incorporava o controle de guitarra do *Guitar Hero* (dessa vez uma réplica da Stratocaster da Fender), microfone de jogos como *Karaoke Revolution* e *SingStar*, e um conjunto de bateria baseado em kits de bateria eletrônica. O jogo recria a experiência de estar em uma banda, novamente sem precisar de anos de experiência ou lições (dependendo do nível de habilidade) para tocar as músicas populares.

Alguns poderiam argumentar que o microfone popularizou o jogo. Com ele era possível cantar bem, independentemente do jogo, e ainda ter uma boa performance, tornando-o acessível. Entretanto, usar bem o controle de guitarra resulta apenas em ser capaz de jogar um jogo que possua um controle na forma de uma guitarra. O microfone, contudo, carrega os mesmos estigmas sociais e recompensas que os microfones reais: cante bem e todos ouvem você, cante mal e *todos* ouvem você (e todos têm uma opinião já formada antes de jogar se sabem ou não cantar). O conjunto de bateria é uma história diferente; ele elimina a fronteira entre o controle do jogo e a bateria da vida real, efetivamente ensinando-lhe as habilidades necessárias para tocar bem, e faz isso sem incluir um estigma social para um mau desempenho (apesar disso, ele é apenas um jogo).

Rock Band e sua eventual sequência, *Rock Band 2*, ajudaram a colocar os jogos de ritmo em um patamar acima e a popularizá-los. Também merece destaque o fato de *Rock Band* possuir um dos componentes de DLC (conteúdo de download) mais fortes que qualquer outro videogame e oferecer a cada semana várias novas músicas (jogáveis nos dois *Rock Bands*) à venda pelos serviços on-line de cada sistema.

Estimuladas pelo sucesso de *Rock Band*, bem como sua própria necessidade de evoluir a franquia, a Activision e a Neversoft lançaram *Guitar Hero World Tour* em outubro de 2008, que incorporou um conjunto de bateria similar e microfone, além de jogabilidade análoga ao *Rock Band* (com algumas sutis diferenças). Como a franquia da Harmonix, *Guitar Hero World Tour* disponibiliza músicas de DLC toda semana. Diferentemente de *Rock Band*, *Guitar Hero World Tour* oferece um "estúdio musical" que habilita os jogadores a criar suas próprias músicas (sem vocais) e compartilhá-las on-line. Posições de classificação e número de vendas irão variar, mas os valores combinados para as franquias anteriores e atuais da Harmonix são impressionantes, com muitos milhões de jogos vendidos e muitos milhões de downloads, representando mais de $ 2 bilhões em vendas até 2009 – um número certo de se tornar desatualizado rapidamente, pois sequências com novas capacidades e músicas são lançadas.

Ascensão e queda do mascote de videogames

Rapidamente após o nascimento da história dos videogames vieram os mascotes. Pac-Man e Frogger foram populares, mas o primeiro verdadeiro sucesso foi Mario. Estreando como "Jumpman" no jogo de fliperama *Donkey Kong*, Mario logo iria protagonizar seus próprios títulos. *Super Mario Bros.*, que veio em um conjunto com o NES, lançou Mario para as alturas da popularidade – o encanador italiano se tornou mais conhecido para as crianças da época que o Mickey Mouse.

Outros mascotes seguiriam, o primeiro sendo o *Sonic the Hedgehog* da Sega. Concebido como concorrente para Mario, o Sonic se tornou um personagem importante para a Sega. Logo após seu lançamento, *Sonic the Hedgehog* substituiu *Altered Beast* como jogo do conjunto Sega Genesis. Sonic foi o primeiro dos personagens animais antropomórficos, como Crash Bandicoot, Spyro the dragon e Blinx.

Como Mario era para Nintendo, e Sonic para Sega, Crash Bandicoot se tornou o mascote original do Sony PlayStation. Participante de vários jogos e comerciais engraçados, Crash nunca foi tão popular como seus concorrentes. Em anos recentes, muito depois de sair do PlayStation (a Vivendi Universal atualmente detém os direitos da personagem), Crash foi visto nos sistemas da Nintendo e no Xbox da Microsoft.

Outro mascote de proporções míticas é Lara Croft, a heroína de cabelos trançados da série *Tomb Raider*. Ela aparece em mais de uma dúzia de jogos *Tomb Raider* cobrindo as várias plataformas e o PC. Trata-se uma personagem feminina forte que, apesar de tudo, recebeu muitas críticas por causa de sua personalidade sexualizada. Apesar disso, tornou-se imensamente popular e tem dois filmes de *live-action* (*Tomb Raider* e *Tomb Raider: Cradle of Life*) que contam suas aventuras, bem como livros e quadrinhos.

Outros mascotes se tornaram populares em diversos graus durante os anos. A Nintendo detém a grande fatia com Samus Aran, estrela da série *Metroid* (e uma das poucas mulheres não sexualizadas dos jogos); Link, o herói de cabelo amarelo de Hyrule na série *Zelda*; Kirby, a criatura rosa em formato de bola que tem seu próprio desenho agora; Donkey Kong, o macaco original do fliperama; e Pikachu, o herói elétrico amarelo dos jogos *Pokémon* e série de desenhos. A Sony reuniu seus próprios conjuntos de heróis com *Jak and Daxter*, Solid Snake de *Metal Gear Solid*, *Ratchet and Clank*, Kratos de *God of War* e Spyro the dragon. Deve-se mencionar que muitos dos mascotes da Sony já apareceram em outros sistemas. A Microsoft conta apenas com alguns mascotes para seus sistemas relativamente recentes, incluindo Master Chief da série *Halo* e Marcus Fenix e Dominic "Dom" Santiago da série *Gears of War*.

Muitos consideram que o auge dos mascotes já acabou. Uma das razões é a possível saturação de personagens. No ápice da popularidade da personagem, parece não haver limite de atenção a que um mascote pode coletar e sustentar, mas quando uma personagem não está no ápice, esse nível de atenção pode parecer demasiado. Na década de 1980, após a introdução inicial dos personagens Sonic e Mario, todos entraram no vagão dos mascotes. Tudo, de refrigerantes a mascotes de pizzaria, migrou para os videogames, criando um influxo de personagens sem profundidade, coisa que não agradou ao público (consequentemente desvalorizando todos eles).

Outra possibilidade é a idade crescente dos fãs: o público que primeiro se apaixonou pelas aventuras de Mario em 1985 teve praticamente duas décadas para crescer e se preocupar com outras coisas. Quem não estava no lançamento de jogos que definiram a personagem pode não vê-lo do mesmo modo que aqueles presentes (como no caso de *Tomb Raider*, em que a representação da

Lara Croft de Angelina Jolie pôde ofuscar os jogos que tornaram a personagem popular na metade dos anos 1990).

O marketing também pode ser um fator na popularidade dos mascotes. Se um console em particular é destinado a uma audiência mais velha e não tem nenhum mascote que a impressione, este pode ser tachado de "infantil". Chamar um sistema de "infantil" é um modo desonesto de denegri-lo, pois sugere que não há base tecnológica na capacidade do console.

Talvez o maior fator na queda de popularidade dos mascotes seja o realismo em ascensão e o nível de imersão nos videogames. A maioria dos mascotes aparece como personagens coloridos de terceira pessoa, manipulados dentro dos jogos. A tendência atual direciona-se aos usuários protagonistas que enxergam através dos olhos de uma personagem na tela (como a maioria dos casos dos jogos de tiro em primeira pessoa) ou o veem como algum tipo de alter ego (*Grand Theft Auto*). À medida que a tecnologia avança, as oportunidades para imersão aumentam, pois o campo da jogabilidade se torna ainda mais realístico. O presidente da Nintendo, Satoru Iwata, destacou o problema em seu discurso na E3 de 2003 quando jurou que Mario nunca iria sair atirando em prostitutas. Ao mesmo tempo em que essa promessa serve de apoio contra a moda crescente de jogos violentos, também transmite a ideia de que mascote de videogames pode ser de uma era diferente – algo que já passou.

❯ Os estúdios

Na indústria de jogos, sucesso, inovação e um grande design não necessariamente significam que a empresa tenha êxito durante muito tempo. A história dos videogames é cheia de organizações bem-sucedidas, porém que não existem mais. É necessária uma combinação de sucesso e experiência de negócios para perdurar. A seguir é apresentada uma visão geral de alguns dos mais notáveis estúdios e editoras de games.

Activision e Infocom

Formada por quatro ex-programadores da Atari e por Jim Levy, ex-executivo da indústria da música, a Activision foi a primeira desenvolvedora de jogos terceirizados. David Crane, Larry Kaplan, Bob Whitehead e Alan Miller estavam entre os melhores e mais brilhantes da Atari, mas se desiludiram com as práticas da empresa.

A Activision criou alguns dos mais conhecidos jogos do Atari 2600, incluindo sucessos como o *Chopper Command*, de Bob Whitehead, o *River Raid*, de Carol Shaw, e o Pitfall! de David Crane (a empresa tinha orgulho de dar crédito aos seus designers, usando-os no marketing – uma prática que a Atari evitava). Um processo da Atari resultou que a Activision e todas as outras empresas acordaram em pagar royalties em cada jogo vendido, mas a Activision havia se tornado tão bem-sucedida que isso, no fim, não a prejudicou .

Após o êxito inicial, ela se fundiu com a criadora popular de aventuras de texto Infocom. Esta era a autora da famosa franquia *Zork*, bem como de outros jogos baseados em texto, mas estava passando por dificuldades financeiras. A fusão trouxe problemas para as empresas; contudo, o novo diretor-executivo Bruce Davis assumiu. Davis havia sido contra a fusão e fez alterações que finalmente levaram a fechar os estúdios da Infocom em Massachusetts, perdendo a maioria de sua equipe no processo.

Uma mudança de nome para Mediagenic, uma mudança de foco para software de negócios, uma eventual falência, uma fusão e novamente uma troca de nome para Activision nos levaram para o começo dos anos 2000, no qual a Activision continuou a fazer e distribuir títulos de console e de PC populares como *Doom 3*, *Tony Hawk's Underground* e *Spider-Man*.

A segunda metade dos anos 2000 foi um período de consolidação e crescimento na indústria em geral e para a Activision em particular. Aquisições da Activision incluem estúdios como o Treyarch, Infinity Ward, Vicarious Visions, culminando na fusão de 2008 com a Vivendi e dando origem à Activision Blizzard. Em 2007, a Activision finalmente derrotou a EA tornando-se a editora terceirizada número um (baseada em grande parte na força da franquia *Guitar Hero*). Uma série de franquias (*Guitar Hero*, *Call of Duty* e agora *World of Warcraft*) e aquisições inteligentes fazem da Activision uma das maiores empresas de negócios hoje.

Electronic Arts

Originalmente começando a vida empresarial como Amazin' Software, a Electronic Arts (EA) foi fundada em 1982 pelo ex-diretor de marketing de produto para a Apple Computer, Trip Hawkins. Ao tomar $ 2 milhões em capital de risco e colocar $ 200 mil de seu próprio bolso, Hawkins foi capaz de colocar em prática ideias que alimentava por sete anos. O plano de negócios desenvolvido por Trip era visionário e tinha três elementos-chave: primeiro, os membros da equipe criativa da empresa seriam tratados como artistas, envolvidos no marketing e bem mais respeitados do que em outras empresas do setor; segundo, eles iriam desenvolver ferramentas e tecnologia proprietárias que iriam torná-los capazes de produzir rapidamente seus títulos; e terceiro, gerenciariam a distribuição para as lojas. Hawkins trouxe muitos de seus ex-colegas da Apple. O nome Amazin' Software não era do agrado de ninguém, então em um encontro da empresa – e inspirado pela Hollywood's United Artists – a organização foi renomeada para Electronic Arts.

Em maio de 1983, a Electronic Arts lançou seus cinco primeiros títulos: *Hard Hat Mack* para o Atari 800 e Apple II; *Archon* para o Atari 800; *Pinball Construction Set* para o Atari 800 e Apple II; *Worms* para o Atari 800; e *M.U.L.E.* para o Atari 800. Os últimos quatro títulos são referências na história dos videogames. *Archon* era um jogo estilo xadrez inovador com elementos de ação. *Pinball Construction Set* permitia ao usuário criar seus campos para jogar pinball. *Worms*, o primeiro jogo de uma série venerável, era um jogo de estratégia de guerra com minhocas como suas tropas. *M.U.L.E.* era uma simulação econômica que se passava em uma colônia espacial que se se apresentava como jogo.

Enquanto a EA não desenvolveu seus próprios jogos até *Skate or Die!* de 1988, ela tinha um talento especial para encontrar estúdios de desenvolvimento com grandes ideias. Alguns outros jogos clássicos da EA incluem *One on One: Dr. J vs. Larry Byrd* (1983), *The Seven Cities of Gold* (1984), *The Bard's Tale* (1984), *Mail Order Monsters* (1985), *Populous* da Bullfrog (1989) e *SimCity* da Maxis (1991). Fiel ao plano de negócios de Trip, esses títulos foram desenvolvidos para múltiplas plataformas de computador e alguns consoles.

Trip Hawkins deixou a EA em 1991 para ajudar a fundar a empresa 3DO, um fabricante de consoles e jogos que pediu falência em 2003. Larry Probst se tornou o próximo diretor executivo da EA, levando-a a lucros de $ 1 bilhão em 1994 – feito inédito no mercado de editoras de videogames. O franco Probst foi criticado por sua relutância em criar jogos como a série ultraviolenta (porém com gigantesco sucesso) *Grand Theft Auto*. Apesar disso, em 2005, estava previsto que a EA alcançasse $ 3 bilhões de lucro.

Sob a liderança de Probst, a EA encontrou um talento para adquirir estúdios de desenvolvimento que rivalizam com a Microsoft. Em 1992, adquiriram o Origin Studios de Richard Garriot, criadores da série *Ultima*. Em 1995, adicionaram o Bullfrog de Peter Molyneux (criadores de *Populous*, *Dungeon Keeper* e *Magic Carpet*) a sua lista de estúdios. Em 1997, a Maxis (com toda a série do *Sims*) se juntou a eles. Por fim, em 1998, o Westwood Studios (criadores da série *Command and Conquer*) entrou no barco. Consolidando seus estúdios externos, a EA agora publica algumas franquias mais famosas nos jogos por meio de quatro marcas (EA Games, EA Sports, EA Casual Entertainment e *The Sims*).

A crise econômica de 2008 atingiu a indústria de jogos, apesar de alguns sucessos registrados no mesmo período. A EA anunciou demissões e fechamento de estúdios. O escopo completo dessa crise e a repercussão inevitável são desconhecidos, mas a EA tem muitas franquias em seu arsenal que certamente a sustentarão. Algumas delas incluem *James Bond 007*, *The Lord of the Rings*, *Madden NFL*, *Tiger Woods Golf*, *Need for Speed*, *Medal of Honor*, *Battlefield*, *Harry Potter*, *The Sims*, *Spore* e *Rock Band*.

Interplay

Formada em 1983, a Interplay Productions criou alguns produtos de jogos e algumas versões até acertar em cheio com *The Bard's Tale* em 1985. Este era um jogo de masmorras similar à série *Wizardry*, mas tinha gráficos inovadores próximos ao 3D. Duas sequências se seguiram na série imensamente popular, expandindo as aventuras na cidade de Skara Brae.

Em 1987, a Interplay criou um dos melhores jogos no gênero CRPG (RPG para computador) usando o motor gráfico do *Bard's Tale*. *Wasteland* se passava em um mundo deserto pós-apocalíptico, o universo criado pelo jogo de RPG de mesa *Mercenaries, Spies, and Private Eyes*. O jogo inovador permitiu aos usuários resolver problemas baseando-se em uma variedade de habilidades, não apenas força bruta. Wasteland permaneceu estável na lista de "melhores de" desde seu lançamento.

O fundador Brian Fargo percebeu naquele momento que podia ganhar dinheiro publicando seus próprios jogos. A empresa lançou *Neuromancer* e *Battle Chess* de William Gibson com sua marca em 1988. Em 1990, entre problemas financeiros, lançou *Castle*, que fez sucesso suficiente para poder colocar no mercado seu próximo jogo – *Star Trek: 25th Anniversary*. De forma surpreendente, *25th Anniversary* quebrou a maldição de jogos *Star Trek* licenciados e se tornou muito popular, sendo lançado em versão de CD-ROM com vozes gravadas pelos atores originais.

Em 1997, a empresa apresentou *Fallout*, o sucessor espiritual de *Wasteland*. *Fallout* exibia um estilo retrofuturista com uma direção de arte excelente. Junto com uma combinação de tempo real com jogabilidade baseada em turno e uma grande quantia de humor, foi um CRPG clássico que, por sua vez, teve sua própria sequência (*Fallout 2*). Como *Wasteland* antes dele, assumiu posição estável nas listas de melhores jogos de todos os tempos.

Uma das parcerias mais importantes e lucrativas da Interplay era com a empresa canadense BioWare. Formada por três médicos, BioWare se especializou em criar CRPGs soberbos, incluindo a série *Baldur's Gate*, *Neverwinter Nights* e *Star Wars: Knights of the Old Republic* – os dois últimos publicados pela Infogrames e LucasArts, respectivamente. A série *Baldur's Gate* teve vários jogos muito populares, incluindo *Baldur's Gate: Tales of the Sword Coast*, *Baldur's Gate II: Shadows of Amn* e *Baldur's Gate II: Throne of Baal*.

No final dos anos 1990, apesar do sucesso de *Baldur's Gate*, a sorte da Interplay começou a desvanecer. Após se tornar uma companhia aberta em 1998, anunciou perdas em vários anos. A empresa desistiu de suas responsabilidades como editora e assinou contrato com a Vivendi Universal. Logo após, a Titus Interactive ganhou o controle, estimulando a saída do fundador Fargo. A organização foi retirada da lista da Nasdaq, ameaçada de despejo de seus escritórios e, por um breve período, foi paralisada por esses e outros problemas financeiros.

A Interplay desde aquele tempo foi se reerguendo. Graças à venda da Propriedade Intelectual de *Fallout* para a Bethesda Softworks (que depois lançou o aclamado *Fallout 3* para PC, PS3 e XBOX 360) e venda do controle de ações para uma empresa de Luxemburgo, a Interplay renasceu. Seus planos atuais incluem lançamento de alguns jogos da Sega e N64 para o Virtual Console do Wii, bem como um novo jogo *Earthworm Jim* com o criador da série Doug TenNapel servindo como consultor criativo. Além disso, ela planeja sequências para *Dark Alliance*, *Descent*, *MDK* e um MMO de *Fallout*. Em 2009 a Bethesda impetrou uma ação conta a Interplay, busca impedir o desenvolvimento do *Fallout* MMO. Em setembro de 2011, a Suprema Corte Americana negou à Bethesda a restrição temporária.

LucasArts

A LucasArts foi fundada em 1982 como Games Group, uma filial com categoria de negócios diferentes da Lucasfilm Ltd. Usando $1 milhão em capital inicial da Atari, começou a trabalhar em dois jogos, *Ballblazer* e *Rescue on Fractalus*. Antes que pudessem ser lançados, os jogos foram pirateados. Durante esse momento, Jack Tramiel tinha tomado posse na Atari, e o Games Group não gostou das condições oferecidas. Em 1984, Epyx publicou os jogos, e a Lucasfilm Games (como eram conhecidos) tinha seu único e inovador produto nas prateleiras.

Enquanto seus primeiros jogos eram criativos e de boa aceitação, apenas em 1987, com o lançamento de *Maniac Mansion*, que a LucasArts começou a se definir. *Maniac Mansion* era essencialmente o primeiro jogo de aventura do tipo *apontar-e-clicar (point-and-click)*. Todos os verbos estavam localizados na tela, ou seja, a interação era feita clicando-se nas combinações de itens e palavras exibidos – não havia necessidade de digitar. O motor gráfico usado para criá-lo era chamado SCUMM (Script Creation Utility for *Maniac Mansion*), e tinha o senso de humor do jogo. SCUMM foi empregado pelos dez anos seguintes em todos os jogos de aventura feitos pela LucasArts até *The Curse of Monkey Island* ser produzido em 1997. Com o SCUMM, a empresa construiu uma forte reputação como criadora de jogos de aventura originais e inteligentes.

A LucasArts não era conhecida apenas por seus jogos de aventura. Anteriormente, eles haviam produzido alguns jogos de simulações de estratégia e, após trabalhar portando jogos, os programadores Larry Holland e Noah Falstein estavam ansiosos para retornar às raízes. Em 1988, lançaram *Battlehawks 1942*, o primeiro na série *World War II* de jogos de combate aéreo. Eles lançaram a seguir *Their Finest Hour: The Battle of Britain* e então o clássico *Weapons of the Luftwaffe*.

Em 1992, os direitos de produzir jogos no universo *Star Wars* voltaram para a LucasArts da Brøderbund, e Holland aproveitou a oportunidade de aplicar sua experiência de simulação de combate em um novo jogo. *Star Wars X-Wing* foi o resultado do primeiro esforço — um jogo de combate espacial que habilmente capturou o sentimento dos filmes e colocou o jogador como um piloto da X-Wing. *Star Wars TIE Fighter* se seguiu, e contou a história do ponto de vista do Império, fornecendo tons de cinza ao Império do mal. O próximo jogo da série, *Star Wars X-wing VS. TIE Fighter*, trouxe a série para a Internet em uma experiência multijogador ambiciosa – concluída com mata-mata e missões cooperativas. O jogo final na venerável série foi *Star Wars X-Wing Alliance*, que permitiu ao jogador pilotar a Millennium Falcon pela primeira vez.

A LucasArts também teve outros jogos notáveis. Eles trouxeram *A Força* para o jogo de tiro em primeira pessoa com *Dark Forces*, lançado em 1995. Sequências para *Dark Forces* seguiram na forma da série *Jedi Knight* e viu o protagonista, Kyle Katarn, ir de mercenário a Cavaleiro Jedi depois para Mestre Jedi, adicionando sabres de luz e poderes da força ao seu arsenal durante o caminho. *Grim Fandango* de 1998 os viu revisitar território familiar com o jogo de aventura 3D com o esqueleto Manny Calavera em sua jornada pelo mundo dos mortos. A popularidade do jogo de ação *Star Wars Rebel Assault* (lançado apenas para CD-ROM) é creditado como o jogo que trouxe o drive de CD-ROM para as massas. Mais recentemente, a LucasArts teve sucesso com diferentes franquias dentro do universo *Star Wars*, incluindo o RPG *Knights of the Old Republic* e sua sequência (criado pela BioWare e Obsidian Entertainment, respectivamente), o MMORPG *Star Wars Galaxies*, o jogo de estratégia em tempo real *Star Wars: Empire at War*, *Lego Star Wars* e *Star Wars: The Force Unleashed*. A LucasArts ainda tem diversas propriedades que não são do universo *Star Wars* com graus variados de popularidade, incluindo *Indiana Jones* (com o sucesso *Lego Indiana Jones*), *Mercenaries*, *Fracture* e *Thrillville*. Muito anunciado foi o jogo de *Star Wars* que utiliza o Wii Remote para duelos de sabre de luz.

Blizzard

Começando a vida em 1991 como Silicon & Synapse, a empresa que mais tarde seria conhecida como Blizzard Entertainment foi fundada por Mike Morhaime, Allen Adham e Frank Pearce. Ao utilizarem seus contatos com Brian Fargo da Interplay, dedicaram os primeiros três anos à criação de jogos de console como *The Lost Vikings* e *Rock & Roll Racing*. Em 1994 foram adquiridos por Davidson & Associates e logo após lançaram *Warcraft* – seu primeiro sucesso. *Warcraft* foi um dos primeiros jogos de estratégia em tempo real (junto com *Command & Conquer* da Westwood) que ajudou a definir o gênero.

O estúdio de desenvolvimento Condor estava prospectando uma ideia chamada *Diablo* – e não encontrou nenhum comprador – quando falaram com seus velhos amigos na Blizzard. A Blizzard gostou da ideia e contratou a Condor para a realização do projeto. Enquanto o estúdio trabalhava em *Diablo*, a Blizzard aplicava alguns toques na sequência de seu grande sucesso: *Warcraft II*, lançado em 1995. Em 1996, eles compraram a Condor e a rebatizaram como Blizzard North. A Blizzard teve um número sem precedentes de sucessos desde então, cada jogo vendendo mais que o anterior; seu último, o MMORPG *World of Warcraft* e seus três pacotes de expansão, se tornou o jogo de PC que vendeu mais rápido na história, atingindo 12 milhões de assinantes em outubro de 2010. Apesar de uma queda a partir da 3ª expansão, facilmente tornou-se o MMORPG mais popular de todos os tempos[10].

id Software

A id Software formou-se em 1º de fevereiro de 1991, quando o grupo de desenvolvimento de jogos na Softdisk (um boletim de software mensal) se demitiu em massa.

John Carmack, Adrian Carmack (sem relação de parentesco), John Romero e Tom Hall haviam criado um jogo em shareware chamado *Commander Keen*. *Keen* foi distribuído pela Apogee, que

---

[10] N.R.T.: O site brasileiro da Blizzard é: http://us.blizzard.com/pt-br/.

percebeu que dividir o jogo em três partes e cobrar pela segunda e terceira partes era um modo de ter um bom lucro com shareware. Vendo o sucesso de Keen, Scott Miller, da Apogee, encorajou a equipe da id a criar um jogo 3D. Em dezembro de 1991, eles concluíram algumas obrigações para a Softdisk e começaram a trabalhar em um jogo 3D. *Wolfenstein 3D* era um jogo de tiro em primeira pessoa baseado no *Castle Wolfenstein*. No primeiro mês após o lançamento, Miller pagou à equipe da id $ 100 mil em direitos autorais do jogo de sucesso esmagador.

Inspirada pelos filmes *Evil Dead* e *Aliens*, a id se separou da Apogee e criou o fenômeno *DOOM*. Apesar de não ser o primeiro jogo de tiro em primeira pessoa (as contribuições de Carmack para a Softdisk ganharam esse lugar na história), *DOOM* se tornou a expressão máxima do assunto. Com um motor gráfico de última geração, era uma combinação envolvente de ação, puzzles, arte, jogo multijogador através de LAN e design inspirador. Como seus produtos anteriores, *DOOM* foi distribuído usando um modelo de shareware que ajudou a tornar *Commander Keen* e *Wolfentein 3D* lucrativos.

Cada produto seguinte foi uma demonstração de programação genial e design de motor 3D, com a id fazendo lucros massivos com a licença de seus motores gráficos para outras empresas. Nos calcanhares de *DOOM* vieram outros sucessos com *DOOM II*, *Quake*, *Quake II*, *Quake III: Arena* e o último, *DOOM III*, um retorno sombrio e atmosférico para um mundo cheio de zumbis e demônios de seu primeiro sucesso. Títulos a serem lançados incluem *Rage* e *Doom 4*.

〉 Uma visão geral dos gêneros

A maioria dos videogames pode ser relacionada a um gênero particular ou classificada como híbrida de dois ou mais gêneros. Esses gêneros foram aparecendo durante os anos, em geral como resultado de tentativas e erros, mas frequentemente também como uma evolução. A seguir há uma descrição de alguns gêneros importantes e jogos que introduziram ou popularizaram esses gêneros.

Aventura

No gênero aventura, temos dois tipos importantes de subgêneros: aventura baseada em texto e aventura gráfica. Para sucessos baseados em texto, não é necessário procurar além de *Zork* da Infocom. No lado gráfico, uma das séries que definiram o gênero foi *King's Quest* de Roberta Williams, da Sierra.

Ação

O jogo de ação é um combinado de muitos outros gêneros. Tiro em primeira pessoa, ação-aventura, simulações de combate, jogos de luta, até mesmo jogos de plataforma são todos parte do gênero de ação. Tais jogos são conhecidos por combate em ritmo rápido e movimentação. Alguns dos primeiros exemplos de videogames como *Spacewar*, *Pong* e *Space Invaders* definiram o gênero e também foram seus primeiros sucessos.

Ação-aventura

Jogos de ação-aventura são similares aos de aventura, mas incorporam elementos de ação. *The Legend of Zelda*, da Nintendo, foi o primeiro sucesso do gênero, mas desde então muitos apareceram. Jogos recentes como *Jak 3*, *Metroid Prime 3* e *Resident Evil 5* continuam a tradição de ação com solução de puzzles.

Plataforma

Os jogos originais de plataforma envolviam a personagem correndo e pulando em um campo de jogo com visão lateral. Embora a definição tenha sido expandida para campos de jogo 3D, o gênero ainda é bem fiel às suas raízes. Alguns dos jogos de plataforma mais famosos foram *Super Mario Bros.*, *Sonic the Hedgehog*, *Pitfall!* e *Super Mario 64*.

Luta

Em jogos de luta, o usuário luta contra outros jogadores ou contra o computador com artes marciais ou espadas. Esse gênero se originou nos fliperamas, nos quais os jogadores podiam desafiar uns aos outros colocando fichas no gabinete. *Double Dragon* é um dos mais famosos, permitindo aos jogadores lutar lado a lado através de uma paisagem de rolamento. *Street Fighter* e *Mortal Kombat* são duas das mais famosas séries de jogos de luta em 2D, nas quais os jogadores escolhem personagens e lutam um contra o outro (chamado de lutador desafiante), enquanto *Virtua Fighter*, *Soul Calibur* e *Tekken* são os exemplos líderes de versão 3D para o subgênero.

Tiro em primeira pessoa

O jogo de tiro em primeira pessoa (FPS) é de ação e coloca o usuário "atrás dos olhos" da personagem. O jogador é capaz de utilizar uma variedade de armas e acabar com os inimigos atirando neles. O gênero tomou forma com *Wolfenstein 3D* e *Doom* da id Software.

Estratégia em tempo real (RTS)

Em um RTS típico, a meta é coletar recursos, construir um exército e controlar suas unidades para atacar o inimigo. A ação tem ritmo rápido e por causa do jogo contínuo, decisões estratégicas devem ser feitas rapidamente. Enquanto *The Ancient Art of War*, de 1984, e *Herzog Zwei*, de 1989, foram exemplos do gênero, os jogos que o popularizaram foram *Dune 2* e *Command and Conquer*, da Westwood, e *Warcraft*, da Blizzard.

Estratégia baseada em turno

Esses jogos são similares aos RTS (na verdade, foram os precursores), mas os usuários levam turnos para tomar as decisões. Por exemplo, a maioria dos jogos de tabuleiro (como xadrez e damas) utiliza turnos. Na era do RTS, jogos baseados em turnos têm menos frequência de desenvolvimento, mas existem jogos notáveis no gênero: *Civilization*, *X-Com*, *Master of Orion* e *Jagged Alliance*.

Role-Playing Game (RPG)

A versão em videogame dos jogos de mesa como *Dungeons & Dragons* difere de sua contraparte na maioria por causa da habilidade de criar um mundo que não necessita de imaginação. A maioria das diferenças da fórmula é híbrida de outros gêneros. Alguns dos RPGs mais famosos a agraciar os computadores e telas de TV são as séries *Final Fantasy* e *Baldur's Gate* e o jogo *Wasteland*.

Jogo de RPG massivo on-line (MMORPG)

O MMORPG ou MMO é um jogo de RPG estabelecido em um mundo virtual povoado por centenas de jogadores de forma simultânea, conectados através da Internet. O MMO foi precedido por jogos baseados em texto chamados Multi-User Dungeons/Dimensions (MUDs), mas em tempos modernos são praticamente gráficos. Nos jogos, o usuário é representado por uma personagem na figura do avatar. O primeiro MMO moderno foi o *Meridian 59* em 1996. O primeiro jogo popular, contudo, foi o *Ultima Online* em 1997. *World of Warcraft* é atualmente o rei do gênero com mais de 11 milhões de assinantes.

Espionagem

Jogos de espionagem (também chamados de *stealth games* ou *sneakers*) são caracterizados por seu foco em subterfúgio e sua jogabilidade deliberada e planejada. São em geral similares a jogos de tiro em primeira e terceira pessoa, mas menos orientados à ação e mais metódicos. O primeiro jogo de espionagem foi o *Metal Gear* original em 1987, mas outros notáveis incluem as séries *Thief*, *Metal Gear* e *Splinter Cell*.

Horror-sobrevivência

Horror-sobrevivência é um subgênero de ação-aventura e jogos de tiro em primeira pessoa. Normalmente, envolvem explorar construções e cidades abandonadas por onde vários monstros e zumbis circulam. Os elementos de sobrevivência são destacados pelo fato de o jogador nunca receber balas ou vida suficiente, aumentando assim a tensão. O aspecto de horror define o tema e o ritmo, comumente levando o jogador a explorar corredores silenciosos, desertos cheios de sangue até um monstro vir e destruir uma janela ou um corpo aparentemente sem vida começar a se mexer. Os jogadores em geral se assustam e podem se tornar visivelmente abalados com a experiência, tal como acontece em um bom filme de horror. Enquanto o *Alone in the Dark* de 1992 é reconhecido como o primeiro do gênero, *Resident Evil* em 1996 popularizou o termo "horror-sobrevivência" e definiu o padrão para jogos subsequentes.

Simulação

Jogos de simulação são baseados na simulação de um sistema. Esse sistema pode ser qualquer coisa desde o funcionamento e a economia de ferrovias (como o *Railroad Tycoon*) até um cenário de combate onde o jogador controla grandes movimentos de tropas, ou até mesmo uma simples aeronave. *SimCity* é um dos jogos de simulação de sucesso, permitindo ao usuário um microgerenciamento de uma cidade. *Wing Commander* e *X-Wing* são dois jogos que definiram a simulação de combate espacial. O *Microsoft Flight Simulator* é um dos jogos mais famosos de simulação de voo. Em anos recentes, *The Sims* tornou-se um dos mais populares no gênero, com uma simulação complexa de vida humana e interações sociais.

Corrida

Jogos de corrida envolvem competição com veículos desde carros até motocicletas e karts. Esse gênero é um pouco diferente dos outros que tentam recriar da melhor maneira possível uma atividade no mundo real. O primeiro jogo de corrida de sucesso foi *Pole Position*, da Atari.

Esportes

Este gênero abrange uma quantidade enorme de jogos que simulam experiências esportivas. Como nos de corrida, os de esporte são em geral uma tentativa de recriar interações complexas de um esporte real. Algumas séries de sucesso foram *John Madden Football* e *Tiger Woods Golf*.

Ritmo

Jogos de ritmo medem o sucesso do jogador baseando-se em sua habilidade de ativar os controles no tempo da batida da música. Alguns, como o *Dance Dance Revolution* (*DDR*), da Konami, requerem ao jogador pisar em um controle de chão no tempo da música, enquanto *Donkey Konga* para o Nintendo GameCube vem com um controle em formato de bongo – apesar de nem todos do gênero exigirem controles especializados. Por exemplo, *PaRappa the Rapper* é reconhecido como o primeiro jogo de ritmo significativo, aparecendo no PlayStation em 1996, e só necessitava do controle padrão. Hoje, as franquias *Guitar Hero* e *Rock Band* são responsáveis pela tremenda popularidade desse tipo de gênero.

Puzzle

Jogos de puzzle unem elementos de combinação de padrões, lógica e sorte – geralmente com um elemento de tempo. *Tetris* é facilmente o jogo de puzzle mais popular, e serve como um bom exemplo do gênero com sua ação frenética de combinações de padrões.

Minijogos

Minijogos são tipicamente curtos e simples, e fazem parte do conteúdo de um jogo tradicional maior. São muitas vezes usados como uma recompensa por completar um desafio ou são destravados pela descoberta de um segredo. De maneira alternativa, um jogo maior pode ser uma linha tênue para uma coleção de minijogos, como nas séries *Mario Party* ou *Wario Ware*. Esta última merece observação especial já que cada título contém mais de cem jogos, em que cada um deles dura apenas alguns segundos. Muitos jogos na Internet utilizados com propósitos de publicidade também podem ser descritos como minijogos.

Tradicional

Jogos tradicionais incluem versões de computador de jogos de cartas e tabuleiro. O primeiro implementado em uma tela de computador foi *Noughts and Crosses* (jogo da velha) por A. S. Douglas na University of Cambridge em 1952. Com o passar dos anos, o xadrez se tornou parte principal dos jogos tradicionais, com *Chessmaster*, a série mais reconhecida. Em 1988, a Interplay desenvolveu *Battle Chess*, um jogo de xadrez comum, porém quando o usuário comia a peça do outro, uma animação única e muitas vezes hilária da batalha era exibida. A série *Hoyle,* da Sierra, é um dos esforços mais dedicados para trazer jogos tradicionais para o formato de computador, com sua fiel tradução de jogos de cartas, tabuleiro, cassino, palavras, tabela e quebra-cabeças.

Educacional

Jogos educacionais são planejados para ensinar conceitos de escola para crianças e jovens adultos de maneira divertida. O primeiro de destaque foi *Oregon Tail*, originalmente feito em 1971 para máquinas teletipo no Carleton College. Somente nas décadas de 1980 e 1990 se popularizou por causa de uma versão executada nos computadores Apple em escolas públicas. Outros jogos notáveis do gênero incluem a série *Carmen Sandiego* e *Mavis Beacon Teaches Typing*.

Sério

Esse gênero emergiu nos últimos anos como uma forma barata e divertida de dar treinamento ao público adulto. Esses jogos em geral são financiados para usos específicos, como, por exemplo, pelo governo norte-americano e profissionais da área médica. Desenvolvedores de jogos podem criar simuladores de treinamento relativamente baratos, enquanto combinam simulação com valor de entretenimento. A diversão é importante para que os usuários fiquem motivados a jogar novamente e assim tornar-se mais bem treinados. A Game Developers Conference reconheceu o interesse forte em jogos sérios e em 2004 adicionou uma Serious Games Summit de dois dias como parte do evento anual, focando na "interseção de jogos, aprendizado, política e gerenciamento" [GDC].

Resumo

Enquanto a trajetória dos videogames conta uma história de homens e mulheres motivados por inovação e criatividade, também conta a história de péssimos movimentos de negócios e falha em capitalizar oportunidades. Inovação não leva necessariamente ao sucesso, e sucesso não necessariamente leva à longevidade. Verdadeiro sucesso e longevidade no mundo dos videogames em geral se devem a uma combinação de criatividade, perspicácia nos negócios e sorte. Como em qualquer outra mídia, há uma evolução que ocorre enquanto os gêneros são definidos e capacidades são exploradas. Os consoles e computadores dos anos 2000 permitem modos de jogo impossíveis no começo dos anos 1980, e alguns jogos clássicos continuam clássicos apesar de ter tecnologia ultrapassada. No fim das contas, apesar do avanço dos jogos e do dinheiro gerado pela indústria, o meio ainda deve ser considerado recém-nascido. Isso não invalida as lições aprendidas dos designers e empresas que tiveram êxito, mas serve para informar o futuro.

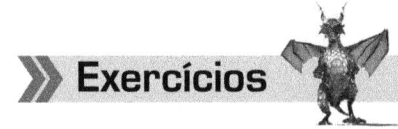

Exercícios

1. Uma versão gráfica de computador do jogo da velha (*Noughts and Crosses*) foi desenvolvida por A. S. Douglas na University of Cambridge em 1952. Por que muitos historiadores não consideram esse o primeiro videogame? Pesquise o jogo na Internet e desenvolva um texto explicando por que deve ser considerado o primeiro videogame.
2. Por que a Atari teve sucesso com o 2600 enquanto a Fairchild e a RCA saíram cedo da corrida de consoles?
3. Você acredita que mascotes de jogos estão em declínio? Se sim, por quê? Se não, por que não?
4. De acordo com as histórias de empresas de videogames bem-sucedidas e daquelas que fracassaram, cite alguns dos elementos que levariam ao êxito e quais os problemas que devem ser observados.

Referências

[Burnham03] Burnham, Van, "Supercade: A Visual History of the Videogame Age 1971-1984", The MIT Press, 2003.
[DeMaria03] DeMaria, Rusel, and Wilson, Johnny L., High Score!: *The Illustrated History of Electronic Games*, Second Edition, McGraw-Hill, 2003.

[GDC] Game Developers Conference, www.gdconf.com.
[Kent01] Kent, Steven L., *The Ultimate History of Video Games*, Three Rivers Press, 2001.
[Sellers01] Sellers, John, *Arcade Fever: The Fan's Guide to the Golden Age of Video Games*, Running Press, 2001.
[Wikipedia04] Wikipedia, 2004, http://en.wikipedia.org.

1.2 Jogos e a sociedade

Neste capítulo

- Visão geral
- Por que as pessoas jogam videogames?
- Público e demografia
- Reação social aos jogos
- Questões culturais
- Sociedade dentro dos jogos
- Resumo
- Exercícios
- Referências

› Visão geral

Vinte anos atrás, o estudo dos videogames pode ter sido recebido com escárnio ou zombaria. Afinal de contas, quem consideraria jogos simplistas como *Pong* e *Breakout* algo mais do que meros brinquedos? No máximo, foram reconhecidos como extensões primitivas de jogos de tabuleiro e de cartas. Nas três décadas desde então, o que foi visto como um conjunto de entretenimento de pontos em uma tela de TV se tornou um fenômeno cultural de proporções massivas e certamente merece ser examinado em detalhes.

Claramente, o enorme sucesso fiscal e cultural dos jogos já tem muito tempo de vida para ser um acaso ou moda. Supõe-se então que eles devem cumprir uma necessidade pessoal ou social, e que sua concretização permitiu seu sucesso duradouro. Contudo, o que é essa necessidade social ou pessoal e que poder tem? Os videogames são um mero reflexo da cultura e da sociedade ou exercem influência nessa cultura ou sociedade? Certamente, a resposta está entre essas opções, mas a solução a tal questão é fundamental para determinar como as sociedades reconciliam seus relacionamentos com os videogames. Eles devem ser temidos ou adotados? Que leis, se houver alguma, devem regulá-los? Crianças ou adultos são suscetíveis a conteúdo violento em videogames?

Como sociedades e culturas particulares veem os jogos e reagem a seu conteúdo, e como isso muda quando o jogo foi produzido por uma cultura ou sociedade diferente?

Além disso, a classificação dos videogames pode ser um assunto complicado. Eles têm como objetivo entreter, mas que tipo de entretenimento são? São uma forma de arte, como artes plásticas ou literatura? Ou são meios de entretenimento, como televisão ou filmes? Devem ser considerados uma atividade ou esporte, como tênis e pingue-pongue, por causa de sua capacidade de melhorar reflexos e a coordenação entre os membros e olhos? Ou a natureza interativa da experiência de jogo requer uma nova classificação? Seja qual for a classificação, os videogames constituem uma linguagem e, portanto, se encaixam como sujeitos a proteções e leis que governam o discurso? Como uma sociedade deve conciliar imagens diferentes de videogames? Enquanto consumidores, legisladores e juízes acertam essas questões problemáticas, a sociedade continua indo bem, e o consumo e a integração de videogames no cotidiano continuam às vezes criando ou destacando questões novas e mais problemáticas.

No extremo dessa absorção ao cotidiano está o fenômeno dos jogos massivos de RPG on-line com multijogadores (MMORPG) como o *EverQuest* ou o *Lineage*. Sua natureza é tal que podem ser consideravelmente imersivos e consumidores de tempo. Por isso, dentro dos MMORPGs, videogames e sociedade se combinam para formar um ambiente completamente novo com seu gosto cultural único e suas próprias regras. As pessoas irão jogar, conversar, cooperar, competir e discutir entre si em um local que não conhece fronteiras ou zonas de tempo. Nenhum estudo de videogames estaria completo sem um reconhecimento e análise de como essas sociedades se formam e operam, e a visão que essa "folha em branco" fornece aos trabalhos interiores de sociedades mais tradicionais.

❯ Por que as pessoas jogam videogames?

Uma análise dessa questão poderia facilmente preencher um livro e, de fato, a professora de psicologia da UCLA Patricia Marks Greenfield (entre outros) escreveu um livro em 1984 sobre o assunto [Green01]. Sua abordagem foi antropológica em natureza, pois a pesquisa nesse campo emergente era praticamente inexistente. Em *Mind and Media: The Effects of Television, Video Games, and Computers*, ela concluiu que os jogos são atraentes para pessoas, em parte, porque fornecem jogabilidade, objetivos, metas e fases em tempo real. De maneira adicional, encorajam a comunicação facilitando a cooperação. Mesmo esse breve resumo de seu trabalho rende algumas observações importantes. Como os jogos evoluem, o conceito desses elementos atraentes fundamentais deve também evoluir. Greenfield antecipou essas mudanças em potencial sugerindo que cada jogo iria oferecer coisas diferentes para jogadores diferentes em termos de atração. Nesse espírito, "jogabilidade em tempo real" seria expandida para "interação em tempo real" e "facilitando a cooperação" seria expandido para "facilitando a comunidade". Os elementos expandidos e suas implementações variadas fornecem uma base para o resto do Capítulo.

❯ Público e demografia

Nesse ponto, é útil determinar quem na sociedade está jogando e como essa informação é conhecida. Embora os videogames girem ostensivamente em torno de diversão e entretenimento, todo jogo publicado, em seu núcleo, é um empreendimento para fazer dinheiro. Como tal, tem como alvo um público ou demografia particular. As demografias em uma sociedade podem orientar sobre que tipos de jogos são financeiramente viáveis e o momento, acima de tudo, é crucial. Por exemplo, no final da década de 1990, diversas empresas de desenvolvimento de jogos foram criadas para capitalizar o que era visto como um mercado feminino rapidamente emergente, apesar de evidências de que apenas uma pequena porcentagem desses indivíduos tenha procurado videogames direcionados a seu grupo de idade e gênero. Infelizmente muitas dessas empresas não conseguiram aumentar a demografia no momento e foram forçadas a fechar as portas após conceber que não havia mercado viável. Nos anos 2000, o público está agora comprando jogos de forma coletiva para sistemas como o Nintendo DS e Wii.

Algumas vezes é possível criar um novo gênero de videogame e assim capturar uma demografia não absorvida ou desconhecida anteriormente[1]. Em 1997, o jogo *Deer Hunter* mostrou que era possível transformar pessoas que normalmente não jogam em jogadores. Esse jogo foi produzido exclusivamente para o Wal-Mart. A loja de departamentos entendeu as demografias de seus consumidores e estava confiante de que haveria demanda para um jogo de caça que funcionasse em computadores. O jogo foi desenvolvido em meros três meses, vendeu vários milhões de cópias e gerou um novo gênero de jogos de caça. Por um curto período, a indústria estava surpresa e chocada, mas passou a aceitar a nova demografia.

Em tempos mais recentes, a ascensão meteórica dos jogos de ritmo (na forma de *Guitar Hero* e *Rock Band*) resultou em uma demografia expandida (enquanto ao mesmo tempo expandia o que era conhecido por videogame). Os acessórios desses dois jogos dominaram corredores de lojas de eletrônicos. Por fim, o Wii da Nintendo aproveitou o sucesso extraordinário devido à demografia expandida que inclui os mais velhos, graças ao controle inovador e um jogo no pacote (*Wii Sports*) que permitiu àqueles com mobilidade reduzida experienciar esportes que não mais poderiam na "vida real". Jogos de esporte não eram suficientes para atrair esse público anteriormente, mas um jogo de esporte com controle sensível a movimentos e movimentos análogos ao verdadeiro esporte forneceu uma combinação envolvente e aumentou o gênero e consequentemente a demografia.

As demografias podem lhe dar a ideia geral de quem está comprando e utilizando os jogos. Haverá exceções (a mãe do filho que pratica esportes que não joga nada além de jogos de tiro em primeira pessoa), mas, em geral, podem mostrar tendências. Por exemplo, uma visão ampla dos jogadores indica que os jogos com imagens bonitinhas e cartunescas tendem a funcionar com crianças. Por outro lado, se um jogo tem jogabilidade violenta ou insinuação sexual no contexto de criaturas bonitinhas e fofas, pode haver alguns problemas de demografia[2].

De forma interessante, essa situação ocorreu em 2001 com o jogo *Conker's Bad Fur Day* do Nintendo 64. A empresa britânica Rare, responsável pelo seu desenvolvimento planejou um videogame de plataforma bonita e inocente centrada em um esquilo chamado Conker. Uma versão inicial foi apresentada em um evento comercial, mas a imprensa criticou o desenvolvedor por fazer mais um joguinho de criança. Como resultado, a equipe da Rare retrabalhou o jogo para torná-lo dirigido a adultos; contudo, manteve a personagem e o estilo cartunesco. Usando piadinhas inglesas, insinuação sexual e uma quantidade grande de humor barato, o jogo final homenageou

---

[1] N.R.T.: É o caso da emergente categoria do *Game for Change,* iniciada por Jane McGonigal, que recebeu o reconhecimento e a classificação no GDC (2011) e se incorpora em suas *tracks*. No Brasil, o site do *Game for Change* é: http://gamesforchange.org.br/
[2] N.R.T.: Esses pontos de vista podem ser melhor compreendidos a partir da Psicanálise e da Etologia. Por exemplo, o etólogo americano Desmond Morris escreveu um livro chamado *Macaco nu: um estudo do animal humano*, Ed. Record (2004), no qual analisa os elementos comentados no parágrafo acima.

filmes adultos como *O Exterminador do Futuro*, *O Resgate do Soldado Ryan*, *O Poderoso Chefão*, *Cães de Aluguel* e *Matrix*. Em um dos momentos mais loucos, o jogador iria levar Conker para beber cerveja de um barril para que pudesse urinar em demônios do fogo. Enquanto o jogo foi aplaudido por ser extremamente inovador e bem-sucedido, a personagem principal cartunesca falhou em atrair um público mais velho e as vendas não foram boas. Por fim, a Nintendo teve de fazer um esforço considerável para garantir que os pais acidentalmente comprassem o jogo para alguém menor de 17 anos. Mais tarde, a Nintendo vendeu a Rare para a Microsoft, que então refez o jogo como *Conker: Live and Reloaded* para o Xbox original (que teve uma demografia consideravelmente mais velha que o Nintendo 64).

Entender o que (além de alguns elementos muito básicos) atrairá e será desejável para demografia e sociedades em particular pode ser complicado (realmente, fortunas são ganhas ou perdidas com isso). Pesquisa demográfica é uma ferramenta que pode identificar como a sociedade usa e interage com os jogos. Apesar de não ser uma bola de cristal, pode fornecer respostas à questão de quem na sociedade está atualmente jogando.

A Entertainment Software Association (ESA)

Onde dados demográficos podem ser encontrados? A Entertainment Software Association (ESA), composta de empresas líderes da indústria dos jogos e profissionais, realiza uma pesquisa anual com lares norte-americanos para determinar jogos e hábitos de compra [ESA08]. Esses números fornecem alguma percepção a respeito de quem está comprando e jogando videogames.

As estatísticas da ESA para os Estados Unidos em 2008

- A média de idade do jogador é de 35 (acima de 29 em 2003) [ESA04].
- A média de idade do comprador de jogos é de 40 (acima de 36 em 2003).
- 40% dos jogadores são mulheres, apesar de que consoles individuais mudariam esses números.
- 44% dos jogadores on-line são mulheres (acima de 40% em 2003).
- 65% dos lares norte-americanos têm videogames.

Apesar de ser importante lembrar que essas são generalidades de um mercado particular (Estados Unidos) durante um ano particular, é impressionante que 65% de todos os lares norte-americanos joguem videogame. Mercados flutuam sim, e certamente as estatísticas eram muito diferentes cinco anos antes da pesquisa (e muito diferentes cinco anos antes dessa), mas tão certamente os videogames alcançaram a grande aceitação do público na sociedade. Digno de nota é que enquanto os videogames do passado tipicamente tiveram como alvo o público masculino, os jogos e sistemas atuais de maior sucesso têm como alvo uma mistura saudável de gêneros e idades para alcançar o mercado em massa. Jogos massivos on-line e jogos de ritmo forneceram entretenimento atraente para homens e mulheres, e o Wii expandiu a demografia para adotar um público mais velho.

ESRB

A Entertainment Software Rating Board [ESRB04], órgão autorregulador criado em 1994 para a indústria interativa de software pela ESA, fornece classificações para videogames como a Motion Picture Association of America fornece classificações para filmes. Recentemente, eles expandiram seu sistema de classificação para uma modalidade voltada para idades (EC para Crianças, E para

Todos, E10+ para Todos com 10 anos ou mais, T para adolescentes, M para Adultos e AO para Apenas Adultos). Forneceram Descritores de Conteúdo para descrever tipos de atividades particulares nos jogos, bem como mais especificidades nos tipos de violência que um jogo pode conter (por exemplo, Violência Animada, Violência Intensa, Violência). Uma classificação ESRB, embora tecnicamente voluntária, é sempre requisitada por fabricantes de consoles, pela maioria das editoras de jogos e pelas maiores lojas de varejo dos Estados Unidos.

Mais estatísticas da ESRB de 2007
- 57% de todos os jogos receberam uma classificação E para Todos.
- 28% de todos os jogos receberam uma classificação T para Adolescentes.
- 15% de todos os jogos receberam uma classificação M para Adultos.
- Em 2007, 80% dos 20 jogos mais vendidos de consoles foram classificados como E ou T, enquanto 75% dos jogos mais vendidos de computadores foram classificados como E ou T.

Então, como interpretar os dados da ESRB e da ESA? O fato de 57% de todos os jogos serem classificados como E significa que são necessariamente os mais populares ou apenas os produzidos mais frequentemente? A série *Grand Theft Auto* é um grande sucesso – apesar de ter a classificação M para Adultos. Claro, observando a idade média dos compradores de acordo com a ESA (40 anos de idade) contra a média dos jogadores (35 anos de idade), é possível concluir razoavelmente que os pais são parte significativa do público que compra jogos. Consequentemente, jogos serão desenvolvidos para serem atrativos para todos, dos jovens aos mais velhos.

〉 Reação social aos jogos

A reação social aos jogos é em geral não favorável. Apesar dos $ 9,5 bilhões que a indústria vivenciou em vendas em 2007, há uma ideia prevalecente de que os jogos são coisas de criança. Mesmo profissionais da indústria, alcançando salários de seis dígitos, encontram dificuldade de explicar o que fazem para sobreviver para pessoas que não são do setor (lutando contra a ideia de que tudo o que fazem é jogar o dia todo). Os números dão suporte ao fato de que são principalmente os adultos que compram e jogam, mas existem questões significativas decorrentes do conceito de que jogos são brinquedos de crianças.

Além disso, a violência nos videogames chamou bastante a atenção devido a preocupações com a agressividade juvenil. Como a televisão e os filmes, os pais estão preocupados com suas crianças sendo expostas a imagens truculentas em videogames. Acrescente a isso alguns tiroteios em escolas (onde era sabido que os assaltantes jogavam videogames ou algumas vezes acreditava-se erroneamente nisso), e a percepção é formada: os jogos são prejudiciais para as crianças. Essa ideia é justa ou injusta? Se parte da popularidade dos jogos decorre de terem fases e objetivos, o que acontece quando esses objetivos e fases são violentos em sua natureza?

Questões legais

Uma história exaustiva de videogames controversos está além do escopo deste capítulo (e isso foi feito muito bem na Web ao menos em dois locais: um artigo no site da Gamespot [Gonzalez03] e um trabalho do aluno de ciência da computação Jason Yu [YU01] da University of Bucknell).

Contudo, alguns jogos "notórios" estimularam o Congresso ou a comunidade a agir, e iremos explorá-los um pouco aqui.

Em 1992, a Sega lançou um jogo chamado *Night Trap* para um público restrito. O jogo, provavelmente destinado à lixeira, ganhou certo status de celebridade por seu conteúdo "adulto". Apesar de não ter nada mais polêmico que um filme B, foi retirado das lojas. No jogo, o jogador tinha a tarefa de salvar a vida de cinco alunas em uma casa perseguida por vampiros (e a pretensa não atuação do jogador no papel do assassino foi muitas vezes reportada como um erro.) Por meio de uma série de câmeras de circuito fechado, era possível ver os eventos na casa, ativar armadilhas contra os vampiros e assistir à ocasional luta de travesseiros com lingerie. Certamente, o jogo alcançou notoriedade maior que o esperado com a jogabilidade crua e o conteúdo vago.

Sigamos para outro jogo de 1992, o *Mortal Kombat*. Entre seus "fatalities" apavorantes e as gotas de sangue virtual, esse jogo de luta chamou a atenção pela jogabilidade, mas foi criticado pela reprodução quase realística de violência. Enquanto sua estreia no fliperama não atraiu muitas opiniões negativas, a decisão de trazê-lo para as residências criou uma situação problemática.

Como reação aos jogos como *Mortal Kombat* e *Night Trap*, o senador Joseph Lieberman (D-Connecticut) iniciou audiências em 1993 para chamar o setor de videogames para discussão. O ultimato aos fabricantes foi entregue: regulem a indústria ou o governo o fará para vocês. Lieberman, que se juntou em março de 1994 ao senador Herbert Kohl (D-Wisconsin), promoveu uma reunião com os melhores representantes da indústria, e as empresas de videogame apresentaram aos senadores um plano de 12 pontos para autorregulação. Esse foi o nascimento da ESRB.

Em 1994, outro jogo destinado à notoriedade foi criado no Texas pela (agora lendária) id Software. O jogo *Doom* tinha um ritmo de ação acelerado enquanto o jogador andava por uma estação espacial infestada de demônios destruindo os ex-ocupantes, agora zumbis (bem como os diversos monstros infernais), com uma variedade de armamentos encontrados nos corredores. Ele e seu predecessor, *Wolfenstein 3D*, foram alguns dos primeiros a entrar no gênero de jogos de tiro em primeira pessoa. Além de ter sido um sucesso, foi um dos primeiros a popularizar o método de distribuição no qual o primeiro "capítulo" da aventura era de graça. Os usuários compravam o jogo apenas se quisessem jogar os dois capítulos subsequentes. Surfou os 1993-1994 sem qualquer controle de público, mas foi objeto de controvérsia alguns anos depois.

Em 20 de abril de 1999, um dos tiroteios escolares mais devastadores na história dos Estados Unidos ocorreu na Columbine High School, a oeste de Denver, Colorado. Os dois adolescentes atiradores eram conhecidos por jogar *Doom*. Mais uma vez, os videogames estavam à frente da controvérsia. Diversos processos seguiram, contra a id Software e outras empresas, alegando que seus jogos tinha influenciado os dois perpetradores. Desde então, todos os processos foram abandonados [AP0302].

Outro jogo foco de questões legais foi o *Grand Theft Auto: Vice City*, da Rockstar. Passando-se em Miami, esse jogo de aventura/ação em primeira pessoa coloca o jogador no papel de um motorista da máfia. Uma sequência para o igualmente controverso *Grand Theft Auto III*, a marca da jogabilidade inovadora do jogo fez muito sucesso. A série de jogos também tem seus detratores. Em novembro de 2003, o Haitian Centers Council e o Haitian Americans for Human Rights, dois grupos de direitos de haitianos-americanos, protestaram contra o jogo em Nova York. Em *Vice City*, durante uma das missões, o jogador é instruído a "matar haitianos". O contexto do jogo coloca o jogador no meio da guerra entre uma gangue cubana e uma haitiana. Para marcar pontos com uma gangue, ele deve eliminar os membros da outra. No começo de dezembro de 2003, a

Rockstar anunciou que iria remover o texto ofensivo do jogo (o que mais tarde aconteceu). Isso também não diminuiu a controvérsia, contudo, quando em janeiro de 2004 um caso federal contra a Rockstar Games, Take-Two Interactive, Sony, Wal-Mart, Microsoft, Best Buy e a Target foi abandonado, apenas para ser retomado em um tribunal da Flórida onde o grupo pleiteador, chefiado pela coalisão haitiano-americana do Condado de Palm Beach, esperava conseguir uma regra mais severa do que conseguiria em nível federal. Desde então, numerosos processos foram arquivados contra a Rockstar e a Take-Two por causa da série *Grand Theft Auto* (muitos pelo infame, e agora sem licença, advogado da Flórida, Jack Thompson). Observe que o *GTA IV* foi um dos jogos mais vendidos de 2008 e que o único resultado em longo prazo até agora desses processos foi a censura de *GTA: Vice City*.

Por fim, no ano de 2000, no Estado de Missouri, a portaria de St. Louis County foi aprovada regulando o acesso de videogames em residências e fliperamas. A ESA (então chamada de Interactive Digital Software Association) arquivou um processo em resposta.

Em abril de 2002, o juiz sênior Stephen N. Limbaugh rejeitou o argumento da Association [AP0402]. Após ver a jogabilidade de *Resident Evil*, *Mortal Kombat*, *Doom* e *Fear Factor*, escreveu em sua decisão: "Este tribunal revisou quatro jogos diferentes e não encontrou transmissão de ideias, expressão ou qualquer outra coisa que possa ser considerada. O tribunal conclui que videogames têm mais em comum com tabuleiros e esportes do que com filmes". A 8ª Vara de apelações em St. Louis eventualmente derrubou a decisão declarando: "Se acreditamos ou não que o advento dos videogames adiciona algum valor para a sociedade é irrelevante; guiados pela primeira emenda, somos obrigados a reconhecer que 'eles têm o mesmo direito à proteção de liberdade de expressão quanto ao melhor da literatura'". [USDCOA03].

Jogos e a violência juvenil

Como você terá notado, a maioria das batalhas legais e ameaças legislativas nesses poucos e breves exemplos gira em torno de receios sobre os efeitos potenciais dos videogames violentos nos jovens. Isso é uma preocupação razoável? Quais os efeitos de videogames violentos nas crianças? Essa é uma pergunta capciosa, à medida que evidências isoladas ou tendenciosas são apontadas como definitivas.

No mesmo caso de St. Louis mencionado, opiniões independentes foram registradas por 33 pesquisadores de mídia, de jogos, historiadores e psicólogos. A instrução citou o psicólogo britânico Guy Cumberbatch, que declarou ser desconcertante que alguém ao examinar a evidência da pesquisa possa estar tão confiante a ponto de acreditar que algum mal seja causado pela violência na televisão, filmes e videogames. Apesar de reconhecer que pesquisas estatísticas são importantes, Cumberbatch preocupava-se com o fato de elas estarem sendo usadas para "distorcer os dados até que confessassem algo" que pudesse ser seguramente publicado em um jornal científico. Ele também declarou que a mentalidade pública pró-linchamento havia se formado ao redor do debate sobre violência na mídia e estava sendo utilizada para provar a culpa [FEP02]. Existem estudos que apontam para taxas aumentadas de batidas do coração de jogadores após jogarem videogames ou assistirem a programas violentos na televisão ou filmes, mas esses mesmos estudos apontam que tais efeitos físicos desaparecem rapidamente. Se as opiniões estão corretas, mais pesquisas sobre o assunto devem ser feitas para determinar os efeitos de videogames violentos nas crianças.

Ele coloca a pergunta: O que exatamente é violência retratada em videogames? Uma ação violenta corresponde exatamente a uma ação real na sociedade? Existem muitos jogos para crianças em que a personagem na tela acerta outras personagens ou é acertada de modo cartunesco, e eles não são considerados violentos. Jogos que retratam apenas os elementos estratégicos de guerra como jogos parecidos com *Risk* não são considerados violentos também, apesar de a guerra ser, em sua natureza, inevitavelmente violenta. A violência de uma ação é determinada de algum modo pelo realismo de sua representação? Como isso muda com o tempo? Jogos como *Mortal Kombat* foram controversos por sua representação "realística" de sangue, mas essa representação de 1992 hoje é risível comparada a qualquer exibição de sangue moderna.

Raiz de todos os males ou a boa e velha diversão?

Por um lado, o argumento de um dos juízes de St. Louis conclui que jogos não constituem um discurso (menos ainda uma expressão protegida), por outro, o medo de jogos violentos consiste no fato de que estariam essencialmente doutrinando nossa juventude na direção de um comportamento violento. Há uma desconexão aqui na ideia de que os jogos são simultaneamente vistos como entretenimento sem sentido e ainda sim como uma fonte de comportamento potencialmente violento? Esses argumentos parecem opostos, pois os jogos não teriam de ser mais do que um mero entretenimento sem sentido para ter um efeito duradouro? Se de um jogo considerado um discurso lhe forem retirados os elementos, um por um (arte, história, jogabilidade, som etc.), que elemento ou elementos teriam de ser retirados para não ser mais considerado um discurso? Além disso, a partir de qual ponto não seria mais possível ser considerado um jogo? Como isso mudaria dependendo da cultura em que se esteja e seus valores particulares?

> Questões culturais

As questões culturais são fundamentais durante o processo de criação do jogo. Aspectos que poderiam ser comuns em uma cultura podem ter uma conotação totalmente diferente em outra. Entre um lançamento mundial e um lançamento doméstico, existem muitos detalhes que podem ser mudados para atrair ou simplesmente não ofender outra cultura. Mesmo dentro de uma cultura, pode haver pessoas em determinada demografia que não entenderiam as piadas ou que poderiam achar o conteúdo de um jogo completamente ofensivo. Não é sempre claro desde o início quais seriam essas questões. A história pode fornecer sinalizações importantes nessa área, enquanto não necessariamente fornece todas as respostas.

Pior. . . estereótipo. . . possível

O humor é subjetivo, como qualquer pessoa que tenha ouvido piadas em festas de fim de ano pode lhe dizer, e algumas culturas são mais sensíveis a representações dentro dos jogos do que outras (como evidenciado pela resposta haitiano-americana para *Grand Theft Auto: Vice City*). Algumas vezes, quando um estereótipo cultural é utilizado com efeito humorístico, os efeitos podem não alcançar o senso de humor de todos. É mais fácil justificar ou dizer "Bom, eles não entendem a piada", mas um alvoroço significativo pode ter efeitos prejudiciais nas vendas e na posição do game perante a sociedade.

Veja o caso do jogo da 3D Realms, *Shadow Warrior*, em 1997, e sua personagem nomeada com humor (mas talvez insensivelmente) de "Lo Wang". O jogo estava repleto de paródias de estereótipos culturais e de referências politicamente incorretas. A comunidade nipo-americana não gostou da satirização de sua cultura e não encarou a piada como bem-intencionada. As vendas do jogo não foram grandes e a controvérsia não durou muito, mas poderia ser argumentado que a cultura que encontraria a maior diversão no jogo foi ofendida em vez de entretida.

Mesmo o programa de TV *Os Simpsons*, que tem um histórico de fazer piadas com literalmente tudo e todos, teve problemas quando Bart fingiu ter síndrome de Tourette em um episódio. Os Simpsons levaram muitos anos, com milhões e milhões de telespectadores, para construir um público fiel, a fim de alcançar a liberdade ridularizar todas as crenças, culturas, raças e religiões. Contudo, os jogos não tiveram todo esse tempo para estabelecer sua posição; pode ser perigoso e insensível ao ser visto levando uma cultura ao ridículo.

Diplomacia estrangeira

Um lançamento global traz seus próprios problemas. Os jogos podem ser banidos em alguns países por razões aparentemente arbitrárias, às vezes mesmo depois de grandes esforços para se mostrarem sensíveis culturalmente àquele país em específico. Outras vezes, um jogo que parecia ofensivo a um país faz grande sucesso, deixando produtores perplexos e comerciantes surpresos.

Alemanha

A Alemanha, sensível ao seu passado, tem regulamentos severos para conteúdos violentos em seus videogames. Lá, existe uma relação de recomendações chamada de índice ou lista de banimento. Com restrições mais severas que a maioria dos países europeus (ou a maioria dos países em geral), muitos videogames violentos encontram problemas que necessitam ser contornados no seu lançamento alemão. Alguns jogos podem evitar ser colocados na lista mudando elementos controversos (sangue vermelho por sangue verde, por exemplo). Jogos retratando iconografia nazista evitaram a lista mudando essas imagens para outras menos controversas. Em casos como o *Return to Castle Wolfenstein* (em que, além de mudar as bandeiras nazistas para um símbolo genérico, uma música nazista tocada por um fonógrafo dentro do jogo foi substituída por um tema clássico); isso ainda pode não ser o suficiente, e o jogo pode ser colocado no índice apesar das medidas tomadas para ser respeitoso à cultura. No final das contas, um jogo da lista de banimento não pode ser anunciado, exibido em lojas ou vendido a menores de 18 anos, o que pode torná-lo difícil de anunciar ou vender.

China

A China também tem uma longa história de banimento de videogames. Em maio de 2004, o jogo de PC, de 2002, *Hearts of Iron*, feito pela empresa sueca Paradox, foi banido pelo Ministério da Cultura da China por "distorcer a história e prejudicar a soberania e integridade territorial da China" [CD04]. Em parte, supostamente distorceu fatos históricos concernentes às participações do Japão, Alemanha e Itália na Segunda Guerra Mundial. Além disso, ele coloca a Manchúria, West Xinjiang e o Tibet como países soberanos nos mapas do jogo. Tudo isso representa um grande "não" de acordo com os regulamentos de serviços de Internet e jogos da China. Como resultado, sites foram proibidos de lançar o jogo, vendedores foram proibidos de vendê-lo (sob ameaça de punição legal) e todas as cópias de CD-ROM foram confiscadas. Esse é apenas um exemplo de uma longa lista.

Japão

Enquanto o Japão no passado baniu videogames por causa de conteúdo sexual e, em geral, eles evitam jogos violentos, um jogo recente causou reação curiosa. *Medal of Honor: Rising Sun*, da EA, retrata, entre outras coisas, o ataque japonês a Pearl Harbor. O jogo cobre a campanha do Pacífico da Segunda Guerra Mundial de 1941 a 1945. O objetivo básico do usuário no site da EA é "parar as forças japonesas para que não alcancem o controle do Campo do Pacífico". O jogo vendeu 200 mil cópias no Japão nas primeiras duas semanas. Fez um bom trabalho em retratar soldados japoneses não estereotipados em um conflito armado, mas ainda assim não era esperado que um videogame retratando esse conflito em particular fosse um grande sucesso no Japão. Os jogadores japoneses não estavam preocupados com a ideia de que estavam matando seus avôs. Em vez disso, estavam concentrados na jogabilidade.

Aceitação cultural

Não é uma coisa simples estabelecer regras sobre o que encontrará aceitação em outras culturas. Algumas vezes, o corte antecipado de conteúdo de um jogo para algumas culturas ajuda e em outras, não. Certas culturas vão banir um jogo especificamente por retratar uma história que eles discordam em acreditar; outras irão ignorar problemas culturalmente sensíveis por causa de jogabilidade forte. Sensibilidade cultural é um campo minado; apenas as instâncias mais fortes de ofensa são claramente problemáticas.

〉 Sociedade dentro dos jogos

Examine qualquer aspecto de uma sociedade, e você verá muito do que ele tem a oferecer – o bom, o mau e o feio do comportamento humano, se entende o que digo.

Comportamento on-line: o bom

EverQuest, o jogo massivo altamente popular de RPG com multijogadores on-line (MMORPG), já apresentou vários tipos de comportamento desde seu lançamento em 1999. Um fenômeno digno de nota foi o *Casamento EverQuest*, no qual as personagens "casaram" outras personagens em cerimônias on-line (repletas de comida virtual, bebidas e avatares de amigos virtuais). De algum modo, isso parece representar interação social, mas seria uma visão um pouco pessimista. Também poderia ser visto como o auge da representação da sociedade – a ligação de pessoas através de votos que, para os envolvidos, parece ser séria e genuína. O que pode ser melhor que expressão mútua de amor entre duas pessoas, virtual ou de outro modo? Socialmente falando, somos construídos ao redor dessa premissa.

Comportamento on-line: o mau

Às vezes, o jogo on-line não representa o melhor que a sociedade tem a oferecer. Mais sério que o simples comportamento antissocial (que discutiremos a seguir), os jogos on-line podem se tornar tão envolventes para as pessoas que suas vidas reais podem ser negligenciadas ou elas ainda não conseguem separar o mundo virtual do real. Observe o caso de Kim Kyung-Jae, da Coreia do Sul, com 24 anos, que teve um colapso e morreu após praticar jogos on-line quase ininterruptamente (fazendo pausas para ir ao banheiro e comprar cigarros) por 86 horas diretas [Gluck02]. Em outra morte perturbadora ligada a jogos on-line, um garoto de 17 anos, de British Columbia, foi morto após derrotar repetidamente três homens em um jogo de *CounterStrike* em um cibercafé. Após algumas vitórias, os três homens espancaram fisicamente o garoto, deixaram o café, retornaram com uma arma e atiraram nele [Devitt03]. Por último, há o caso do homem mentalmente perturbado, de Winsconsin, que se matou com uma escopeta após jogar, 12 horas por dia, *EverQuest* por muitos meses. Sua mãe declarou que o encontrou com a tela de login do *EverQuest* aberta em seu computador, e iniciou um processo contra a Sony, pleiteando que rótulos de aviso fossem colocados nos jogos. Ela acredita que algum evento on-line tirou a vida de seu filho, e que a Sony deve ser parcialmente responsável [Fox02]. Apesar de o jogo on-line não poder ser razoavelmente responsável pelo comportamento de alguns indivíduos perturbados emocionalmente, à medida que mais videogames on-line tornam-se populares, estatisticamente falando, haverá um aumento desses tipos de acidentes.

Comportamento on-line: o feio

Um fenômeno psicológico interessante com raízes nos mundos de jogos on-line e em fóruns de jogos é a *desindividualização*. Esse é o fenômeno em que o anonimato permite que uma pessoa demonstre comportamentos que não teria normalmente se fosse conhecida. Um exemplo pérfido não relacionado a computadores é a Ku Klux Klan. Essencialmente, os capuzes e mantos brancos escondem os indivíduos de sua identidade e, portanto, de seu escrúpulo de seguirem as regras da sociedade, permitindo-lhes cometer atos fora dos limites do comportamento aceitável. Em jogos on-line, esse comportamento, levado a menor extremo que o exemplo da Ku Klux Klan, propicia a certos indivíduos uma ousadia anônima com a qual alimentam desejos antissociais. Em jogos, geralmente isso se manifesta no comportamento rude e desrespeitoso com outros jogadores (zombaria excessiva, palavrões, epítetos homofóbicos e raciais etc). Na vida real, tais pessoas não poderiam agir dessa maneira, mas, no anonimato de um mundo on-line, existem alguns frágeis limites perceptíveis em seu comportamento.

Ferramentas

A sociedade no mundo on-line criou maneiras de lidar com essas questões. Como a polícia no mundo não virtual impõe comportamento socialmente aceitável, moderadores e guardiões ajudam a criar um sentimento de comunidade mais forte dentro do jogo, encorajando comportamento social e desencorajando comportamento desrespeitoso. Um jogo não será divertido para os membros de uma etnia se ela for alvo de injúria de um usuário anônimo. Os jogadores também gostam da habilidade de controlar seus destinos; essas ferramentas os permitem ignorar outros usuários ou reportar mau comportamento e também são padrão em jogos modernos com capacidade on-line.

Algumas das ferramentas mais positivas são aquelas que facilitam a comunicação. Em geral, os jogos são lançados com diversos níveis de comunicação. O MMORPG *World of Warcraft* contém a habilidade de estabelecer uma conversa em um canal de zona (em que os jogadores podem conduzir conversas gerais, de jogo ou não jogo com outros jogadores dentro da mesma zona); um canal de comércio (para facilitar a compra e venda de bens encontrados/criados pelo jogador); um canal "diga" com um alcance limitado para jogadores se comunicarem com outros próximos; um canal de "grito" (uma espécie de canal "diga" com alcance maior); um canal de grupo (para comunicação dentro de um grupo); um canal de sussurro (para comunicação privada entre jogadores); e um canal de guilda (para discussão dentro de guildas criadas pelos jogadores). Essas são algumas maneiras com as quais as pessoas podem fazer algo simples, como conversar com outros, mas reflete as inúmeras modalidades de comunicação da sociedade (sussurros, chamadas de telefones privadas, interação com pequenos grupos, vendas de garagem, gritar em local público, grupos sociais e clubes etc). Além disso, o jogo ainda oferece caixas de correio em que os usuários podem enviar mensagens, dinheiro ou bens (para quando não estiverem on-line simultaneamente), aumentando a interação social e senso de cooperação.

As ferramentas são apenas o começo. Há muitos *sites de fãs* de MMO na Internet, com inúmeros ainda aparecendo todos os dias. Esses sites contêm elementos como histórias criadas por fãs, informações de jogos, fóruns, boletins e arte desenvolvida por fãs. Por exemplo, golfistas que compram revistas de golfe, vestem parafernália de golfe, dedicam seu tempo à leitura de livros sobre o seu hobby favorito. As pessoas gostam de ficar imersas em seus hobbies, mesmo quando não estão praticando. Não é difícil relacionar duas razões fundamentais do porquê as pessoas jogam videogames, nominalmente, comunicação e interatividade.

Resumo

A tremenda popularidade dos jogos pode ser atribuída, em parte, a elementos característicos que preenchem certas necessidades pessoais e sociais. Alguns desses elementos são interação em tempo real, objetivos e fases. Público crescente e demografia em expansão apontam para a evolução dos videogames e sua habilidade de incorporar esses elementos para cumprir as necessidades dos jogadores. Aspectos diferentes de jogos atraem as pessoas de forma diferente. Cultura e sociedade têm o maior impacto no sucesso dos jogos devido a essa variação.

O sucesso dos videogames como entidade fiscal e cultural não acontece sem controvérsia, enquanto as pessoas batalham para entender o efeito dessa mídia emergente na sociedade. Em certos casos, um jogo pode encontrar um nicho em uma cultura ou sociedade em particular; em outros, um elemento de jogo pode inadvertidamente causar ofensa. Em particular, preocupações sobre os efeitos de jogos violentos na juventude são prevalecentes, com alguns estudos compreensivos que podem apontar para respostas claras. Legisladores e juízes irão continuar a martelar as premissas de que os regulamentos e as restrições devem ser aplicadas aos jogos, enquanto tentam responder a questões a respeito de os jogos constituírem discurso ou meramente ação mecânica.

No fim das contas, a evolução e sofisticação dos jogos levaram a um ponto em que as comunidades que surgem dentro e ao redor dos videogames agem como um microcosmo para uma sociedade maior. As ferramentas dentro do jogo e elementos extrajogo, como sites de fãs, permitem que as sociedades no jogo funcionem em um alto nível e aumentem a absorção dos videogames. Essa absorção também apresenta controvérsias, pois alguns indivíduos são incapazes de separar de forma bem-sucedida suas vidas on-line de suas vidas reais.

Exercícios

1. Observe a declaração: A medida fundamental do sucesso dos videogames é a absorção de seus personagens e símbolos em outras formas de mídia, como a televisão e filmes. Defenda ou rejeite essa declaração.
2. Você concorda com a lista de elementos atraentes de videogames (jogo interativo, objetivos, facilitação de comunidade, fases)? O que você mudaria, removeria ou adicionaria a essa lista?
3. Que elementos de jogo precisam ser retirados para não ser considerado discurso? A que ponto não se torna mais um jogo?

4. Discuta qual é mais violento, um jogo que usa muita violência gráfica, porém cartunesca, ou um que apresenta violência incrivelmente realista, porém moderada? O realismo é a única chave ou existem outras?
5. Considere sua cultura e sociedade. Que aspectos de sua cultura e sociedade podem ser ofensivos para você se parodiados em um jogo? Dependeria da apresentação geral ou existem elementos-tabu apesar da apresentação?

Referências

[AP0302] Associated Press, Columbine lawsuit against makers of video games, movies thrown out, www.firstamendmentcenter.org/news.aspx?id=4161, 2002.
[AP0402] Associated Press, Federal judge backs limits on kids' access to violent video games, www.firstamendmentcenter.org/news.aspx?id=3977, 2002.
[CD04] China Daily, Swedish video game banned for harming China's Sovereignty, www.chinadaily.com.cn/english/doc/2004-05/29/content_334845.htm, 2004.
[Devitt03] Devitt, Ron, Coquitlam teen killed at Internet café, www.thenownews.com/issues03/013203/news/013203nn1.html, 2003.
[ESA04] Entertainment Software Association, Essential Facts About the Computer and Gaming Industry, www.theesa.com/pressroom.html, 2004.
[ESA08] Entertainment Software Association, Essential Facts About the Computer and Gaming Industry, www.theesa.com/facts/pdfs/ESA_EF_2008.pdf, 2008.
[ESRB04] Entertainment Software Rating Board, www.esrb.com, 2004.
[FEP02] The Freedom of Expression Policy Project, Media Scholars' Brief in St. Louis Video Games Censorship Case, www.fepproject.org/courtbriefs/stlouissummary.html, 2002.
[Fox02] Fox, Fennec, Mother blames 'EverQuest' for son's suicide, http://archives.cnn.com/2002/TECH/industry/04/05/everquest.suicide.idg/,2002.
[Gluck02] Gluck, Caroline, South Korea's gaming addicts, http://news.bbc.co.uk/2/hi/asia-pacific/2499957.stm, 2002.
[Gonzalez03] Gonzalez, Lauren, A History of Video Game Controversy, www.gamespot.com/features/6090892/index.html, 2003.
[Green01] Greenfield, Patricia Marks, Mind and Media: The Effects of Television, Video Games, and Computers, Harvard University Press, 1984.
[USDCOA03] U.S. District Court of Appeals for the 8th Circuit, No. 02-3010, www.ca8.uscourts.gov/opndir/03/06/023010P.pdf, 2003.
[Yu01] Yu, Jason, The Online Guide to Controversial Video Games, www.boilingpoint.com/~jasonyu/cs240/, 2001.

PARTE 2

Design do jogo

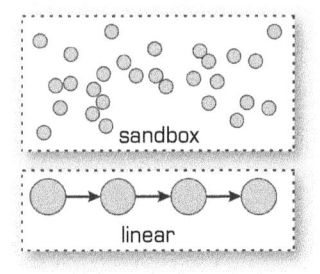

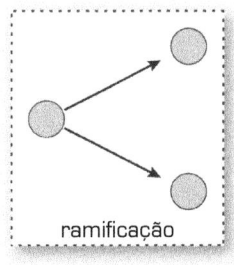

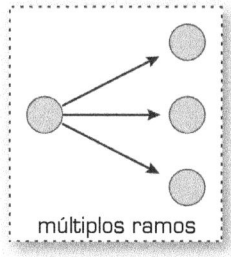

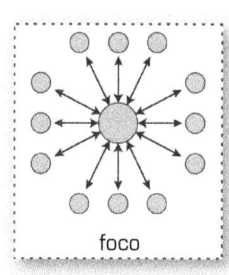

PARTE

2

Design do jogo

2.1 Jogos e a sociedade

Neste capítulo

- Visão geral
- Quem é o designer de jogos?
- Definições especiais
- Um modelo de jogos
- Jogo
- Jogador
- Experiência
- Mecânicas de jogo
- Ações
- Interface
- Sistemas de jogo
- Conteúdo
- Trabalho de design
- Prototipagem e ciclos de teste do jogo
- Teste do jogo
- Cinco dicas
- Resumo
- Exercícios
- Referências

❯ Visão geral

Ao longo da história e da cultura mundial, os jogos têm sido uma parte da vida humana. Mas, apesar de seu lugar na experiência humana, designers de jogos[1] praticamente não eram conhecidos há 30 anos. Entre o passado e o presente, os jogos que funcionam em computadores de microchip, comumente conhecidos como *videogames*, mudaram tudo. Enquanto o negócio amadureceu para uma indústria multibilionária, a necessidade por designers de jogos habilidosos aumentou. A seu tempo, isso criou uma demanda por treinamento e estudo e agora estamos em uma renascença moderna em que o design de jogos está na vanguarda. Este capítulo irá introduzir brevemente os tópicos e questões comuns ao design de videogames.

Enquanto existem muitos modos, igualmente válidos, de ver um jogo, este capítulo optará por uma abordagem funcional, com o objetivo de encurtar a distância conceitual entre o que o jogador vivencia e o que o jogo na verdade faz.

---

[1] N.R.T.: Optamos pela tradução *designer de jogos*, para o inglês *game designer*, em virtude de sua assimilação progressiva no vocabulário corrente da comunidade. Ambas as formas de se designar a função e atividade profissional, *designer de jogos* e *designer de games*, são utilizadas atualmente e igualmente válidas.

Com um campo amplo e espaço limitado, algumas suposições devem ser feitas considerando um leitor "médio". Designers, por exemplo, *em geral* trabalham como parte de uma equipe; *com frequência* fazem jogos para outras pessoas e por lucro; são *algumas vezes* responsáveis por documentação; e cuidam de outras tarefas corriqueiras no local de desenvolvimento de jogos. Também será considerado que o leitor não esteja apenas interessado em design, mas sim engajado ativamente no processo. Então não se surpreenda se ler "seu jogo" ou "sua carreira" algumas vezes, pois temos fé em você.

› Quem é o designer de jogos?

Para criar algo você tem de ser algo.
  — *Goethe*

Um designer de jogos é alguém que projeta jogos. Poderia ser mais fácil que isso? Mas, embora tomar o manto não seja complicado, fazer os outros verem que você realmente o está usando requer mais esforço; precisará continuar projetando jogos e provavelmente por algum tempo. A parte de projetar um jogo... pode ser um pouco complicada. Agora que chegamos ao assunto, o design de jogos pode ser bastante complexo. Um designer de jogos precisa de ajuda a todo o momento: um ouvido amigo para escutar outro jeito de como os jogadores podem usar um feitiço de invocação; novos olhos e uma opinião honesta sobre o sentimento de seus novos níveis; talvez até um mentor para sugerir um novo modo de abordar um problema de ritmo.

Apesar de acontecer de tempos em tempos, é raro que os designers de jogos se aventurem sozinhos. Existem certamente muito mais pessoas que *poderiam* projetar, programar e construir jogos sozinhos do que pessoas que realmente fazem isso. Criar jogos é na verdade uma arte colaborativa – mesmo para aqueles que estão fazendo "sozinhos". Requer ouvir as pessoas que certamente lhe dirão coisas que você preferiria não ouvir. Cooperação pode ser benéfica e pode ajudar a permitir que outras pessoas coloquem seus trabalhos no jogo. De fato, praticamente todo membro de um projeto de desenvolvimento de jogos, em algum momento, será um designer de jogos também. Eles contribuem com seus julgamentos e mudanças de perspectivas ao trabalharem no jogo. Como um artista que repinta texturas para aumentar a visibilidade do traço ou um programador que faz os controles como descrito no documento de design, porém realizando algumas "mudanças" após testes – cada um desses profissionais é um designer oculto,[2] melhorando o projeto do jogo sem ninguém notar. Se há algo de valor a retirar deste capítulo, você deve receber logo de início: *em um jogo, tudo que adiciona valor à experiência do jogador afetou o design do jogo.*

Então, boas notícias: você provavelmente já é um designer de jogos. Sua experiência pode ser limitada e você pode não "saber" algo sobre o que está fazendo, mas está tudo bem, pois, para se tornar um designer melhor, é preciso continuar a praticar e aprender. Projetar um jogo não é metade da batalha, *é* a batalha, e inicia-se desde o começo dos trabalhos.

Quando pela primeira vez nos apaixonamos por algum processo criativo, quem não quer ver onde a mágica acontece? As partes visíveis e tangíveis são coisas reais que se transformam em um

---

[2] N.R.T.: O *closet designer* indica a atividade de design situada, localizada, restrita sem dúvida, mas de fundamental importância para a qualidade e o sucesso do projeto de game.

produto final que os usuários gostarão. Você pode observar protótipos ou sessões de brainstorming[3] ou diagramas = ou até mesmo um documento gigante de design de jogos (*game design document*, GDD) e testemunhar a arte em progresso, certo? Bom... a verdade é essa, enquanto todas essas coisas são vitais e todo designer de jogos precisa aprender a fazê-las, igualmente importante é o contexto de aprendizado – uma maneira de encaixar tudo em sua mente para que possa absorver mais e mais informações e colocá-las onde devem ir.

Aprenda no seu ritmo e mantenha a mente aberta. Mas esteja preparado para pensar por si próprio e discordar se necessário.

Designers de jogos que trabalham corretamente são aqueles que trabalham em todas as áreas e que sabem que irão necessitar dos designers ocultos para preencherem suas lacunas.

› Definições especiais

Temos muitas palavras altissonantes e poucas ações que correspondem a elas.
— *Abigail Adams*

Embora continuamente aprimorando e amadurecendo, o campo dos videogames ainda é jovem. Termos e definições não são padrões; desacordos em linguagens são comuns. Em parte isso acontece, pois as definições com frequência dependem do tipo de jogo em questão. Esse vácuo de linguagem reflete um vácuo no entendimento – termos para videogames diferem, pois o pensamento sobre videogame difere. Na prática, estúdios e comunidades de jogadores se entendem muito bem.

Um filósofo bem conhecido, Ludwig Wittgenstein, pediu a leitores para tentar descrever uma definição para a palavra "jogo". Sempre que uma condição era proposta (um jogo deve ter competição; um jogo deve ser divertido etc.), ele se voltava para um jogo popular que violava essa condição. Você pode ficar surpreso em saber que Wittgenstein não estava procurando a resposta – estava tentando ilustrar que definições fixas, exatas, não são em geral funcionais, pois as pessoas não as utilizam naturalmente. Nós nos comunicamos com categorias amplas e flexíveis em vez de definições precisas e estritas. Mas hoje, em geral, os indivíduos se sentem desconfortáveis quando as situações não estão bem entendidas. Sistemas formais, taxonomias, padrões... as pessoas *realmente* gostam de concordar e estão dispostas a lutar em meio a discordâncias para apenas conseguir chegar lá.

"O que significa um jogo?" é uma pergunta difícil sob qualquer aspecto, uma pergunta com carência de opiniões diversas e argumentações acaloradas. Todos os jogadores, desenvolvedores e acadêmicos têm suas crenças preferidas e é improvável que uma visão única surja em breve. Os termos aqui não são um problema importante e em princípio apresentam-se para dar suporte a um esquema conceitual – um diagrama que indica como as muitas partes de um jogo se relacionam com o todo. Então você é encorajado a construir as suas próprias definições e se sentir confortável

---

[3] N.R.T.: O termo *brainstorm* possui vários significados, sendo o principal deles aplicado ao design de jogos, o de *explosão de ideias*. Trata-se, na verdade, de uma técnica da psicologia, para se produzir ideias que serão debatidas, analisadas e algumas posteriormente utilizadas. Usado muito na educação e outras áreas, está associada frequentemente a exercícios de criatividade. O termo se encontra dicionarizado na língua portuguesa desde 1995 (Houaiss).

em traduzi-las linguisticamente para os outros; uma habilidade necessária para comunicar questões de design para aqueles que não pensam como você.

As definições oferecidas nesta seção têm a proposta de serem funcionais. Você deve ser capaz de aplicá-las em todos os jogos possíveis. A lógica atrás de cada definição será explicada de modo que você possa discordar em parte ou completamente, de acordo com sua própria opinião. Tais significados particulares podem não estar "corretos", mas pelos padrões atuais certamente não estão "errados".

Artefatos

Um *artefato* é um objeto criado com uma função pretendida [HMCo00]: algo que alguém usou ou criou para ser usado. Espadas antigas e imagens de ouro, objetos que você pode imaginar como um "artefato" certamente contam, mas itens do cotidiano também. Colheres, sapatos, canetas, chaves de fenda, computadores, sanduíches e tudo o mais que tenha sido feito ou usado são descritos como artefatos. Claramente, jogos são artefatos [LeBlanc04], mas precisa-se observar a maneira como as pessoas os categorizam e compreendem para a obtenção de mais detalhes.

As pessoas distinguem artefatos pelo que fazem (propósito), do que são feitos (forma) e como fazem (função) [Norman88]. Normalmente, todas essas atribuições trabalham juntas, e o tipo de classificação requerido tem muito ou pouco detalhe conforme necessário. Por exemplo, uma "ferramenta" é algo que nos ajuda a fazer um trabalho; um "martelo" é um tipo de ferramenta com um cabo e cabeça, usada para bater em itens; um "martelo de madeira" tem a cabeça macia para evitar danificar os objetos que acerta; um "martelo de cobre" é um tipo utilizado para mover peças de ferro ou aço de máquinas sem desgastar as superfícies. Uma vez que o nível apropriado de detalhes é encontrado, terminamos. Se "qualquer martelo velho" não funcionar, talvez seja necessário especificar, "o martelo de orelhas de cabo azul na gaveta de baixo".

Os materiais podem ser importantes: por exemplo, como uma xícara pode ser feita de qualquer substância, mas um copo não. Mais frequentemente, identificamos coisas pelos modos que são montadas e usadas (grandes monitores CRT contra LCDs leves e finos).

O *sistema* é uma coleção de objetos que funcionam juntos para fazer algo. É um conjunto de componentes estruturados de tal forma que suas propriedades, ações e relacionamentos formem um todo que produza um conjunto de comportamentos [Meadows08]. O comportamento, outras palavras, o fazer, é a chave para os sistemas serem mais que um grupo de coisas. O sistema tem um propósito operacional, uma razão para existir, mesmo se esta for sem sentido. A propósito, adicione "sistemas" à lista de coisas, como artefatos e modelos, que completam nosso mundo cotidiano.

Se há alguma coisa certa (e isso pode ser certo) no desenvolvimento de jogos, estudos de jogos e no público, é que os jogos são sistemas. Videogames são sistemas rodados em sistemas! São as outras facetas do artefato que estão causando a confusão.

Então para responder às nossas perguntas, apenas precisamos organizá-las em suas categorias de função. Mas esse tipo de organização nos levará, tristemente, direto e em linha reta contra a parede, sem possibilidade de fuga a não ser atravessando-a para o outro lado.

Jogo e diversão

Os jogos facilitam o ato de jogar, no qual regras ou objetivos ou ambos impõem algum nível de estrutura para as interações [Salen04]; eles são "artefatos de jogo". Então, qual o propósito do ato de jogar?

Com o interesse crescente nos jogos, as discussões sobre o ato de jogar se intensificaram nos últimos anos. Livros, artigos e conferências, grandes ou pequenas, ofereceram potenciais respostas, desde as filosóficas até as científicas. Um bom lugar pelo qual começar é perguntar aos cientistas como o ato de jogar surge – que aparência tem quando acontece? Há um grande consenso nesse tópico; filtrar muitas descrições destaca alguns temas familiares.

- Sem propósito aparente, jogar é apenas jogar
- Voluntário
- Diferente de comportamentos sérios
- Divertido, jogar é agradável
- Começou em situações relativamente seguras
- Improvisado

Essas características do ato de jogar, ditas por vozes importantes na ciência, têm sido observadas em todo o espectro da vida animal – não apenas em cachorros e gatos. Embora não pareça universal, é quase – dos primatas aos pássaros, lagartos, peixes e assim por diante [Burghardt05, Brown09]. Com todos esses dados e evidências, é sabido por que o ato de jogar existe?

A resposta curta é que as coisas não são claras, ao menos não para a satisfação da ciência. Há algumas boas indicações de que é benéfico [Brown09], mas evidência de como e em quais circunstâncias o jogo é benéfico ainda são fracas. Jogar pode ser um meio importante de aprendizado, oferecendo uma vantagem evolucionária, ou pode ser um efeito colateral de outros padrões comportamentais/biológicos – reaparecendo por causa da estrutura sensorial-emocional mais do que devido à pressão seletiva [Burghardt05]. Jogar, para humanos, pode ser um fator crítico que leva à cultura, criatividade, classes sociais, alfabetização, guerra, economias de mercado etc. Estudos mostraram similaridades na atividade do cérebro que pode, no final das contas, levar ao entendimento dos impulsos no ato de jogar animal e humano [Siviy98]. Nesse ponto da pesquisa, o que parece ser uma suposição segura é que o jogar faz o jogador se sentir bem. Jogadores – tanto pessoas como animais - estão se divertindo quando jogam. Estamos todos nos divertindo.

Diversão: O que fornece entretenimento – entretém ou ocupa [Oxford09].

Todos têm suas próprias opiniões sobre diversão, pois possuem suas experiências sobre isso. Atitudes culturais ajudam a descrever e estabelecer expectativas, enquanto preferências individuais praticamente governam as reações para nossas emoções. Diversão não se constitui apenas em um conjunto de emoções favoritas, nem em um rótulo que colocamos em sentimentos bons que se encaixam em nossas atitudes pessoais.

O leitor provavelmente experimentou algo como: um amigo insiste que você irá se divertir tentando algo. Você concorda apenas para descobrir que, enquanto eles se divertiram, você não; e não foi por não ser divertido. Você apenas não gostou.

Por que alguns gostam de assistir à *Lista de Schindler* ou *O Exorcista*? Por que alguns querem jogar *Shadow of the Colossus* ou *Braid* ou *Dead Space*? Por que alguém iria querer vivenciar tristeza, culpa, desgosto, perda, medo ou qualquer emoção desse tipo? Concepções há tempos utilizadas tentaram responder, sugerindo que sentimentos negativos vivenciados em entretenimento eram ou não reais, ou que o público estava propenso a aguentar para chegar ao final onde os "bons" sentimentos apareciam para se sentirem melhores quando terminasse. Estudos recentes sugerem que as pessoas podem realmente *gostar* de maus sentimentos no contexto certo; por exemplo, se sentirem-se no controle da situação. Ao jogarmos, podemos sentir medo mensurável, verdadeiro – na mesma forma e intensidade que sob ameaça real –, porém aproveitando-o [Andrade07]. Mas gosto e personalidade são importantes; por exemplo, algumas pessoas não irão gostar nunca de assistir a um filme de terror.

O mecanismo mental interessante, que permite o funcionamento do entretenimento, é o modo como o cérebro julga sentimentos baseados em nossa perspectiva – vivenciando coisas que não são parte do mundo real. Quando uma situação é fictícia ou "não séria", o cérebro compreende respostas emocionais de forma diferente que em situações reais ou "sérias". Tudo isso se encaixa com teorias atuais importantes sobre emoções, que mencionaremos depois.

Pare um momento para examinar onde estamos. Começamos perguntando "O que é um jogo", o que nos lembrou que pessoas identificam artefatos através da função. Isso leva à pergunta "O que é jogar?" e, então, "Por que jogar?". Observamos algumas vozes da ciência e descobrimos que as pessoas jogam porque é divertido e que a diversão é uma descrição de sentimentos quando se encaixam na personalidade e no contexto.

Um bom designer de jogo não precisa de respostas existenciais ("Por que existe o ato de jogar?"), mas de respostas práticas e funcionais ("Por que as pessoas jogam"). Chegamos à resposta: as pessoas jogam para se divertir. Você também sabe que diversão não é apenas uma emoção. Tudo o que sobra é um termo que soa bem.

Nas ciências cognitivas, *artefato cognitivo* descreve objetos usados para ajudar o pensamento [Hutchins99]. Exemplos incluem listas, mapas, fitas presas ao redor de dedos, calculadoras e Wikipédia. Se você usar algo para raciocinar, calcular ou lembrar, é um artefato cognitivo. Certamente existem emoções envolvidas durante a cognição, mas os jogos têm outro propósito.

Já que as palavras são livres, criamos uma definição temporária, *artefato emocional*: um objeto criado e usado para vivenciar sentimentos.

Jogo: Um artefato emocional usado através de uma série de interações estruturadas.

❯ Um modelo de jogos

O *modelo* (enquanto termo) significa a representação ou explicação de algo [Chartrand77]. *Modelar* (enquanto verbo) é o ato de representar ou explicar. Modelos estão em todas as partes: uma planta baixa modelando o térreo de um prédio, um número de pontos de acerto (*hit points* – HP) modelando a quantidade de vida disponível para o jogador, e partituras de música modelando o arranjo de sons em um tempo. Em nossas vidas modernas, modelos são como artefatos: pervasivos,[4] importantes e tão comuns que trazê-los como assunto para discussão pode parecer bem bobo. Fotografias, metros, indicadores, etiqueta de preços, registros de áudio... a lista não tem fim.

---

[4] N.R.T.: O termo pervasivo, tradução do inglês pervasive, é frequentemente utilizado na área da saúde e na informática. Ele deriva do latim, *pervasus*. O termo designa disseminação ou penetração difusa e constante em toda a parte. É utilizado para os modelos significando com isso que eles se difundem por toda a esfera da cultura e ciência, tendendo a se propagarem por meio de diversos canais, tecnologias, sistemas, dispositivos e racionalidades.

2.1 JOGOS E A SOCIEDADE

Abstrair é remover detalhes de algo, e o processo de *abstração* é o método universal para resolução de problemas – simplificar assuntos ignorando detalhes não importantes e perturbadores. *Modelos abstratos* são representações com apenas as partes importantes e relevantes deixadas neles. Procure "modelo abstrato" no Wikipédia, e você será redirecionado para "modelo científico" e encontrará o seguinte:

Modelamento é uma parte essencial e inseparável de toda a atividade científica...
[Wikipedia09].

Todos os modelos são abstrações de um modo ou de outro, afinal representam outra coisa, mas isso não significa que uma coisa em particular é substituída pelo modelo. Modelos não são a realidade. Uma imagem de um carro não o levará a lugar algum. A foto de um alimento não é o próprio alimento [Fauconnier02]. Essa é a essência por trás do ditado, "O mapa não é o território".

É esperado que os detalhes estejam perdidos e espera-se que imperfeições deixem de representar a realidade, mas enquanto o modelo servir o propósito pretendido, estamos felizes. Um mapa para a casa de seu amigo precisa lhe mostrar as ruas para chegar lá, mas não precisa de todas as ruas paralelas, becos e árvores no caminho. Você não espera chegar lá e encontrar, no gramado, letras do tamanho de um ônibus escolar dizendo "Minha Casa". É apenas um modelo.

Hoje, os designers de jogos têm muitas escolhas quando o assunto são modelos conceituais de jogos. O leitor provavelmente observará vários durante sua carreira. O MDA (Figura 2.1.1, à esquerda) do programador e designer Mark LeBlanc é um modelo de experiência do jogador, que mostra como experiências subjetivas são geradas durante o jogo. No meio está a "Elemental Tetrad" [Tétrade Elementar] de Jesse Schell (do excelente *The Art of Game Design*), que descreve os elementos que compõem o artefato de jogo. Mais à direita está um modelo formal, por Jesper Juul, que propõe condições necessárias e suficientes para algo se tornar um jogo [Juul03].

O modelo do jogador-jogo usado neste capítulo organizará algumas das maiores características em dois domínios: Jogador e Jogo. Três pares de conceitos relacionados serão colocados no modelo. Tenha em mente que as fronteiras são fluidas e imprecisas. Nenhuma tentativa está sendo feita para declarar que esse é o *modo* pelo qual os jogos são projetados ou organizados; é um esboço

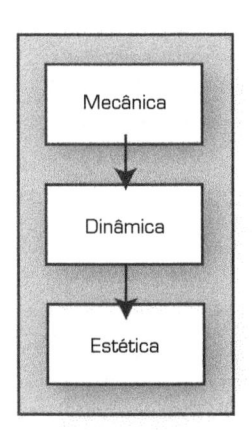

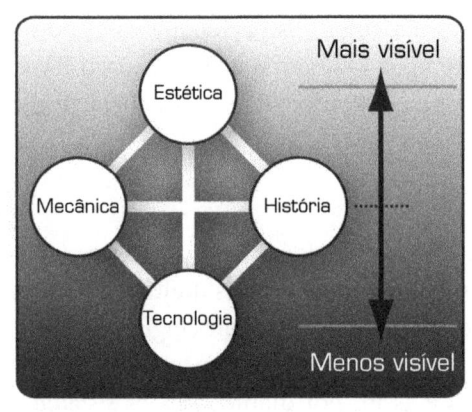

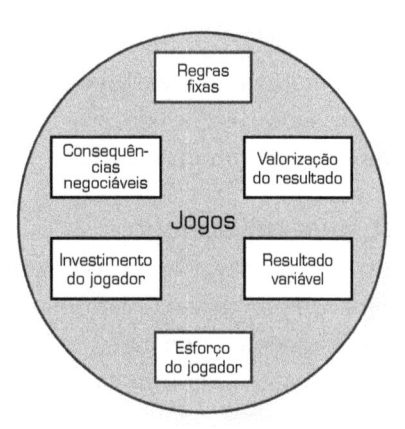

Figura 2.1.1 Três modelos, MDA, *Tétrade Elementar*, "6 características dos jogos"
[LeBlanc04, Schell08, Juul03].

que *representa* o modo pelo qual os designers pensam e organizam seu trabalho de projeto para os jogos que criam.

Todos sabem que designers têm de considerar os jogos e os jogadores; a Figura 2.1.2 não contém muitas surpresas. À esquerda, você vê o Jogador e à direita, o Jogo. Nenhum desses domínios deve representar seu objeto inteiramente, apenas de forma abstrata. Nesse caso, o Jogador pode ser pensado como *coisas que diretamente interessam a ele*, em vez de uma pessoa real. Eventualmente, todo pensamento e sentimento acabam neste lado do modelo.

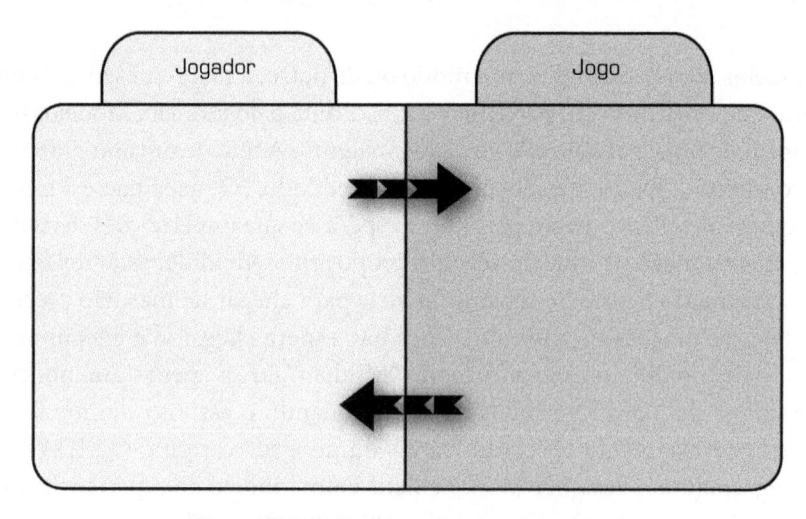

Figura 2.1.2 Jogador, relação com o jogo.

Na metade da direita da Figura, o Jogo, estarão *os elementos que compõem o jogo*. Estes irão variar dependendo das particularidades de cada jogo (videogame, tabuleiro etc.) em dado momento. No desenvolvimento de um videogame, a maioria dos elementos que se encaixam nesse domínio será construída por meio de software. Videogames em geral funcionam em máquinas de jogos com propósitos gerais que estão fora do controle de um designer; usar o hardware é relevante, mas projetar o hardware não é tipicamente considerado parte do design de um jogo. Exceções irão existir sempre, claro, e podem resultar em sucessos como as guitarras do *Guitar Hero*, mas ainda é relativamente incomum ao menos que você seja Shigeru Miyamoto.

As setas no centro da Figura 2.1.2 são outra abstração, apenas dando pistas em alguns tipos de interação durante o jogo – por exemplo. O Jogador afeta o Jogo, o Jogo afeta o Jogador – mas ainda não mais que isso. Não há pistas para a ordem, taxa, sequência, duração ou até mesmo tipo de dados de entrada ou saída.

A metade do jogo

Este é o domínio das coisas "reais". Como mencionamos o hardware (se importar) e o software (que sempre importa) definitivamente *são* o jogo. Os bits digitais que descrevem o que pode e o que irá acontecer no curso do jogo estão definidos a seguir (Figura 2.1.3).

Enquanto todo jogo é um sistema, os videogames, em particular, são sistemas construídos de sistemas para funcionar em sistemas e assim por diante. Mas os *sistemas de jogo* ou *sistema de jogabilidade* se referem apenas àqueles que afetam diretamente as coisas que o jogador irá fazer (ver "mecânicas de jogo" adiante). Em geral, isso é o que as pessoas pensam quando imaginam o trabalho do design de um jogo: criar regras. Sistemas de jogo determinam os procedimentos e operações que irão utilizar recursos do jogo e, com uma pequena ajuda do Jogador, produzir resultados. Os elementos mais formais que definem um jogo são produtos de estruturas do sistema do jogo.

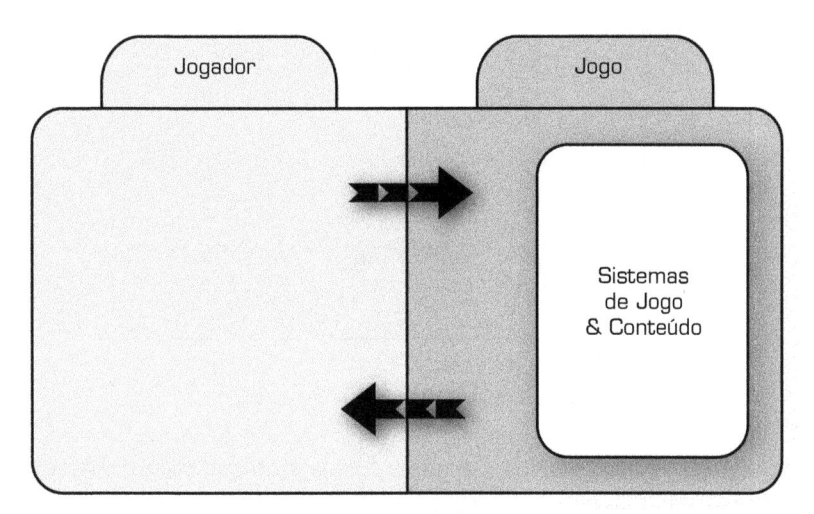

Figura 2.1.3 As regras.

O *conteúdo* do jogo são todos aqueles elementos que formam e povoam o universo que os sistemas do jogo governam. É o espaço e substância de seu jogo, do tabuleiro à galáxia, e os recursos que alimentam os sistemas durante o curso de um jogo. O conteúdo é responsável pelo o quê, o onde e o quando de tudo que opera no jogo; todos os materiais vivenciados durante o jogo, sejam eles objetos concretos como tanques de batalha e torres, sejam conceitos mais abstratos como "Missão 12" ou estados como o resultado de um saldo de 2.500 créditos.

A metade do jogador

Tente o quanto quiser, você não terá controle direto sobre o jogador. Os limites do controle direto do designer estão dentro dos limites do domínio do jogo. Todas as coisas realmente importantes – motivações e sentimentos – acontecem no limiar, na mente do jogador. Os usuários são a parte mais importante do seu jogo.

Anteriormente, você leu que existem todos os tipos de aspectos relativos a jogadores que deixaríamos fora do modelo até serem necessários. Na Figura 2.1.4, você pode ver algo que realmente importa, a *experiência* – as percepções, os sentimentos, pensamentos, intenções e ações relevantes. É tão importante que mostramos duas vezes! (Um é a experiência geral, o outro é mais específico.)

Experiências são enormes conjuntos de aspectos mentais – pacotes de estados fisiológicos e psicológicos reunidos em uma caixa de sentidos e memórias e rotulados com um contexto. Como falamos e pensamos pode explicar como tais aspectos cabem nessa caixa. "Dirigir até em casa foi legal hoje, para variar." "Fui derrotado da última vez, mas hoje as minhas defesas estão prontas... Lá vêm eles!" "Estou tentando terminar o mais rápido que posso, mas ainda assim estarei atrasado!" O número de experiências possíveis é ilimitado.

Pequenas experiências podem ter um sentido singular como um toque de mãos; experiências épicas podem ser uma viagem de bicicleta do Chile a Nova York.

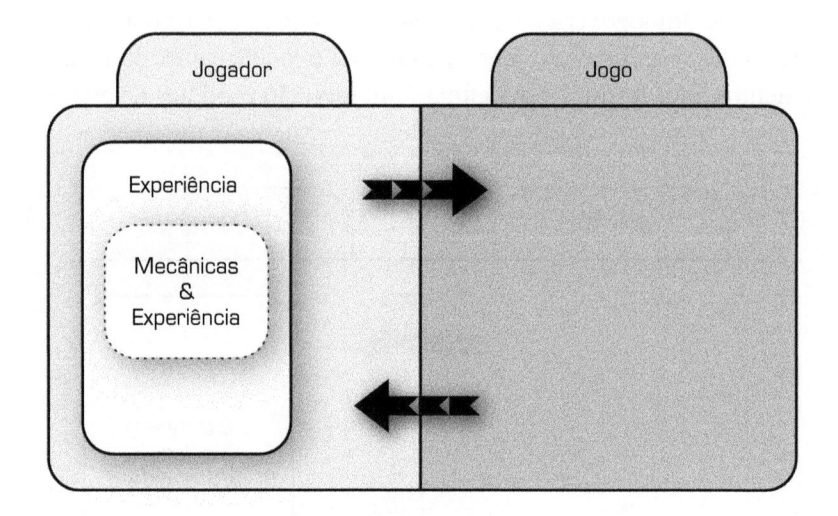

Figura 2.1.4 A experiência do jogador.

Nossa *experiência* específica interior é a nossa forma sintética para a estética e as emoções. Estética são reflexões e considerações das experiências emocionais evocadas durante o jogo [LeBlanc04, Huizinga55]. As emoções são esses sentimentos. Experiência é o que os jogadores querem de um jogo, o porquê da existência de tudo isso e a razão de ser deste livro.

Mais tarde você irá descobrir que as emoções abrangem mais do se pode imaginar. Resolver problemas, derrotar um inimigo e dedicar algum tempo com amigos on-line, tudo tem componentes emocionais que amplamente determinam se gostamos ou não dessa experiência. Fatos frios raramente significam muito para nós – as emoções são os únicos aspectos que importam.

A *mecânica* (*mecânica de jogo*) é um sistema de interações entre o jogador e o jogo. Mais particularmente (e um pouco atípico), este capítulo considerará a mecânica de jogo como as experiências do jogador com essas interações. Enquanto as mecânicas de jogo são mais do que o jogador pode reconhecer, elas são apenas aquelas coisas que possuem impacto na experiência de jogo. Em outras palavras: *o que acontece durante o jogo afeta o jogador*.

Embora possa haver inúmeras razões para uma pessoa optar por um jogo, todos acreditam que a prática evocará sentimentos que a pessoa irá valorizar. Do contrário, não haverá nada que estimule o ato de jogar. Jogos são artefatos emocionais. Quando criamos tipos de experiência que pretendemos e damos aos jogadores sentimentos que desejamos, somos artistas eficazes.

A terceira metade

Foi dito que os videogames funcionam em um "sistema coprocessador" [Wright03]: um feito de silicone e energizado e o outro, dentro da mente do jogador. Antes de fazer executar qualquer parte deste sistema, você precisará fornecer uma ponte entre as duas entidades físicas. O jogo não precisa de uma interface, precisa de duas!

Na Figura 2.1.5, o Jogador e o Jogo estão conectados via sistema de *interfaces* — dispositivos de hardware e software que conectam informações e comandos entre o dispositivo e o usuário. Como um conceito geral, essa é a parte mais direta de nosso esboço. As interfaces são os aspectos mais visíveis de um jogo, e o Jogador tem pouca dificuldade em identificar os sistemas de entrada e saída de dados.

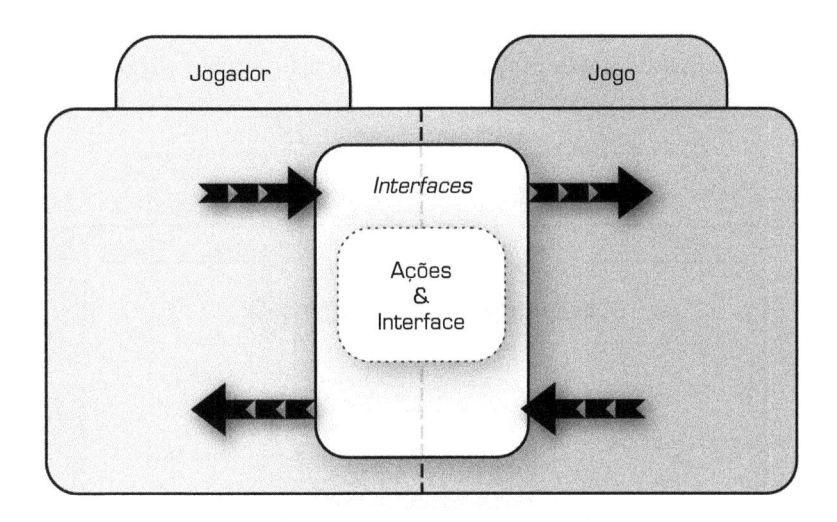

Figura 2.1.5 Interfaces conectam o Jogador ao Jogo.

Em nosso modelo, o elemento de interface contém todos os aspectos de apresentação e feeedback, independentemente de seus modos – vídeo, áudio, tato etc. A razão para essa abordagem é que faz mais sentido organizar o design pensando nos efeitos funcionais (alertando o jogador do perigo, fornecendo um bom feedback em um comando falho e assim por diante) em vez das modalidades usadas para expressá-los.

Os jogadores realizam *ações*, usando a interface para sinalizar suas intenções no jogo. Há duas dimensões de ação: as que usam controles (pressionando um botão, movendo um controle) e as que acontecem no espaço metafórico do jogo (jogando uma bola de basquete, destrancando um portão) – dentro do sistema coprocessador do cérebro e da máquina.

As setas tentam mostrar que as informações estão viajando em um circuito através de todo o sistema. Uma vez que as coisas estão sendo executadas, não existe um ponto real de origem – o jogador tem algo a contar ao jogo e o jogo tem algo a mostrar ao jogador. Cada pedaço dessa informação atravessa a interface.

Todos juntos
Isto não é o fim. Não é sequer o princípio do fim. Mas é, talvez, o fim do princípio.
– Winston Churchill

Chegamos ao esboço finalizado (veja a Figura 2.1.6). Como um híbrido, não é muito complexo enquanto estrutura de visualização, experiência e ciclo de interação. Ele simplifica demais e minimiza, mas o problema principal é que as questões relevantes de um jogo não irão se encaixar sempre em espaços categorizados como o apresentado. Isso porque *as questões relevantes de um jogo não se encaixam sempre em espaços categorizados*!

Apenas lembre que ainda é um modelo, não um substituto do jogo real. Como uma abstração, deve oferecer um modo razoável para organizarmos os pensamentos enquanto aprendemos como ser um designer – fazer jogos!

O restante deste capítulo será dividido em duas grandes seções. As oito subseções, contidas em Conteúdo, concentram-se nas partes que compõem o jogo (e elas são tratadas assim: em partes).

As seções que finalizam o capítulo irão abordar o próprio trabalho do design propriamente dito: criando conceitos, trabalhando em interações, documentação e assim por diante.

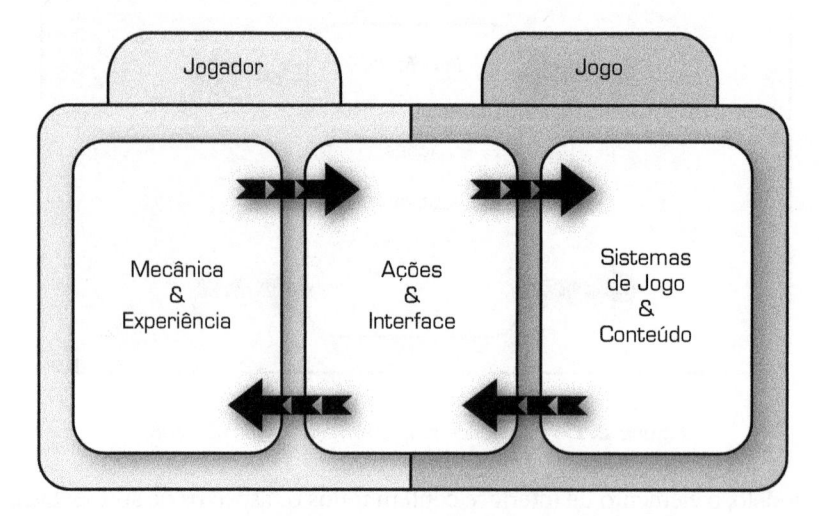

Figura 2.1.6 Um modelo do relacionamento jogador-jogo.

> Jogo

Antes de escolher este livro, você sabia o que era um jogo. Desde *Gamão* a *BioShock*, apesar de todas as variedades de tipo e estilo, sabemos o que é um jogo quando jogamos. Mas, desde Platão, as pessoas têm valorizado as qualidades formais como uma maneira de explicar e entender as coisas.

Esta seção oferece uma breve descrição de vários elementos típicos dos jogos. Nenhuma suposição está sendo feita de que *qualquer* jogo tenha *todos* eles, mas a maioria apresenta alguns elementos.

Objetivos

Objetivos são requisitos projetados que os jogadores devem satisfazer para cumprir um resultado em particular [Fullerton08]. Codificados na estrutura do próprio sistema, os objetivos são propriedades formais do jogo, concedendo progresso ao jogador. Como um meio de estabelecer conflito e desafio, motivam o engajamento do jogador com a oferta de problemas solucionáveis e finitos que os jogadores trabalham para resolver. Em seu nível mais rudimentar, os objetivos fornecem às pessoas algo para fazer.

Quando um jogo oferece um conjunto de objetivos mútuos exclusivos para todos, começa com um balanço natural. Quando oferece objetivos diferentes aos jogadores, maior esforço é necessário para equilibrar e minimizar a preocupação dos jogadores para vantagens não merecidas. (Não é justo!) Uma abordagem, popular com jogos on-line, é o arranjo de equipe contra equipe no qual objetivos são trocados entre as equipes opostas, de um turno para outro. Um dado sucesso do jogador é então atrelado às escolhas e às ações de outros jogadores – não o subproduto de um design de unidade.

Objetivo não é a mesma coisa que propósito. Objetivos são as ações solicitadas aos jogadores; metas (*goals*) são aquelas coisas que os jogadores querem fazer.[5] Mais tarde, na seção Jogador, nos aprofundaremos nessa diferença.

Resultados

Os jogos têm um conjunto de resultados possíveis e incertos que irão decorrer das interações do jogador. Isso conclui o ato de jogar – encerra o jogo – e precisa ser mensurável. Por que precisa ser mensurável? A resposta completa envolve o modo como nosso cérebro prevê o futuro e avalia sucessos e falhas em nossas tomadas de decisão, dando-nos bons ou maus sentimentos no processo. Por ora, podemos dizer que os jogadores precisam avaliar seu desempenho para o jogo ser "significativo". É por isso que os resultados são geralmente desiguais, e alguns melhores que outros. Adicionar um pouco de risco e potencial para a recompensa torna o jogo bem mais interessante e prende nossa atenção.

Não é suficiente que os resultados do jogo sejam mensuráveis e que essas medições sejam as mais significativas possíveis. Os resultados também devem ser convenientes, claramente apresentando o fim do jogo e os níveis de desempenho. Jogadores precisam de um meio padronizado para concordar com o resultado. Quando isso não acontece, o processo se torna desconfortável, pois os jogadores devem negociar suas versões pessoais de "quem ganhou de quem".

Vencer e perder são dois resultados clássicos. São discretos e definitivos da competição, mas mesmo entre exemplos clássicos de tipo (gamão, xadrez etc.), jogos podem comumente terminar sem decisão – um terceiro resultado, o empate.

Muitos videogames não têm resultados distintos, como vencer ou perder. Contudo, os jogadores avaliam e comparam suas performances, pesam conquistas e falhas, e gastam um bom tempo nesse processo. Algumas vezes as pessoas descreverão isso como um estado temporário, tal como o *estado de vencer* ou o *estado de perder*. Então, ao ouvir esse termo, esclareça se o estado em discussão é ou não final ou temporário. Uma condição de término foi alcançada? Ou o comentarista estava apenas acompanhando?

Incerteza

Em uma situação com muitos futuros possíveis e nenhum modo de predizer o que irá acontecer, há um sentimento de incerteza. Na vida isso é inevitável e lamentável, mas, nos jogos, resultados incertos são, como de costume, esperados e desejados. (Quem quer continuar a jogar quando o resultado é predeterminado?)

A incerteza é necessária para a experiência de jogo. Resultados finais sentidos como previsíveis tendem a ser entediantes e frustrantes ou ambos. Quando as decisões têm respostas e conclusões

---

[5] N.R.T.: Traduzimos aqui *Goal* por *Meta*. Este é um dos termos que pode ter mais de uma tradução na língua: propósito, objetivo, missão, marco, gol. Realmente é um termo difícil de se chegar a uma solução adequada e que satisfaça a todos. O autor do livro, muito sabiamente, diz-nos que *goal* é destinado ao jogador, para aquilo que ele quer fazer no jogo, independentemente dos propósitos do designer do jogo. Do lado do designer temos os objetivos do jogo e, ainda, as missões, as quais são solicitadas que o jogador realize. O termo inglês *goal* foi traduzido inicialmente, em 1904, para o português como gol. A partir daquela época temos ele associado ao esporte: marcar um gol – um fenômeno objetivo do jogador. Se pensarmos *Meta*, no singular e como um referencial construído pelo jogador em sua mente o qual procura atingir, temos o sentido original preservado. Assim, a *Meta* (*Goal*) se relaciona como a contraface do jogador em face dos objetivos do jogos projetados pelo designer do jogo. O termo *Goal* tem no inglês um sentido que recupera o conceito grego de *Agón*.

óbvias, não há espaço para construir expectativas. Sem esse espaço para crescer, os sentimentos rapidamente atrofiam, e toda a experiência não vale mais a pena. Os jogadores precisam sentir que as coisas que desejam fazer podem ser alcançadas, mas têm de ter uma chance de falha, seja por meio de erro ou má sorte. Os designers controlam a incerteza requerendo desempenho físico e estratégia mental, bem como limitando a informação. Sistemas aleatórios também podem ajudar; contudo, falaremos deles mais tarde.

Regras e estrutura

As regras formam a estrutura de cada jogo, estabelecendo um relacionamento incerto entre o jogador e seu objetivo. Sem regras, jogar se torna irregular e nebuloso. É irônico que menos certeza nas regras possa diminuir a expectativa de incerteza no jogo. Criatividade pessoal e habilidades sociais são usadas para expressar e negociar comportamento aceitável. Os jogos infantis (por exemplo, *Casinha*, *Guerra*, *Polícia e Ladrão* etc.) são um exemplo comum. Regras para esses jogos existem de momento a momento, inconclusivas e efêmeras, "inventadas" enquanto o jogo está em andamento. Regras aleatórias como essas forçam os jogadores a simplesmente entender os limites do jogo. Ao esclarecerem o funcionamento do jogo, regras formais permitem que usuários se concentrem na exploração de estratégias diferentes em sistemas incertos em vez de gastarem a maioria de seus esforços em continuamente reinventar e manter o próprio sistema.

Regras explícitas são uma estrutura formal básica de qualquer artefato de jogo. Elas são chamadas algumas vezes de "leis" do jogo – vinculativas, não negociáveis e ambíguas [Huizinga55]. Em jogos não digitais, são escritas em livros ou estabelecidas pelo equipamento de jogo e moderadas tanto pelos jogadores como por um juiz. Em jogos eletrônicos, as regras estão inseridas dentro da arquitetura de hardware e software.

Idealmente, regras explícitas são claras: cada jogador compartilhando a mesma interpretação de seu significado. Imprecisão é em geral danoso ao sistema, levando à confusão, exploração ou ruptura no jogo. Se alguma ambiguidade é revelada, os jogadores devem concordar, entre eles, para esclarecimentos.

Algumas regras apenas entram em efeito em dados momentos ou sob circunstâncias particulares. Em geral servem para criar variações, governar o progresso do jogo e garantir que o sistema continue dentro dos limites pré-ordenados [Fullerton08].

Regras em jogos eletrônicos são formadas pelas arquiteturas de plataforma e software. A primeira vantagem é que nenhuma ambiguidade é possível; o computador julga e tem o entendimento perfeito das regras (ao menos até onde aquela versão designa). Segundo, os sistemas de regras podem ser mais detalhados, pois não é necessário que os jogadores processem todas elas. A riqueza e a resposta da simulação do computador podem operar em um nível de sofisticação impraticável por outros meios.

Operações são regras que descrevem os métodos e procedimentos que os usuários usam para jogar. São responsáveis em definir que ações os jogadores podem realizar em dado momento. As operações determinam o tempo e a ordem das ações, e as instruções precisas para como fazê-las.

Regras sistêmicas definem as condições possíveis do jogo e seus eventos. Elas cuidam dos vários estados (configurações de posição, valor etc.), limites (especialmente recursos) e eventos que resultam da ação ou sorte do jogador (pontuação, penalidades etc.).

Quadros

Os jogos e o ato de jogar criam, em nossas mentes, espaços separados do mundo real. O historiador holandês Johan Huizinga cunhou a frase "círculo mágico" para se referir a esses locais. Mais tarde, Gregory Bateson ofereceu uma descrição similar de um *quadro* do jogo como um contexto entendido do ato de jogar – "isso é apenas o jogo" –, o espaço e tempo separando atividades divertidas e inconsequentes de sérias e consequentes [Bateson72]. Movimentos feitos durante um jogo de xadrez estão dentro do quadro do jogo, mas a entrada dos jogadores e a conversação posterior, não.

Esses contextos não são invenções recentes ou exclusivamente humanas. Animais, quando jogam com outros, sinalizam sua intenção. Esses sinais permitem que se engajem e continuem a jogar.

Os sentimentos dentro do contexto do quadro do jogo têm a intenção de serem seguros e experimentados sem efeitos do mundo real. Isso dito, nem todos os sentimentos são compatíveis com esses quadros. Uma traição na *Diplomacia*, que é parte do jogo, pode ser difícil para alguns jogadores apreciarem e pode ser difícil perdoar, pensando no mundo real. Outros sentimentos, como frustração ou humilhação, podem retirar o jogador do jogo completamente.

〉 Jogador

Tento incessantemente não rir de ações humanas, não chorar ou mesmo odiá-las, mas entendê-las.
– Baruch Spinoza

Não há nada para o designer valorizar mais que o jogador. A maioria dos designers veteranos dos dias de hoje cresceu jogando videogames. Eles tendem a vir de locais similares, tendo aprimorado suas percepções e sensibilidade com jogos hardcore. Paixão e excitação foram forjadas na experiência de criar as sensibilidades que os guiam no trabalho de cada dia. Como a maioria da indústria ainda está a serviço do jogador "hardcore" e os designers entendem esse tipo de jogador, pois são seus iguais, julgamento pessoal e preferências são excelentes guias quando se é o público.

Mas os tempos estão mudando e o público está mudando com eles. A população de jogadores está crescendo e se tornando diversa. Nos Estados Unidos, 65% das casas jogam videogames e a média de idade dos compradores mais frequentes é 40 anos. Mais de um quarto dos adultos maiores de 50 anos jogam videogames, e é a maior área de crescimento recentemente, de acordo com "Family Entertainment" [ESA09]. Mas como os designers podem criar um jogo de sucesso para usuários potencialmente diferentes deles? A resposta é se tornando profundamente interessados nas pessoas e na psicologia e, mais importante: aprendendo a ouvir.

Emoções e sentimentos

Qualquer emoção, se sincera, é involuntária.
– Mark Twain

Coloque o livro sobre a mesa por um momento e feche as mãos em forma de punho. Agora junte-as com as palmas viradas uma para a outra se tocando. Este é um modelo bruto, em tamanho e forma, do cérebro humano. O que está na sua cabeça tem aproximadamente centenas de bilhões de neurônios em vários modos de descanso e atividade enquanto você lê isso, enquanto você pensa e enquanto você sente.

Em 1884, o psicólogo William James lançou uma pergunta em um artigo: Por que fugimos de um urso? Talvez, ele sugeriu, ao vermos o urso, começamos a correr e ficamos com medo porque corremos. Bom, o que você diria disso? A maioria de seus colegas saberia responder: conversa fiada! O senso comum nos disse tudo que precisávamos saber. Vemos o urso, sentimos medo e corremos porque ficamos amedrontados. (Nôôô!) Bom, em torno de cem anos depois, as ideias de James-Lange[6] conseguiriam mais respeito já que a tecnologia da neurociência avançou o suficiente para permitir aos cientistas assistirem o cérebro trabalhar.

Enquanto atualmente a visão científica (Figura 2.1.7) é mais sutil que a de James-Lange, ela ainda hoje parece muito diferente do senso comum [Ledoux02, Pinel07]. Vendo o urso produzimos emoções viscerais e reações corporais antes mesmo de nos darmos conta do que vimos. A razão comum para o sistema emocional supercarregado é a eficiência – é mais rápido reagir do que ter de esperar a consciência se decidir.

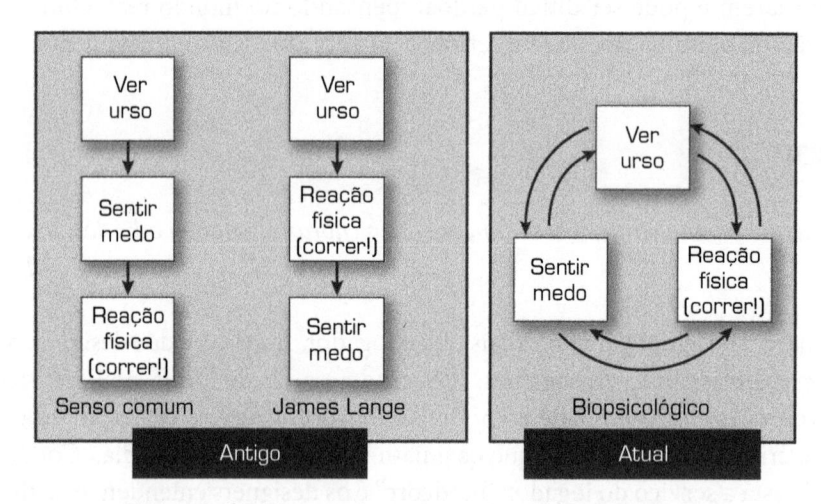

Figura 2.1.7 Uma teoria moderna da emoção [Pinel07].

O processo se parece um pouco com isto:

1. Algo que vale a pena sentir surge – presente ou relembrado.
2. Sinais correm entre sistemas emocionais e sistemas de consciência (córtex).
3a. O sistema emocional gera respostas.
3b. O córtex está usando memórias explícitas para reconhecer e entender.
4. O córtex usa informações de 3a e 3b para fazer escolhas.

Os sistemas emocionais são rápidos e em geral precisos (é o tema do livro *Blink*), mas o córtex não acompanha apenas. Podemos ir com o fluxo emocional, ou o córtex pode tentar controlar o resto do sistema. Por exemplo, quando reconhecemos que o urso é de pelúcia e tem uma etiqueta na parte de baixo. "Isso é um urso de pelúcia, bobo!"

---

[6] N.R.T.: Esta teoria é defendida por William James em seu artigo "What is an emotion?" (Mind, 9, 1884: 188-205). Ela foi relacionada com as ideias de um psicólogo dinamarquês, Carl Langue e, a partir daí, foi chamada de *teoria James-Lange*. Ela apresenta a ideia de que as experiências emocionais são principalmente derivadas da experiência de alterações corporais.

As pessoas gastam uma boa parte de suas vidas sem perceber as emoções que estão sentindo. E quando realmente sentem algo, tentam raciocinar se referindo ao contexto da situação que presenciam. O que é realmente interessante é como podemos confundir essas coisas. Em experimentos, "fizeram" homens acharem mulheres mais atraentes que outras aumentando o som do batimento do coração. E todos sabem (ou deveriam) que um filme de terror é um bom filme para o primeiro encontro. O que todos não devem saber é que isso funciona, pois os sentimentos de medo e atração romântica são similares e fáceis de confundir.

Até mesmo essa visão aqui parece empoeirada com todo o progresso que a neurociência está fazendo. Mas designers de jogos não precisam ser cientistas – apenas precisamos de um modelo que faça sentido e tenha boas predições, tal como a compreensão de que nossas mentes avaliam nossas emoções de forma diferente dependendo da situação. Algumas pessoas gostam da urgência e tensão de estar assustado em *Left 4 Dead*. Outras pessoas acham essa sensação desagradável e, consequentemente, decidem que o jogo "não é para elas".

Os jogadores têm preferências: sentimentos que gostam de ter durante o entretenimento, e sentimentos de que não gostam. Nem todos apreciam caçar e recolher recursos. Um designer precisa entender o público que utilizará o jogo. Emoções não são apenas para entretenimento. Emoções também abrangem seus propósitos e tudo com o que nos preocupamos.

Pensar é sentir

Não esqueçamos de que pequenas emoções são os grandes capitães de nossas vidas e nós os obedecemos sem perceber.

– *Vincent van Gogh*

Desde a antiguidade, existe uma crença comum sobre nossas mentes: uma parte racional, moral e recentemente evoluída; uma parte irracional, impulsiva e enraizada nas partes primitivas do cérebro.

Mas um grande número de nossas decisões acontece de maneira muito mais "profunda" em nosso cérebro. Muitos de nossos pensamentos e cálculos, aqueles que a maioria das pessoas sente que tem uma compreensão cognitiva firme, surgem dos sistemas emocionais que canalizaram a resposta para nós antes mesmo de estarmos conscientes da questão. E mesmo quando nosso córtex racional está funcionando plenamente, calculando e simbolizando, precisamos dos sistemas emocionais do cérebro para nos dizer quando a resposta "correta" foi alcançada. Sentimo-nos bem quando achamos que temos a resposta certa. Por que jogamos jogos, novamente? (Jogamos porque nos faz sentir bem!)

Memória operacional

Memória operacional, ou memória de curto prazo, é um dos mais importantes sistemas cognitivos. Permite-nos manter um número limitado de informações, aproximadamente 7 ± 2 itens a qualquer momento [Zimbardo92], por alguns segundos, enquanto outras partes do cérebro realizam cálculos. Quando uma nova tarefa é iniciada, as informações antigas são retiradas para criar espaço [LeDoux02], e se não terminamos a primeira, paciência.

Você encontrará esse dígito, 7 ± 2, através dos campos de design de todos os tipos. Mantenha a demanda no alcance mais baixo de retenção de memória de seu jogador se quiser que ele se lembre. Mais alto se quiser que ele se esqueça.

Qualquer profissional lidando com as habilidades e capacidades de outros deve respeitar essas duas capacidades preciosas; não desperdice ou abuse delas. Como designer, deve contrabalançar as decisões e escolhas que você perguntar a seus jogadores a qualquer momento para não frustrá-los. Isso inclui sobrecarregá-los com informação ou exigir que sua atenção esteja dividida em muitas áreas ao mesmo tempo.

Atenção

Você está em um restaurante com seus amigos, esperando por uma mesa. Apesar do barulho e movimento das pessoas, entrando e saindo, você escuta sua amiga enquanto ela conta sobre seu dia. O maître se apresenta e afirma "Há algo...", e antes que você perceba, tudo que houve é a voz dele, na ânsia de ser chamado. O som da voz da sua amiga se perde na multidão, e você imagina o que ela disse.

Isso é *atenção seletiva* (*atenção*), o processo de focar; escolhendo as coisas que você se importa e excluindo o que não quer. Esse foco é empregado por seus pensamentos (optando por ouvir sua amiga) ou por uma experiência externa (a voz do maître ocupando seus ouvidos) [Pinel07]. Seu cérebro, para utilizar esse ajuste, é capaz de amplificar e suprimir as representações mentais, dependendo se o fato é considerado ou não. Em outras palavras, é como nos focamos em coisas que parecem importar, permitindo-nos efetivamente priorizar propósitos.

Alguns dos estudos mais importantes sobre atenção foram conduzidos na década de 1950 e envolviam pessoas escutando duas mensagens simultâneas. Esses estudos produziram diversas descobertas:

Capacidade limitada: Identificar as duas mensagens de uma vez é difícil.
Condições para atenção: Uma mensagem pode ser identificada e outra ignorada se elas tiverem propriedades diferentes (tom, local etc.).
Consequências de seleção: Escutar uma mensagem enquanto ignora a outra resulta em apenas uma lembrança fraca da mensagem ignorada.

Exemplo: Conseguir atenção em jogos de objetos escondidos

Nos mercados de videogames, o jogo de objetos escondidos é popular. Os jogadores procuram itens colocados ao redor dos detalhes das cenas coloridas de fundo, em geral correndo contra o tempo marcado por um contador. Uma vez que o número mínimo de objetos é encontrado, os usuários podem progredir; quando se falha, em geral joga-se o nível novamente. É típico pessoas ficarem presas de tempos em tempos, usualmente por não estarem seguras sobre a aparência do item requisitado ("Que tipo de 'arco' querem? Arco e flecha? Arco de violino?"), ou acreditam que já observaram completamente alguma parte da cena e mentalmente já marcaram na lista mental ("Eu sei que não está lá!"). Ajuda dar-lhes uma mão quando já faz um tempo do último encontro com o objeto, realizar um breve movimento, ou um pulso, ou fagulhas. Mantenha o efeito sutil, e irá apenas alertar as visões periféricas e atrair um olhar. Quando encontrarem ("Lá está!"), terão um sentimento de conquista, e você sentirá a alegria de fazer algo divertido, enfim, todos ganham. A próxima vez que acontecer e eles notarem ("Aquilo fagulha quando estou preso."), será adicionado ao conjunto das mecânicas.

Peculiaridades psicológicas

Existe um número de pensamentos e sentimentos estranhos que influenciam a tomada de decisão e as avaliações emocionais. Algumas vezes há circunstâncias específicas que devem estar sendo trabalhadas, mas outras propensões estão em pleno efeito não importando a situação.

Desafios de quadros

Apresente um caminho, um problema é fácil. Apresente outro caminho, nosso cérebro pode ter problemas para entender o contexto da questão, falhando em encontrar uma boa estratégia para raciocinar.

Considere o seguinte puzzle: Você recebe quatro cartas, como mostra a Figura 2.1.8. Cada carta tem uma letra de um lado e um número do outro. Por favor, *escolha apenas as cartas que devem ser viradas* para verificar a seguinte afirmação. Uma carta com um D de um lado deve ter um 3 do outro.

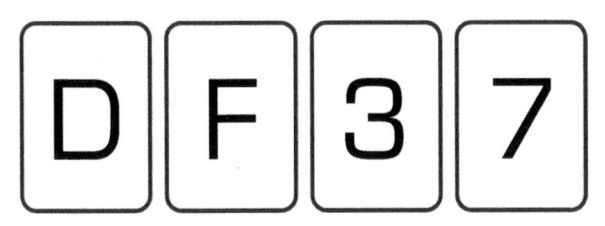

Figura 2.1.8 D de um lado deve ter um 3 do outro.

Escreva rapidamente a sua resposta. Agora imagine que você esteja trabalhando em um bar e deve ter certeza de que ninguém menor de idade (18) esteja bebendo. Cada carta na Figura 2.1.9 representa um cliente. Um lado mostra a idade da pessoa, o outro, o que estão bebendo. Por favor, escolha apenas aquelas cartas que devem ser viradas para verificar se alguma dessas pessoas está violando a lei.

Figura 2.1.9 Que pessoas precisam ser verificadas?

A resposta para a primeira questão é D e 3. A resposta para a segunda é cerveja e 15.

Mais ou menos 25% das pessoas escolheram de forma correta no primeiro caso e 65% no segundo, mesmo os dois casos sendo a mesma tarefa [Pinker97]. (Na pesquisa de psicologia, esse experimento causou muito debate!) Uma coisa está clara: o modo como um puzzle é apresentado importa!

Condicionamento

Condicionamento é um tipo de aprendizado por meio de associação ou reforço. O mais conhecido deles é o *condicionamento clássico*. No condicionamento clássico, um estímulo que não suscita (elicia) uma resposta em particular, naturalmente, é emparelhado com outro até o sujeito aprender a responder a ambos da mesma maneira.

O exemplo clássico dos cachorros de Pavlov ilustra o conceito. Antes do condicionamento, um som ouvido pelo cachorro não produz nenhuma resposta em particular. Contudo, carne na boca do cachorro faz o animal salivar; a carne é o *estímulo não condicionado*, e o salivar, a *resposta não condicionada* enquanto as respostas do cachorro estavam no estado natural. Durante o condicionamento, um som é tocado enquanto a carne é colocada na boca do cachorro, causando o salivar.

Após isso ser feito durante um certo tempo, o cachorro está "condicionado" e, precisa apenas ouvir o som para começar a salivar (a *resposta condicionada* ou CR) [Zimbardo92].

Condicionamento operante descreve aprendizado em que um comportamento é encorajado ou desencorajado por suas consequências. *Reforço positivo* compensa um comportamento (o *operante*) com um resultado positivo, tornando o comportamento mais provável. No *reforço negativo*, o comportamento é encorajado por uma ameaça de resultado negativo caso o sujeito escolha parar a ação. Observe que tanto os esquemas de reforço positivo quanto o negativo encorajam um comportamento particular; um é bom (pegue o biscoito!), o outro... nem tanto (faça isso ou!).

Punição é o terceiro tipo de condicionamento operante. As *punições* reduzem a probabilidade de o indivíduo realizar o ato, e a *punição* é, bem, a aplicação da punição [Zimbardo92]. Tenha *muito* cuidado quando pensar em usar punição, pois tende a não ser muito divertido. Tente reforçar comportamentos alternativos em vez de apenas punir aqueles que você quer desencorajar.

Visando públicos
Quanto mais alguém agrada a todos, menos agrada profundamente.
– Stendhal

Seu público é um conjunto de pessoas – de ninguém a todos – com interesse suficiente em seu jogo para dar-lhe atenção. Aumentar esse público é um problema complexo e incerto, mas há muitas coisas a serem feitas para melhorar suas chances. Por agora, temos de nos concentrar em uma: no público-alvo.

O fundamento dessa abordagem é simples: não tente agradar a todos. Não porque você tem alguma boa razão para as pessoas não gostarem de seu jogo, mas porque é quase impossível que todos gostem do seu jogo. Mas tentando alcançar esse efeito, você apenas aumenta o risco de não agradar ninguém.

1. Identifique grupos para serem seus alvos – seus públicos-alvo.
2. Modele suas preferências.
3. Crie uma lista de propósitos estéticos informados pelo modelo.
4. Use o modelo para orientação no design.

Esse estilo de abordagem tem raízes nas práticas de marketing-alvo [Russel02]. Nos anos 1980, os anunciantes começaram a se afastar de propagandas para o mercado em massa, nos quais os mercados eram representados por tamanho ou residências. As pessoas estavam sendo vistas com uma proliferação de escolhas, e os anunciantes encontraram necessidade de direcionar essas demandas novas e mais individuais. Para alcançar tais demandas, mercados inteiros foram *segmentados* em grupos menores de pessoas com qualidades compartilhadas.

Enquanto segmentos podem ser baseados em qualquer tipo de característica relevante, idade e gênero se tornaram padrões. *Segmentos de mercado* ainda são generalizações, não indivíduos reais, mas um tipo de conceito mediano, o *perfil demográfico*.

Público-alvo é um segmento que você escolhe para direcionar seu jogo. No desenvolvimento profissional de jogos, é um pouco incomum o desenvolvedor ter liberdade completa nessa decisão. A maioria dos estúdios trabalha para ou com o cliente (publisher, investidor) que irá querer um segmento definido com um histórico de compra. Se, contudo, você é o mestre de seu destino, pode escolher o público-alvo que se encaixa nos seus propósitos.

Após (ou como exercício) escolher um público, organize-o em um modelo. O melhor modo de fazer isso é criar *personas*, que são personagens fictícios representando seus alvos. Os indivíduos se tornaram uma ferramenta popular em muitos negócios centrados no consumidor, pois permitem direcionar personagens fictícios como se fossem pessoas de verdade. Uma persona é muito parecida com uma personagem de RPG (sem rosto).

Resista ao impulso de criar personas elaboradas com listas exaustivas, históricos pessoais e detalhes irrelevantes sobre traços e aptidões. Históricos curtos, simples e memoráveis, como o da Figura 2.1.10, são preferíveis aos históricos complexos e confusos. Fatos do tipo "Foi amedrontado por um tamanduá quando criança" não irá ajudar a decidir se os jogadores gostariam de customizar suas peças de jogo. Por outro lado, você deve dedicar um pouco de tempo se certificando de que as personas criadas representam o público que você está direcionando. Como? Falando com pessoas que se encaixam no perfil demográfico!

Bijal Mehta
34 – San Francisco, CA – Perita de Seguros Sênior

Jogo favorito: CSI: Hard Evidence
Jogo favorito alternativo: GTAIV: The Lost & The Damned
Tempo preferido de jogo: 30-60 minutos.
"Gosto de excitação e mistério. Se não há fluidos corporais envolvidos, não é um jogo real."

Figura 2.1.10 Uma persona sem muitos detalhes.

〉 Experiência

Não há beleza extraordinária que não contenha alguma estranheza na proporção.
— Francis Bacon

Experiência: As emoções e sentimentos estéticos evocados durante o jogo.

A experiência é enorme, mas iremos nos concentrar quase exclusivamente em uma parte: as emoções. As emoções são as nossas reações ao jogo – os sentimentos que temos enquanto jogamos. Essas sensações começam nas mecânicas de jogo, arte gráfica, sons, configurações e narrativas, e tudo isso junto.

Os designers fazem jogos que afetam e comovem as pessoas. Apenas o que afeta e o que comove é realmente a arte de criar um design para um público. Talvez você queira tentar algo novo, não limitado às estéticas típicas de outros jogos. Existem muitas oportunidades.

Nicole Lazzaro, presidente da empresa de pesquisa e design XEODesign, foi a primeira a aplicar uma técnica especial para monitoramento de expressões (FACS) enquanto observava jogadores e identificava estados emocionais vivenciados. Por meio desse trabalho, surgiram as Four Keys (Quatro Chaves), descrições da experiência emocional que as pessoas apresentam enquanto jogam: Diversão Difícil, Diversão Fácil, Experiência e Diversão Social [Lazzaro04]. Enquanto categorias convenientes de experiências, elas formarão as bases da organização desta seção.

Domínio
"Ganhar não é tudo."

Domínio tem sido a marca estética ao longo da história dos jogos. É a parte do jogo direcionada por competições de talento e esforço. Para muitos, jogadores e não jogadores, é o que representa tudo isso: usar habilidades e estratégias para vencer o jogo. Para designers de jogos, tem sido o propósito estético mais importante e que consome mais tempo. Muitos dedicaram suas carreiras preocupados com nada mais que isso.

Isso não é "o desejo de vencer", pois é a razão por trás do desejo. É um modo de os jogadores provarem quão bom eles são. A ênfase do domínio está na satisfação por um trabalho benfeito e bem testado. A perda é aceitável porque é uma possibilidade em qualquer desafio digno. O domínio exemplifica realização e sucesso em face do risco creditável. Derrota em potencial é o que torna o desafio significativo.

O domínio é pessoal. Enquanto um desafio particular pode envolver derrotar os adversários, a motivação é o orgulho de si mesmo por seu talento e esforço. Jogadores motivados pelo domínio querem saber que eles são bons, não apenas compartilhar a novidade. Gabar-se é apenas um bônus. "Eu detonei Ninja Gaiden no nível **difícil**!"

A sensação desta vitória é feroz [Ekman03]. É a alegria vigorosa de superar as adversidades. É torcer "Sim!" e talvez até mesmo fazer um gesto constrangedor ao realizá-lo. Esse é o fruto do esforço aplicado – a pureza da vitória.

Para oferecer a mestria, você também deve oferecer o controle. Se os jogadores não têm nenhum controle e falham, sentem-se frustrados. Se eles não têm nenhum controle e têm sucesso, não fizeram nada de especial. Ofereça opções aos jogadores. Periodicamente apresente a eles algumas opções. Dê-lhes oportunidades para utilizar a estratégia para que possam se deliciar com sua própria astúcia.

- Projete mecânicas para testar as habilidades dos jogadores.
- Teste muitas habilidades ao mesmo tempo.
- Minimize o papel da sorte na mecânica de domínio.
- Leve os jogadores a recompensas tentadoras.
- Permita que os jogadores escolham aceitar as oportunidades de risco.
- Separe objetivos significativos de jogadores com obstáculos significantes.
- Utilize múltiplos objetivos para permitir aos jogadores o uso de estratégia.
- Crie perigos e riscos que eles podem escolher por si próprios.
- Melhore a percepção de dificuldade sempre que possível.

Fluxo

O lado contrário do domínio é a frustração, e este é um enorme problema para os designers de jogos no seu trabalho diário. Como o seu jogo pode permitir que as pessoas superem obstáculos significativos sem que os obstáculos sejam muito exigentes?

O modelo mais popular desse problema é chamado de *Fluxo*. Criado pelo psicólogo Mihalyi Csikszentmihalyi, Fluxo é um estado mental de imersão total. O jogador é absorvido com a tarefa em mãos, inconsciente e despreocupado com coisas fora da experiência imediata. Csikszentmihalyi chama Fluxo de "experiência máxima", e é comum a qualquer atividade na qual as pessoas estão "na zona".

O Fluxo começa com uma atividade desafiadora, com um resultado incerto, que necessita de habilidades [Csikszentmihalyi90]. Em outras palavras, começa com uma oportunidade de domínio ou mestria.

1. Propósitos claros; propósitos alcançáveis compatíveis com as habilidades do jogador.
2. Tornando-se um com a atividade.
3. Feedback claro e imediato; consciente dos propósitos.
4. Concentração completa na tarefa em mãos.
5. Controle sem esforço; sem preocupação de perder o controle.
6. Perda de autoconsciência.
7. Tempo se torna distorcido.

Como mostra a Figura 2.1.11, alcançar o Fluxo é um equilíbrio entre o desafio de uma tarefa e as habilidades necessárias para alcançá-la. A área branca em ascensão diagonal é o *canal de Fluxo* que o desafio da tarefa deve aumentar junto com as habilidades do jogador (e vice-versa). Quando alguém está nesse lugar, é dito que ele está *no Fluxo*.

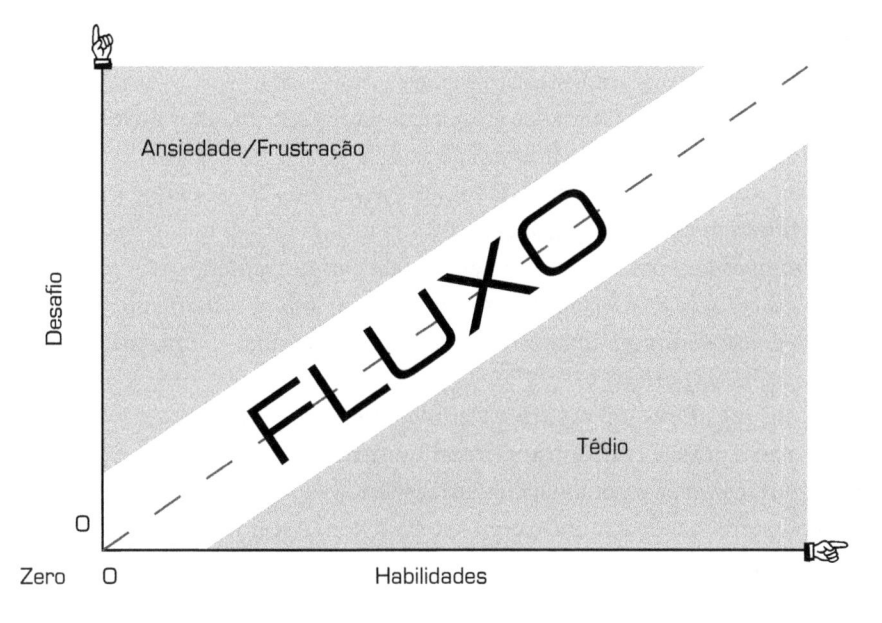

Figura 2.1.11 O canal de fluxo — não tão difícil, não tão fácil.

Imersivo

Curiosidade é aguardar por cada segredo.
— Ralph Waldo Emerson

Enquanto o domínio desafia, a imersão seduz. Os usuários são atraídos para o jogo com um conjunto de sentimentos, de esplendor à curiosidade. Inspire os jogadores a olhar ao redor na próxima curva ou em cima da próxima colina, e mantenha suas mentes cheias de possibilidades.

Você tem uma vantagem. Quando um jogador escolhe participar de um jogo, ele fez uma declaração: "Estou disposto a ver o que tem dentro". Agora o jogo tem de oferecer algo. Capture sua atenção com os padrões de esconder e revelar. Mostre um pouco e esconda um pouco.

A curiosidade é uma inspiração que busca respostas; queremos saber por que antecipamos algo interessante no resultado. Apresente mistérios e ambiguidades, ofereça respostas em pequenas quantidades, até que esteja pronto para surpreendê-los. Se as respostas devem ser encontradas, ofereça respostas em troca de um pouco de esforço. Ofereça questões para as pessoas investigarem, e elas dirão: "O que é isso?"; "É seguro?"; "É para mim?"; "O que acontecerá se eu tentar isso?"; "O que está acontecendo?".

O maravilhoso é vivenciado quando deparado com coisas raras e incompreensíveis. Somos sobrecarregados e fascinados por aquilo que não podemos compreender — ou o que é ou como isso aconteceu [Ekman03]. Quando o compreendido é revelado, mostrando ser algo muito maior e mais complexo do que imaginado, o jogador pode ser colocado em um estado de deslumbramento. Você terá de manter um equilíbrio entre o improvável e o impossível. O jogador tem de acreditar que o maravilhoso pode existir; ele apenas está espantado que exista.

Quando o maravilhoso mistura-se com o medo, sentimos pavor. Não é algo que não entendamos, mas também somos atingidos por um sentimento de que o perigo não pode ser mensurado. É uma ameaça? Sem dúvida. Está nos ameaçando? Não é certo.

Considere o seguinte quando tentar aumentar a imersão:

- Curiosidade – querer descobrir as coisas.
- Crie mistérios, mas deixe as respostas ambíguas.
- Excite os jogadores com possibilidades e oportunidades; mostre-lhes novos mundos.
- Mostre a cortina às pessoas, não o homem atrás dela.
- Atenção – mantenha as pessoas interessadas apresentando situações que irão interessá-las.
- Deixe-as adivinharem com ambiguidade.
- Ritmo — permita às pessoas caírem em padrões de comportamento.
- Incompleto – psicólogos da Gestalt diriam que a mente busca fechamento (a totalidade).
- Maravilhoso – revele coisas em uma escala que não esperariam – muito maior ou muito menor.
- Pavor – o maravilhoso perigoso.
- Fantasia – dê aos jogadores um espaço para imaginar o que poderia ser.
- Improvável – não é possível encontrar o irreal no real.
- Use histórias interessantes e personagens intrigantes.
- Use o áudio para preencher o mundo com substância não sólida.
- Sempre os deixe querendo mais.

Experiência interna

Os seres humanos são máquinas que sentem. Nosso corpo e mente trabalham em conjunto para produzir esses sentimentos e as sensações que experimentamos. Os jogadores podem ser motivados por um desejo de mudar o seu humor ou simplesmente para experimentar novos sentimentos. Os sentimentos que uma pessoa deseja dependem da situação, e o seu jogo vai oferecer um conjunto adequado para a experiência que você deseja criar.

A excitação é uma reação ao novo e ao desafiador. Nosso interesse é capturado pela súbita aparição de algo novo e inesperado. Com uma descarga de adrenalina, o jogador está pronto para a ação. É uma excitação, como medo e raiva, mas sem o contexto do perigo ou do injustificado. A excitação se mistura bem com as outras, intensificando ambas as emoções agradáveis e desagradáveis.

Quando a excitação pode envolver outras emoções, o alívio sempre funciona. É um sentimento que pode parecer percorrer todo o corpo em um grande suspiro ou uma suave elevação como se um fardo desaparecesse. Experimentamos alívio quando algumas das maiores experiências emocionais são removidas. A emoção de alívio pode ser imediata, como o medo ao escaparmos de um acidente de carro ou preocupações quanto a uma vaga de emprego. Podemos nos sentir aliviados mesmo depois de algo positivo, como resultado e uma árdua vitória. Mas o alívio pode ser mais sutil, na troca de humor, como a fuga das preocupações e estresses do cotidiano, no final de um dia de trabalho.

- Uma combinação de foco e novas emoções ajudam a oferecer alívio.
- Ofereça emoções prazerosas com menos esforço.
- Mude a perspectiva.
- Forneça suporte e reconhecimento.
- Trate os jogadores com carinho e reconhecimento.
- Cuide dos jogadores.
- Lembre-os de seu passado.
- Leve suas mentes para longe do mundo real ou ao menos parte dela.
- Entretenha-os com interações.

Os jogadores podem aproveitar a estrutura mais simples que os jogos oferecem. Confiantes em seu entendimento do jogo, podem usufruir o processo de trabalho por meio da resposta. Aqui o designer quer criar desafios que a maioria dos jogadores irá superar, mesmo por um processo de tentativa e erro. De fato, a abordagem de tentativa e erro é muito agradável, proporcionando ao jogador um progresso rápido.

Experiência social

Até os jogos terem se tornado digitais, a primeira razão pela qual as pessoas jogavam era a atividade estruturada realizada em grupo. Quando os videogames mudaram dos fliperamas e entraram nas residências, foram estigmatizados como "antissociais". Com o advento da Internet, esse conceito foi banido: os jogos podem ser certamente sociais.

Os jogadores não precisam ser *colocados* – próximos fisicamente um ao outro – para terem experiências sociais. É apenas necessário que a conexão apropriada seja feita com os outros. Mesmo um sistema de pontuação construído de forma inteligente, como o de *Geometry Wars 2*, pode dar aos jogadores a sensação de estar com os amigos enquanto tentam a sua melhor pontuação.

City of Heroes é uma experiência social, com semelhanças e diferenças em um ambiente de amigos jogando *Wii Sports*.

Schadenfreude é uma palavra alemã para a alegria na desgraça de um rival [Ekman03]. É "Você perdeu!", e é uma emoção presente (independentemente se nossa cultura acha errado ou não) em todos os jogos competitivos já criados. O mais educado pode suprimir o sorriso ou a alegria secreta, mas ela ainda está lá. Quanto menos educado... bem, *schadenfreude* é a fonte do tripudiar; quanto mais tempo a rivalidade existe, mais irá fluir.

Em ídiche, a palavra *naches* significa o prazer sentido na conquista de uma criança ou de um aprendiz (pessoa ensinada) [Lazzaro04]. As pessoas vão assistir aos amigos e colegas jogarem, compartilhando seus sucessos.

- Crie oportunidades para competição.
- Crie oportunidades para cooperação.
- Permita aos jogadores exibir suas habilidades.
- Permita aos jogadores exibir sua individualidade – "se exibir".
- Permita aos jogadores exibir seu humor.
- Forneça ferramentas para comunicação e compartilhamento.
- Crie uma conexão entre o jogador e as outras pessoas significativas.
- Suporte a habilidade para os jogadores fazerem o metajogo.
- Naches – orgulho na criança.
- Dê às pessoas a oportunidade de assistir.

Tempo e ritmo

O tempo é toda uma dimensão que você tem para alterar a experiência de jogo. É uma ferramenta fácil para construir um drama ("eles vão ficar bem?") ou excitação ("Mal posso esperar para chegar lá!") ou medo ("Eu nunca vou chegar a tempo!"). Você pode transformá-lo em um recurso que os jogadores têm de gerir como qualquer outro. Na verdade, o tempo normalmente é o recurso com o qual os jogadores estão lutando contra.

Seja intencional ou não, seu jogo terá um ritmo. O jogador irá enfrentar isso através de ciclos de risco e recompensa ou de exploração e descoberta. Pense em como gostaria que o ritmo fosse e se gostaria de mudá-lo – acelerar ou diminuir.

Duração da sessão

Frequentemente, nos preocupamos com a duração do jogo – em geral, quanto tempo irá demorar até ser concluído. No entanto, uma das preocupações mais práticas sobre o tempo é simplesmente quanto levará para que o jogador tenha uma experiência significativa, para que ele saia se sentindo satisfeito? Agora usamos o termo *duração da sessão* para indicar o tempo previsto necessário para uma única sessão.

Um breve comentário sobre a palavra "previsto". Sabemos que jogadores casuais podem realmente praticar por horas a fio. Mas o importante é que, quando são eles que decidem jogar, a escolha é feita em torno de percepção da futura sessão de jogo. Não estão sentando em frente a um computador com a expectativa de que duas horas irão passar despercebidas. Em vez disso, inocentemente pensam: "Ah, eu deveria fazer uma pausa de cinco ou dez minutos...".

Jogos de *sessão curta* demoram cerca de 5 a 15 minutos, e a maioria dos jogos clássicos casuais se enquadra nessa faixa. *Jogos de meia sessão* duram de 15 minutos a uma hora. Jogos de *maiores sessões* são aqueles que começam em torno de 30 minutos e podem durar até a autonegligência se tornar uma preocupação séria.

Os jogadores casuais poderiam ter uma experiência completa em menos de dez minutos, a partir do início do jogo até o seu término. Isso se tornou mais evidente quando os consoles começaram a oferecer jogos por download e os desenvolvedores começaram a fazer jogos hardcore com duração menor de sessões.

Jogos de sessões curtas devem ser rápidos para iniciar e terminar, com um número mínimo de opções para definir ou confirmações para reconhecer. Por essa razão, os jogos casuais costumam ter um sistema de salvamento do progresso baseado no perfil para que os jogadores possam sair a qualquer momento, sem perder seu progresso e o estado do jogo.

- Qual é o menor período de tempo para um jogador sentar, brincar, realizar algo de valor e deixar o jogo com segurança?
- Qual é o menor período de tempo para executar um procedimento importante na progressão, como chegar ao próximo capítulo?

A média desses dois valores deve lhe dar uma estimativa grosseira dos pressupostos operacionais do jogador ao avaliar o tempo que vai jogar.

〉 Mecânicas de jogo

Coisas ganhas estão feitas – a alegria da alma está no fazer.
– William Shakespeare

Quando alguém jogando *Lego Star Wars* quebra uma mesa, corre em círculos para coletar as moedas que aparecem dos destroços e recebe um valor para aquelas moedas em sua conta total, ele vivencia uma mecânica. Se continuar a quebrar e coletar moedas, o usuário pode ser capaz de soltar a personagem Greedo e trazê-lo para a cantina; isso é uma mecânica.

As sequências previamente descritas – acertar a mesa para quebrar, coletar as moedas dos escombros, comprar o Greedo – são mecânicas simples de jogo; representam uma transação simples. Se analisarmos um pouco as sentenças em conjunto, podemos observar uma mecânica de jogo composta que descreve uma relação entre o jogador e a economia da moeda do jogo.

A mecânica de jogo é formada quando o jogador aplica as ações para os elementos do jogo. São interações que produzem um resultado significativo, que "importa" no contexto do jogo. As mecânicas não precisam ter iniciativas críticas, mas devem servir ao objetivo geral do ato de jogar de alguma maneira. Em outras palavras e em um sentido abstrato, mecânicas de jogo criam sentimentos.

Como observação, tenha em mente uma tese para todos os designs:
Se o recurso não melhorar o jogo, ele não deveria existir no jogo.

Arranjos do jogador

Nas artes narrativas (literatura, cinema etc), vários tipos de conflitos relacionados à luta dramática são categorizados – homem contra homem, homem *versus* natureza etc. Nos jogos, esses conflitos narrativos ainda podem existir. Em um nível muito mais específico, os jogos oferecem todos os tipos de conflitos, como os diferentes estilos de luta dentro de um único jogo. Assim, o sentido da palavra "conflito" pode ficar desgastado rapidamente.

Usaremos *arranjos de jogador* para essas configurações de conflito (Figura 2.1.12). No livro *Game Design Workshop*, Tracy Fullerton usa o termo *padrões de interação* e adapta um esquema que oferece uma boa ilustração das diferentes formas que esses conflitos de jogos podem assumir [Fullerton08].

A seguir alguns arranjos típicos de jogador:

- Único jogador – jogador contra o sistema do jogo.
- Jogador contra jogador – dois jogadores competem entre si.
- Competição multilateral – três ou mais jogadores competem entre si.
- Competição de equipe – dois grupos competem entre si.
- Competição de equipe multilateral – três ou mais grupos competem.
- Competição unilateral – dois ou mais jogadores competem com um jogador.
- Indivíduos múltiplos contra o jogo – múltiplos jogadores contra o sistema.
- Cooperativo – dois ou mais cooperam contra o sistema.

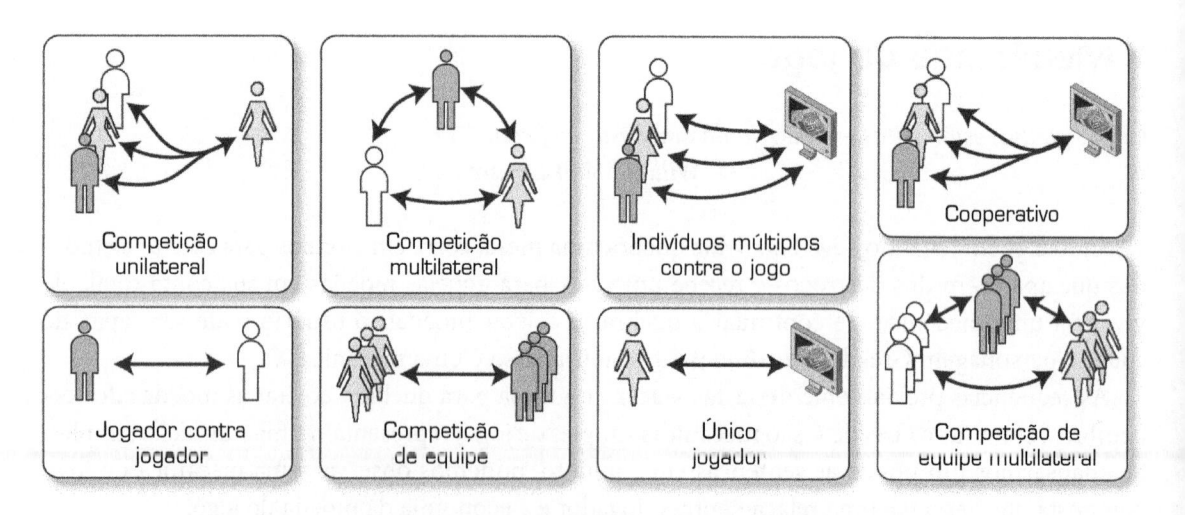

Figura 2.1.12 Arranjos do jogador [Fullerton08].

Mecânicas principais

Em cada jogo há uma ou mais *mecânicas principais* – sequências distintivas e fundamentais de ações e resultados que os jogadores repetem ao longo do jogo para avançar. Nem todas as mecânicas repetitivas são consideradas principais, apenas aquelas vinculadas para alcançar a meta geral ou manter os estados desejados, como a sobrevivência.

Em um jogo de ação, a mecânica principal pode ser baseada em movimento e combate; em um jogo de fazendeiros, lavrar e semear; um jogo de redes sociais poderia ter negociação e roubo como mecânicas principais. Você vai querer explorar a mecânica principal que imediatamente apoia a temática, estética e os propósitos do público do projeto. Descubra o conjunto apropriado de atividades com a colaboração da equipe criativa, prototipagem e testes com usuários. Teste suas ideias primeiro e encontre formas eficientes de construí-las.

Jogabilidade local emergente

Jogabilidade local emergente (mecânicas de segunda ordem) resulta do uso combinado de outras mecânicas e sistemas. Na maioria das vezes, são invenções do jogador decorrentes da utilização criativa das propriedades e relações entre os elementos do jogo. Quando as mecânicas de segunda ordem são aproveitamentos simples dos sistemas de jogo, podem muitas vezes ser vistas de maneira negativa como exploração, mesmo quando não violam a premissa do jogo.

Como um exemplo clássico de uma mecânica simples de segunda ordem: o *Quake* original da id Software tinha duas armas explosivas, um lançador de foguetes e um lançador de granadas. Além do sistema de danos ferir qualquer um por perto, o motor de física do jogo acrescentaria uma força externa, empurrando os personagens para longe da fonte da explosão. Jogadores saltando sobre uma explosão no momento certo seriam impulsionados no ar, em uma ordem de magnitude maior do que um salto padrão. (Quando realizado propositadamente com sua própria arma, isso se tornou conhecido como *salto com foguetes*.)

Enquanto a jogabilidade emergente oferece muitas possibilidades interessantes e emocionantes, nem todo jogo é adequado para isso. Emergência local em geral requer que os sistemas estejam operando um pouco além das necessidades imediatas da mecânica de jogo. Muitas vezes, os sistemas estão executando algumas simulações de propósito geral; estão executando as regras da física que não são necessariamente relevantes para as ações projetadas. Por exemplo, os jogos FPS geralmente têm algum grau de simulação de física que inclui objetos com massas e velocidades. Se houver também um sistema de combate que calcula dano em uma personagem quando esta colide com um objeto (onde força = massa × aceleração), quase tudo o que se move no mundo é uma arma em potencial. Mas um jogo de Texas Hold 'Em,[7] provavelmente, não teria ou mesmo se beneficiaria de um sistema desses.

Emergência local é às vezes chamada de *jogabilidade sistêmica*, uma boa descrição da forma como os designers podem criar: o uso de vários sistemas de pequeno porte com o potencial de se interrelacionarem de maneiras novas [Dunniway08]. Para apoiar a emergência local, os designers de jogos precisam se concentrar na elaboração de normas coerentes para o mundo e dar aos jogadores as ferramentas que operam sobre esses princípios (fogo que fere, um campo que queima e uma combinação).

Luta

Combate não é nada estranho aos jogos de videogame. É usado como mecânica primária na maioria dos jogos, mas isso tem mudado gradualmente ao longo do tempo, em especial com o surgimento dos jogos on-line casuais. Os sites que cuidam de jogadores e sensibilidades mais tradicionais, como o Kongregate, têm cada vez mais jogos com novas mecânicas.

A luta pode ser grosseiramente classificada por tipo: corpo a corpo, a distância, e montada. *Corpo a corpo* é combate de mãos nuas ou armas brancas como espadas e lanças. *Combate a*

---

[7] N.R.T.: O *Texas Hold 'Em* é uma variação do jogo de pôquer e é considerado o modo de jogo mais popular da *Community card poker*.

distância envolve armas que disparam; muitas vezes este tipo é classificado como curto, médio e longo alcance. As distâncias envolvidas em cada faixa são exclusivas para cada jogo, mas a razão geral para a sua classificação geral é o equilíbrio. *Montada* é estar sobre uma outra unidade, como em um cavalo ou tal, que muitas vezes dá uma vantagem de combate sobre as unidades desmontadas. Unidades de combate frequentemente têm diferentes atributos, como velocidade e alcance, para oferecer aos jogadores uma variedade de meios para fazer a mesma coisa: matar, matar e matar.

Inventários e coleções

Os inventários são uma consideração frequente, aparecendo sempre quando um jogo permite aos jogadores ter algo para uso posterior. Podem ser interfaces abstratas ("coisas que você tem"), sem qualquer explicação. Também podem ser profundamente integrados ao universo dos jogos. Em um extremo do espectro, você tem um poder único em *Mario Kart*; na outra ponta, tem uma elaborada rede de hangares distribuídos na galáxia em *EVE Online*.

Basta lembrar que, *a qualquer hora* que estiver pensando em jogadores que possuem alguma coisa, também precisará projetar uma maneira boa e útil para aquelas coisas serem gerenciadas. Pela sua natureza, inventários – armazenamento de objetos em locais onde não podem ser vistos – irão acrescentar complexidade ao seu jogo. Você deve fazer perguntas para determinar se essa complexidade vai acrescentar ou não qualquer valor ao jogo.

- Quão grande ele será? Pode ser menor?
- Como os objetos serão armazenados? Removidos?
- Como os objetos serão recuperados? Usados?
- Eles precisarão ser organizados? Classificados?

Diferenciar entre uma coleção e um inventário é realmente uma das tarefas. Quando todos os itens podem ser coletados, mas não utilizados, você está normalmente lidando com uma coleção. Elas são muito mais simples de projetar, pois as configurações de interface são pequenas. A coleção pode requerer visibilidade, mas geralmente seus elementos não precisam ser movimentados ou gerenciados.

A coleção tornou-se um dos mecanismos mais populares em todos os jogos e demografias. Sua mecânica pode até motivar os jogadores para continuar a jogar após a progressão do jogo principal ser concluída (como no *Lego Star Wars*).

Recompensas (e punição)

Tornei-me um designer de jogos para criar alegria.
– Anônimo

A mecânica que você projeta deve ser gratificante, por direito próprio; deve ser divertido jogar. Mas os resultados precisam produzir um componente emocional importante para os jogadores; devem se enquadrar entre o cobiçado e o indesejado. Esse valor relativo é o significado por trás da recompensa e (em menor grau) da punição, e ambos compartilham duas abordagens para um único propósito. O objetivo, claro, é unir os jogadores ao jogo; interessá-los e mantê-los lá. Isso é abordado informando os jogadores e incentivando-os.

Primeiro, sabemos que o sucesso é mais significativo quando os jogadores se sentem no controle. Mas o controle vem do sentimento informado, da compreensão do que é bom e valioso e o que não é. Recompensa e punição formam uma linguagem que os designers de jogos usam para se comunicar e ensinar aos jogadores os valores relativos de certo e errado no universo do jogo.

Quanto mais importante a escolha, melhor deve ser a recompensa. Se existem várias formas ou graus de sucesso, considere recompensas variáveis que demonstrem isso. Em determinado nível, no jogo de corrida *Midnight Club: Los Angeles*, os jogadores devolvem os carros, junto com seu pagamento, que vai variar de acordo com a condição física do veículo. A mensagem é clara: "É realmente melhor se você não bater em tudo".

As punições podem ser uma ferramenta instrutiva, mas deve-se ter muito cuidado na sua utilização. As chances são muito boas de os jogadores entenderem que falharam, sem a necessidade de serem lembrados. No entanto, o uso cuidadoso da punição pode intensificar a excitação e a pressão no jogador no final do jogo, o que resultará em mais momentos satisfatórios de alívio. (Se algumas mortes logo no início ensinarem aos jogadores a consequência dolorosa de correr em campo aberto, eles vão aprender a andar até as proteções sempre que possível.) Quando o jogo se concentra em experiências de domínio, a punição é uma ferramenta útil para aumentar o risco.

A segunda abordagem ao uso de recompensas é mais geral do que a primeira; aqui, queremos apenas oferecer diversão aos jogadores. Queremos que as pessoas gostem de si mesmas e dos nossos jogos. Os jogadores são nossos amigos; devemos manter seus sentimentos em mente. Incentivá-los quando estão começando, elogiando-os a manter a confiança e ânimo, especialmente quando podem estar se esforçando para aprender. A oferta do jogador para o designer de jogo é seu tempo, por isso a oferta de seu jogo deve ser recompensar esse tempo com uma deliciosa variedade de recompensas.

Com o progresso dos jogadores, mantenha-os seguindo em frente com loop de recompensas (ciclos de jogabilidade) de tarefas e de recompensas; ao fazerem alguma coisa, conseguem algo. Essas são as recompensas previstas, e o jogador tem uma boa ideia do que esperar pela frente. Cada loop forma um ciclo, que, segundo a pesquisa da indústria, será melhor mantido se durar menos de 15 minutos [Dunniway08]. Através dessas sequências chega-se ao ritmo e tempo do jogo.

- Ofereça recompensas valiosas para a realização de conquistas.
- Mantenha as recompensas em ciclos com média de menos de 15 minutos.
- Use recompensas para estabelecer e enfatizar o ritmo do jogo.
- Permita que os jogadores acumulem recompensas, aumentando o valor.
- Crie recompensas para cada experiência que você deseja oferecer suporte.
- Use as coleções de pequenas recompensas que levam a grandes recompensas.

Jay Minn chama os loops de recompensa de "loops de batatas fritas". O jogo serve batatas fritas para os jogadores, periodicamente, encorajando o progresso. A batata pode ser uma recompensa por completar uma fase, coletar um objeto ou alguma façanha interessante. A batata pode ser maior ou menor, mas o mais importante é o ritmo entre uma batata e outra. Se forem poucas, o jogador fica com fome, procurando outra coisa para comer. Se forem muitas, o jogador fica empanturrado e quer fazer uma pausa. O loop da batata frita não tenta estabelecer contas formais; é apenas um dispositivo de fácil compreensão, comunicação e lembrança.

Puzzles

Puzzles são problemas. Há, na indústria dos jogos e estudos, debate sobre se puzzles são ou não jogos (alguns acham que não há muito trabalho sério a fazer). Certamente, são partes essenciais de muitos jogos, suficiente para que um gênero todo exista que não tenha nada mais do que puzzles. Um ótimo jogo, *Professor Layton and the Curious Village* até colocou uma aventura ao redor da resolução de uma ampla coleção de puzzles que não (suspiro!) tem o tema do mundo de Layton! As pessoas do vilarejo apenas gostam de puzzles.

Puzzles possuem uma solução, uma resposta correta [Kim09]. É esse aspecto, mais do que qualquer outro, que os torna um desafio de design. A dificuldade de um estilo particular de puzzle depende das habilidades e dos conhecimentos da pessoa que irá solucioná-lo. Um entendimento claro de seu público-alvo pode ajudar, mas o estilo "a maioria das pessoas irá entender" não é muito reconfortante para aqueles que ficaram de fora.

Pense no design do puzzle como o design de um jogo. Você quer oferecer a seus jogadores desafios e controle. Ajude-os a entender o propósito, que é decifrável, e como eles podem chegar a descobrir a solução. Eles devem tentar adivinhar a resposta, e não o ponto!

Um puzzle que exibe progresso encoraja os jogadores a ir em frente. Ao observarmos um jogador parado, encarando a tela, nos deparamos com um risco de frustração. É melhor incluir estados de falha distintos e permitir que os jogadores tentem novamente. Talvez seu puzzle possa, por meio de tentativa e erro, revelar algo sobre sua solução.

Os jovens anos dos jogos de aventura devem servir como lição: qualquer puzzle que é obrigatório para o progresso principal do jogo precisa ser tratado com o máximo de cuidado.

Esteja preparado para a situação de os jogadores estacarem em determinado momento; ofereça dicas ou os permita contornar puzzles desafiadores. Você talvez queira utilizar um método de simplesmente oferecer a resposta. Como Jesse Schell observa, o "Aha!" não surge por encontrar a resposta, mas, sim, por vê-la. Encontrar a resposta só adiciona ferocidade ao fogo. Vitória!

Informação

Jogadores definem metas e intenções (tomar decisões) com base em entendimentos subjetivos. Fazem escolhas de acordo com o que acreditam sobre o jogo em qualquer ponto. Por sua vez, essas crenças são baseadas nas informações que tiverem recebido. Designers experientes sabem que a informação é um recurso com muitos usos e aplicações. Para tanto, para fazer a coisa funcionar no jogo, precisam responder:

- Que tipo de informação é essa?
- Qual o valor dessa informação para os jogadores?
- Quais os benefícios de compartilhar com eles?
- Quais os benefícios de não compartilhar com eles?

Informações explícitas são compartilhadas livremente; *informações sigilosas* são mantidas escondidas de um ou mais jogadores. A maioria dos jogos tem uma mistura dos dois, com designs específicos que determinam o que é explícito e o que é sigiloso. Então, qual e quando deve ser usado? Geralmente, os jogos têm uma combinação de ambos, mas, como a maioria das respostas superficiais que você está conseguindo por aqui, diria que depende do que seu jogo precisa.

Informações explícitas reduzem incertezas, mas não necessariamente as eliminam. Para jogos com espaços de possibilidades amplos (xadrez, *Go* etc.), os efeitos podem ser mínimos como a maioria de seus resultados incertos das escolhas espontâneas de um oponente imprevisível com muitas opções. Jogos com informações explícitas tipicamente incluem sorte e escolha do jogador.

Por exemplo, no jogo de tabuleiro *Carcassone* (Figura 2.1.13), os usuários usam turnos para pegar "ladrilhos" e alinhá-los com outros ladrilhos que já estão no jogo. Após um ladrilho ser colocado, o jogador pode encaixar um de seus sete seguidores (*followers*) para ganhar pontos. Existem 14 tipos de ladrilhos, cada um com um layout particular e contagem variada – alguns têm nove, outros apenas um. Toda vez que um ladrilho é escolhido, é mostrado ao grupo que supostamente está lá para ajudar a encontrar o local onde ele pode ser encaixado. Em virtude das mudanças do tabuleiro durante o jogo e devido ao ato de pontuar depender da colocação cuidadosa dos seguidores (*followers*), a informação explícita contribui para uma experiência amigável sem estragar a incerteza do resultado. Existem muitas possibilidades em que informação sigilosa não é necessária.]

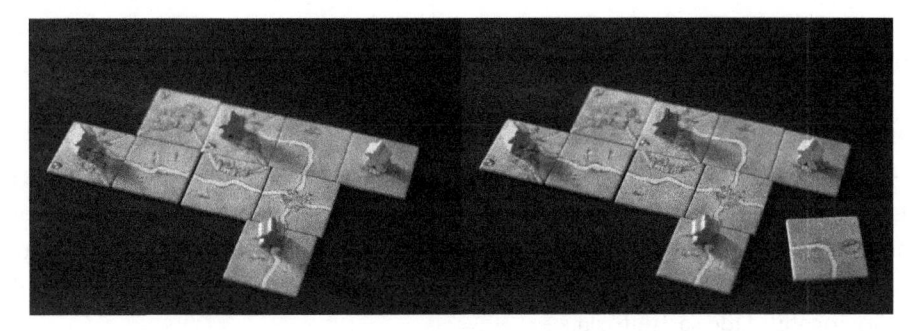

Figura 2.1.13 *Carcassonne* (cortesia de Hans im Glück).

Informações sigilosas criam incerteza, permitindo que os jogadores guardem segredos enquanto fazem estratégias, e oferecem oportunidades de blefar e enganar – característica principal em muitos dos jogos de cartas mais populares. Isso cria a oportunidade para a inferência, na qual os jogadores olham para as informações conhecidas e imaginam os resultados prováveis, aumentando a antecipação e o mistério. Sem informações sigilosas, o pôquer seria transformado em uma versão de cinco cartas de *War* (veja a Figura 2.1.14). Mas, novamente, vemos uma mistura de informações sigilosas e explícitas no *Texas Hold 'Em*, razão pela qual é atualmente o jogo mais popular de pôquer nos cassinos.

Figura 2.1.14 Informações sigilosas é um elemento crítico para alguns jogos de cartas como o pôquer e o *Texas Hold 'Em*.

Os videogames com sistema multijogadores (jogando na mesma tela) são limitados no volume de informação sigilosa que podem oferecer. Os jogos de esportes como a série *Madden* compensam permitindo aos usuários executarem jogadas sem mostrar explicitamente a escolha selecionada na interface do usuário.

Aprimorando a incerteza

Quando estiver trabalhando em seu jogo, se você descobrir que as coisas estão previsíveis demais, resista à tentação *imediata* de consertos rápidos como "adicionar aleatoriedade". Antes de adicionar o caos, procure o desempenho do jogador e a estratégia. Esconder um pouco de informação (por exemplo, nevoeiro de guerra) em geral é tudo de que se precisa para alcançar o divertimento novamente. Um sistema determinístico ainda pode ter muito mistério e incerteza. Apenas lembre que geralmente não é divertido para o jogador que a aleatoriedade seja uma peça fundamental no sucesso do jogador. Destinos aleatórios tendem a frustrar os usuários.

Se decidir colocar aleatoriedade, procure por partes de seu sistema de jogo nas quais o comportamento assistemático não seria muito óbvio ou fora de propósito. Por exemplo, você pode esconder algo usando um resultado aleatório, desempenhando um papel coadjuvante no jogo, organizando algum lugar em seu sistema que, de forma sutil e tranquila, afetarão o resultado geral.

Escolhas e resultados

A *escolha* – "o ato de escolher" [HMCo00] – está próximo da raiz de como entendemos as experiências de jogos. Uma fala do designer Sid Meier – "Um jogo é uma série de escolhas interessantes" – rapidamente se tornou uma das máximas mais antigas e mais populares a serem adotadas por outros designers. Deu articulação direta e sucinta a uma experiência que todos entenderam em primeira mão: jogabilidade satisfatória.

A escolha pode ser conhecida como uma pergunta do jogador. Qual unidade você gostaria de construir? Que aliado vai trair? Qual porta vai escolher? E assim por diante.

No curso de um jogo, as escolhas do usuário criam imperativos para as ações que conduzem a resultados. A escolha está realmente no coração, e podemos descrever a paisagem de escolha potencial como um *espaço possível*. Esse espaço representa todas as possíveis ações como uma área: *ampla* indica muitas escolhas possíveis; *pequena* indica poucas escolhas.

A *consequência*, ou *peso*, de uma escolha assinala a significância do resultado. Com maior efeito vem mais peso; quanto mais a escolha mudar o jogo, mais pesada será. O peso é um dos fatores mais importantes na concepção e no equilíbrio das escolhas. As escolhas de seus jogadores devem envolver o desejo de alcançar seus objetivos. Uma escolha bem planejada, muitas vezes, apresenta ambos os efeitos desejáveis e indesejáveis [Fullerton08]. Decisões insignificantes ou irrelevantes em geral são irritantes.

Ao mantermos os jogadores envolvidos, tentamos ativar uma experiência que oscila dentro de um equilíbrio cada vez mais crescente de desafio e habilidade ou de Fluxo. Muitas vezes você vai querer que o peso da escolha se comporte de forma similar – mais significativa, em média, conforme o jogo progrida.

Uma maneira de tornar as decisões mais importantes é manter as opções disponíveis, *ortogonais* – distintas, por natureza da qualidade e propriedade [Smith03]. Com um conjunto de opções ortogonais, os efeitos desejáveis e indesejáveis de cada escolha são diferentes uns dos outros. A diferença não consiste apenas em escala, mas também em espécie.

Simplifique

A mecânica de jogo é o espelho dos sistemas de jogo (espelhos de parque de diversão, ou qualquer outro). Por ser também um sistema, pode crescer rapidamente de maneira complicada. Mantenha um olhar atento sobre ela. Complexidade sem cuidado é desperdício: gastaremos mais tempo tentando manter a mecânica sob controle do que tentando inventá-la. Na dúvida, teste, limite, reduza e siga o escopo.

Cada opção oferecida aos jogadores tem um custo. Ao fazerem uma escolha, recebem algo que desejam, mas vem frequentemente à custa de outras coisas que *poderiam* ter obtido. Estudos mostram que as pessoas tendem a pesar sua satisfação com uma decisão anterior contra os resultados imaginados de suas opções.

Forneça escolhas frequentes, porém restritas. Permita aos jogadores escolher e decidir, aqui e acolá. Recompense-os constantemente; talvez até os reassegure de que tomaram a decisão certa ao optar por seu jogo.

> Ações

Sempre achei que as ações dos homens são as melhores intérpretes de seus pensamentos.
— John Locke

Quando os jogadores saem de seu cargueiro pirata, para a plataforma de acoplagem de uma estação de negociação interestelar, eles se tornam agentes de uma ação no universo de um jogo. Quando movem a alavanca direita em seu controle para movimentar a câmera, também praticaram uma ação.

A ação tem dois significados, e ambos envolvem "o que o jogador faz". Um se concentra nos eventos do *mundo real*, e o outro nos eventos do *universo do jogo*. Podemos entender as ações como os elementos primários das mecânicas [Cousins04]. Esses podem ser coisas como "andar para a frente" ou "pular" ou "selecionar um item", dependendo de seu contexto no jogo.

Normalmente, os designers estão concentrados no segundo caso: ações acontecendo no universo do jogo. Mas você será encorajado a não esquecer o mundo real. Quando está testando o jogo, não basta observar o que seus usuários estão fazendo no jogo, ou o que estão relatando. Mova seus olhos para baixo e veja seus corpos. Olhe para seus dedos enquanto usam o controle ou o mouse. Observe as ações que podem ser cansativas ou entediantes. Às vezes, elas são difíceis de perceber, se você estiver apenas olhando para a tela.

Pense cuidadosamente sobre o modo como seu jogo irá se conectar com o jogador de forma física. Como farão o que precisa ser feito? Aplique essas observações nas questões de design de interface que se seguem.

Metas (Goals)

Metas (ou *incentivos*) são conceitos subjetivos que direcionam nossas ações ao resultado [LeDoux02]. Meta é "o que o jogador *quer* fazer". Todos os jogos envolvem metas, mesmo aqueles sem objetivos de alto nível (por exemplo, *brinquedos de software*). Meta é a propriedade pessoal dos jogadores, não dos designers.

Durante o jogo, as metas dos jogadores são geralmente alinhadas com os objetivos do videogame. Mas a desconexão entre essas metas e objetivos lembra-nos de que os incentivos devem ser comunicados de maneira clara.

Kobe Bryant não dribla

Imagine que seu amigo venha visitá-lo e lhe apresente um novo jogo. É um jogo de basquete, mesmo sabendo que não é sua praia. "Você é um designer de jogos... vai amar isso!" Ele promete e diz que é *como estar* na NBA. Seu amigo chega em sua casa, instala e configura o jogo, e lhe entrega nas mãos o controle. "Você é o Lakers. Prepare-se para *ser* o Kobe!" O jogo começa, e a bola é de Bryant. Você tem a bola, assim você se move... instantaneamente soa o apito. Andando? "Sim, claro... não se esqueça de *driblar*!" Dez minutos depois, você está se perguntando se os jogadores de basquete de verdade ferem seus polegares como aconteceu com seu dedo. Talvez você tenha de ficar na reserva até se recuperar.

Poucos de nós sabemos o que é realmente ser um jogador profissional de basquete na quadra no momento do jogo. Mas podemos supor que passar e arremessar são coisas que fazem os atletas pensar; elas estão um pouco além do pensamento de quicar a bola enquanto andamos. Driblar não faz parte do que se imagina ser uma experiência da NBA, portanto, não aparece como uma característica em jogos que representam a prática profissional.

Agora imagine que você esteja criando um jogo de basquete de sua preferência. Desta vez o cenário é um jardim de infância com crianças que brincam com bolas macias de borracha e grandes arcos baixos. Seu parceiro lhe mostra um diagrama de controle (veja a Figura 2.1.15). Você balança a cabeça e diz: "Kobe Bryant não dribla?". Ou você pensa sobre quão divertido será para os jogadores se sentirem como uma criança pulando ao redor do parque, com um drible gigante?

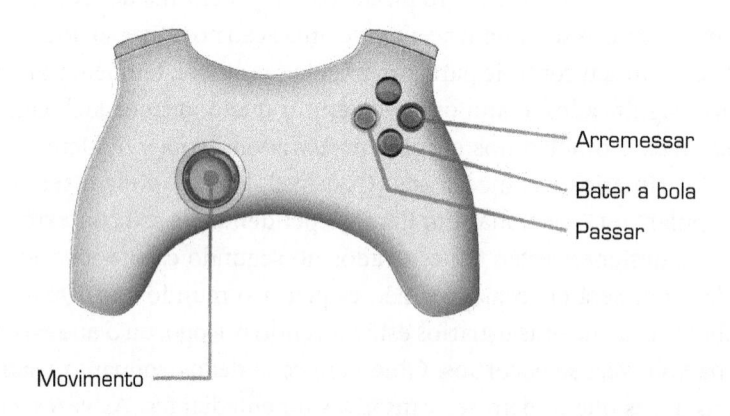

Figura 2.1.15 Hora de jogar ou hora de brincar?

Mundo real para mundo do jogo

Quando os jogadores seguram um controle ou clicam em um botão, estão tentando dizer ao jogo que existe algo que querem fazer. "Eu quero ir até lá!" "Eu quero comer isso!" Para eles executarem ações de sucesso no jogo, terão de realizar ações bem-sucedidas no mundo real.

Em seu livro *The Psychology of Everyday Things*, de 1988, Donald Norman apresentou um amplo público para o tema da *usabilidade* – um campo que tenta aprimorar os designs de objetos e interface, tornando-os mais fáceis de utilizar e mais eficazes [Norman88]. No livro, o autor compartilha um modelo de sete estágios de ação do usuário. É uma ferramenta para os designers de todos os tipos a ser usada como checklist, para evitar e solucionar situações em que os jogadores estão tendo problemas no processo de realizar ações no mundo real para executá-las no mundo do jogo.

2.1 JOGOS E A SOCIEDADE

A Figura 2.1.16 mostra a psicologia de realizar uma tarefa.

- O jogador imagina um *propósito* – uma possibilidade atrativa – "Eu gostaria disso".
- Uma intenção de alcançar um propósito é formada —"Eu farei isso…"
- Uma sequência de ações é planejada - "Preciso fazer isso, e isso, e isso…"
- O jogador executa a sequência – "Ande para a frente, pegue o objeto…"
- O jogador percebe o resultado – "O que é isso que vejo?"
- Percepções são interpretadas –"Ei, é uma coisa!"
- O resultado é avaliado – "Não, não é isso que eu quero."

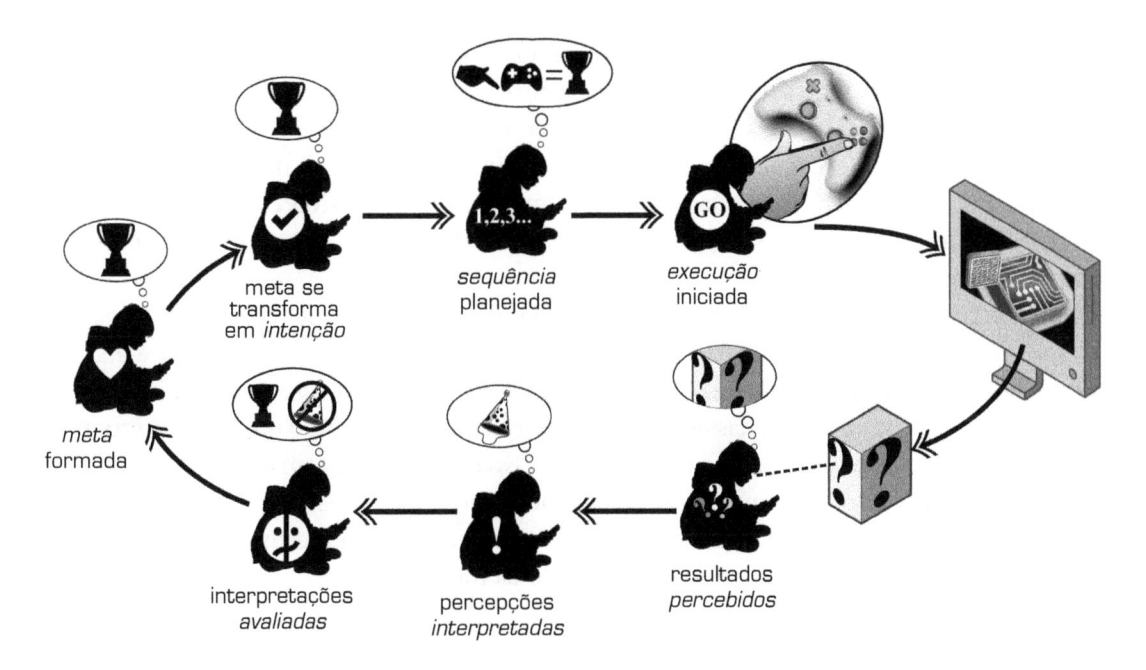

Figura 2.1.16 Os sete estágios da ação [Norman88].

O jogador estabelece uma *meta* em sua mente. As metas não precisam ser coisas grandes e notáveis, apenas algo que ele quer. Durante a fase de *execução*, o objetivo é transformado em *intenção* de agir; o jogador decidiu ir até a meta. As intenções são colocadas em uma *sequência de ação* em que as medidas necessárias são planejadas na ordem em que as ações serão executadas. A *execução* é o ato de pôr o corpo em movimento manipulando o controlador. ("Eu quero virar à esquerda." "OK, aqui vai.")

Nesse ponto, a ação foi "executada". O jogador agora espera o sistema responder à ação. Tenha em mente que toda essa sequência pode acontecer em um momento. O jogador não pode ter tido um pensamento consciente o tempo todo.

Supondo que o sistema fizesse algo, o jogador iria *perceber* o resultado, observando sua existência. Então, a percepção é *interpretada* ou reconhecida. Por fim, o jogador pode *avaliar* o resultado comparando-o com o propósito inicial.

Gasta-se um tempo extraordinário fantasiando um método de entender o ponto de vista, as escolhas e estratégias do jogador. Os designers imaginam o jogo e visualizam o comportamento dos sistemas de jogo. Esses agentes imaginários se movem através dos espaços do jogo, aceitando desafios ou perseguindo mistérios, realizando atividades e reagindo a elas. Esses experimentos mentais são uma forma barata e rápida de testar as ideias. "O que eu faria?"

O limite desses exercícios, claro, é que o jogador não é você. Ele não irá entender o jogo como você, pois não pode ver o *interior* dos sistemas do jogo. As estratégias do jogador devem confiar somente em seu entendimento único, porém imperfeito, do jogo. Enquanto estiver trabalhando, não tenha medo de retornar à questão básica: "Por que o jogador saberia isso?".

> Interface

A interface é uma rede de componentes que permite ao jogador interagir com o jogo – um sistema de comunicação que abrange as diferenças físicas entre as duas extremidades do nosso modelo. Cada unidade de informação que o jogo precisa transmitir vem através deste sistema, e toda ação que o jogador pretende deverá ser dirigida mediante este sistema. Apesar de um jogo não poder ser considerado ótimo apenas por sua interface, como a expressão visível e audível de um jogo, uma interface ruim pode ser mais do que suficiente para desanimar os jogadores antes mesmo de colocarem suas mãos nele.

Vamos percorrer a rede de interface mostrada na Figura 2.1.17. Podemos começar em qualquer lugar, mas começaremos com a interface física, o display. Um elemento gráfico mostra algumas informações. O jogador vê e interpreta o significado. (Seu contador está quase cheio.) O jogador cria uma meta e uma intenção, sequências de suas ações, e executa pressionando um botão no controle. Isso se torna uma mensagem enviada ao jogo, que é processada de acordo com as regras operacionais do sistema. Os estados do jogo mudam e os resultados são atualizados na interface virtual. Um novo sinal é produzido e enviado para a interface física, que atualiza o elemento gráfico. Esta é uma troca contínua entre o jogador e o jogo por meio da interface.

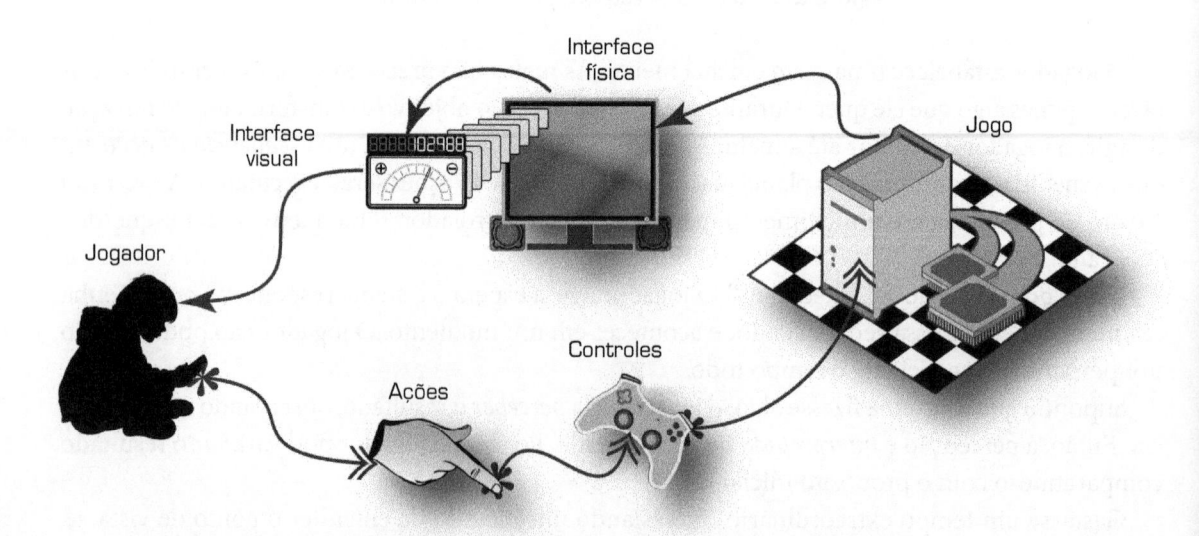

Figura 2.1.17 Conectando o jogador ao jogo em um loop.

Controles

Simplicidade, simplicidade, simplicidade!
— Henry D. Thoreau

Os controles são os sistemas de entrada que convertem os sinais físicos do jogador (tocar, som etc.) em sinais digitais que o sistema do jogo pode interpretar corretamente. São coisas tais como os teclados e mouses, controles de console, telas sensíveis ao toque e tudo o mais, até um par de maracas de *Samba de Amigo* (Olé!).

A tarefa para um designer de jogo é utilizar esses objetos físicos e mapear-lhes em ações do jogo (Figura 2.1.18). Mais especificamente, você precisará considerar o loop completo de interação e mapear as intenções do jogador para executar as ações do jogo correlacionadas com as ações do mundo real usando os controles.

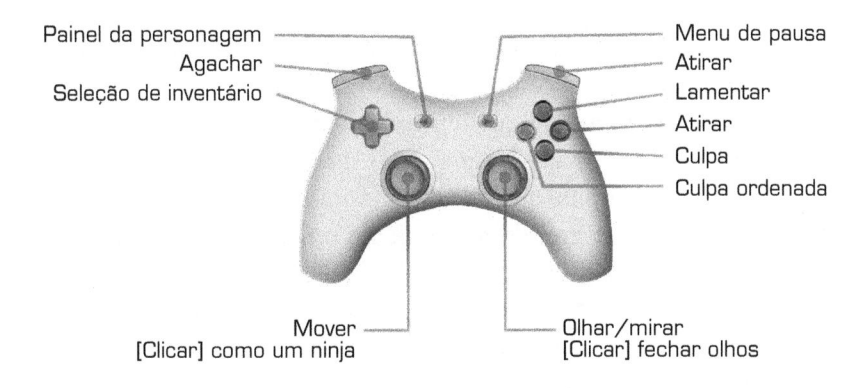

Figura 2.1.18 Dois polegares, quatro posicionamentos.

A habilidade dos jogadores de se expressarem, fazerem o que querem, deve ser equilibrada com a intuição do design de controle. Quanto mais ações existirem no jogo, mais trabalho será necessário dedicar ao design de controles. Não basta observar os botões e alavancas que você tem disponível e preenchê-los. Tente construir cuidadosamente mapeamentos claros e compreensíveis entre ações e controles. Você só deve alterar os mapeamentos se algum evento significativo ocorrer no jogo, como entrar ou sair de um carro em *Grand Theft Auto IV*.

A maioria dos tipos de jogos tem esquemas de controle padronizados, que são aceitos como norma. Se você está projetando um jogo que vai parecer similar a algo bem conhecido e estabelecido, comece por aí. Não tenha medo de dar resposta às necessidades individuais do seu jogo com um método de controle único, mas seja atencioso com os jogadores que esperam que tudo funcione de uma forma padrão.

É raro, mas você poderia ter uma inovação nos controles que irá definir o seu jogo. Por exemplo, jogos de boxe tinham um padrão de controle para lançar um soco em 1984, com o jogo de fliperama *Punch Out!*: pressionar um botão. Por 20 anos, todos os jogos de boxe seguiram o exemplo. Então, o *Fight Night 2004* introduziu algo realmente novo (veja a Figura 2.1.19) para dar aos jogadores uma melhor sensação de socos. Em vez de apenas mapear um soco pressionando um botão, eles mapearam a alavanca analógica direita e nessa mudança criaram uma experiência visceral: boxe com os punhos na forma de jabe, ganchos e golpes no queixo.

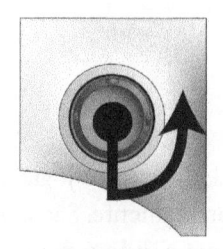

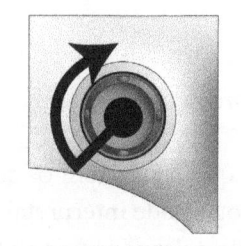

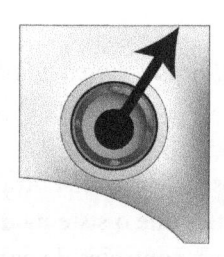

Figura 2.1.19 Esquema dos socos análogos ao *Fight Night 2004*.

Feedback

Em um instante é facilmente dito.
– William Shakespeare, Hamlet

Para ajudarmos o jogador a entender, vamos discutir o feedback sob a perspectiva dos controles e do sistema de jogo separadamente.

Feedback de controle é a informação que o jogador obtém sobre os controles e as ações que ele está tentando realizar com eles. Quando uma ação está comprometida, o feedback informa ao jogador o resultado ou (tão importante quanto) o *não-resultado*.

Um simples exemplo da importância do feedback em uma interface é o mouse e o sistema de mira usado em quase todo sistema operacional gráfico (Mac, Windows, etc.). Conforme o usuário move o mouse, o ponteiro se move. Acima, à direita, na diagonal, rápido, lento ou de qualquer forma, o cursor é mapeado *direta* e *imediatamente* para o mouse. Cada movimento fornece feedback; clicar se torna um pouco mais difícil de conseguir, contudo novos usuários rapidamente entendem como o movimento do mouse funciona. É um sistema tão poderoso de feedback, que uma das maneiras de testar se o nosso computador está respondendo ou se está travado é balançar o mouse e ver se algo acontece.

Seu jogo é o último chefe e guardião. Quando um jogador realiza uma ação, há dois aspectos do pedido. O jogador executa um comando e, implicitamente, pede uma confirmação, tais como: "Eu quero fazer isso. Isso está correto?". O jogador quer saber se ele foi ouvido e se ele tem permissão. A interface deve responder uma das duas maneiras: "Seu comando foi executado" ou "Você não pode executar esse comando".

Quando a informação inserida pelo jogador é recebida, o sistema irá aceitá-la ou rejeitá-la. Se isso ocorrer em um menu ou dispositivo de interface (GUI), uma resposta deve retornar imediatamente. Na maioria das vezes essas respostas são tão sutis que não conseguimos reconhecê-las, como o movimento breve de um botão com um clique. Mas quando o feedback está ausente, percebemos a incerteza, o desacordo e os padrões baixos. O feedback ruim pode fazer um jogo parecer "inferior".

Jogos de ação precisam ser responsivos. Gaste algum tempo lendo críticas, e irá notar que ninguém gosta de realizar um comando que não é executado com urgência. Qualquer atraso na resposta maior que um décimo de segundo coloca em risco o jogador, fazendo-o imaginar o que há de errado [Schell08].

O *feedback do jogo* é a informação dada ao jogador sobre o estado dos sistemas de jogo e sua tarefa nele. Esse é o lugar onde suas necessidades e designs para informações explícitas e sigilosas importam. Se você já trabalhou com as questões relativas à informação explícita e sigilosa, está pronto para usar esse conhecimento.

Pergunte as seguintes questões sobre as informações do estado de jogo:

- O que o jogador nunca deve saber?
- O que o jogador deve saber sempre?
- O que o jogador deve saber às vezes?
- Quando ele deve saber?
- Como ele deve saber?
- Ele precisará ser alertado ou lembrado?

Por exemplo, um jogo de estratégia pode manter as posições do inimigo em um mistério até (...às vezes...) o contato entre as unidades amigáveis e hostis ser feito (Quando...). As posições do inimigo aparecem na tela principal e no mapa (Como...). O jogador recebe uma mensagem quando há combates entre unidades (...alertado...).

Restrições e sensibilidade de contexto

Restrições são limites nas ações. Embora possa soar contraintuitivo, ao limitar que o jogador realize ações, a qualquer momento, você está ajudando a tornar os objetivos do jogador claros. Muitas escolhas disponíveis levam à confusão.

Controles *sensíveis ao contexto* permitem aos jogadores realizar ações específicas em circunstâncias específicas. A maioria dos jogos atuais de ação e aventura 3D coloca os jogadores em mundos de rica interatividade, nos quais os controles sensíveis ao contexto são necessários para gerir o número de interações diferentes. Isso é feito através da relação entre a posição atual do jogador e o estado (no modo de voo, no ataque etc.) para as ações apropriadas.

Ponto de vista

Os mundos de jogo são visualizados em telas planas, como filmes, e a câmera é uma metáfora para a nossa visão. A posição virtual e orientação da câmera é o *ponto de vista* ou *apresentação*.

Visões ortogonais

Apresentações *ortogonais* colocam a câmera perpendicular ao campo de jogo, em um arranjo de visão lateral ou de cima para baixo (veja a Figura 2.1.20). Essas foram as visões padrão para jogos de fliperama por quase duas décadas. Com a massiva popularidade dos motores 3D, tais pontos

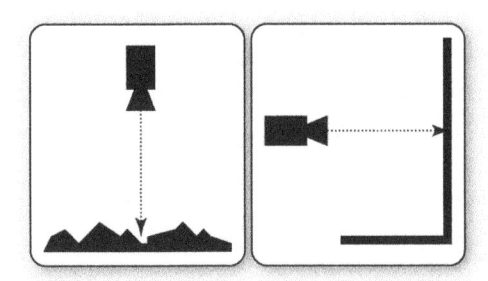

Figura 2.1.20 A câmera virtual em visualizações sobre a cabeça e ortogonal.

de vista muitas vezes caíram em papéis secundários, papéis coadjuvantes, como mapas. Mas, nos últimos anos, com a proliferação de jogos de curta sessão on-line, as visões ortogonais retornaram. Títulos da Bellwether como *Desktop Tower Defense* (Flash) e *Geometry Wars* (XBLA) inspiraram uma nova onda de jogos que voltaram para as clássicas apresentações ortogonais.

Primeira e terceira pessoas

A apresentação em *primeira pessoa* dificilmente precisa de uma introdução hoje. É uma ferramenta sem igual para muitas experiências, e ainda com algumas limitações. Ver e ouvir não são os únicos sentidos que temos. Um sentido fácil de esquecer é a *propriocepção* – sentir nossa posição do corpo –, é como sabemos o que estamos fazendo a qualquer momento no mundo real. É a combinação dessa sensação, com outras, que coloca nossa consciência do mundo real em algo mais próximo da terceira pessoa que você pode imaginar. Estamos acostumados a sentir o que "parecemos" por meio da propriocepção.

Com corpos invisíveis, muitas interações e ações com o ambiente não são satisfatórias – luta, uso de mobílias e assim por diante. Até mesmo a navegação tem seus problemas. Os jogadores facilmente ficam presos em coisas que estão fora do campo de visão no mundo de jogo (uma consideração constante para os designers de nível).

O segundo problema diz respeito ao personagem principal não poder ser visto em primeira pessoa, desse modo os jogadores não conseguem construir a verdadeira empatia por eles; os jogadores esquecem-se da personagem rapidamente e se colocam no jogo no lugar dele. Se o seu jogo exigir que os jogadores se sintam como outra pessoa, vai ser difícil de convencer.

Mas se seu propósito é inserir o jogador no mundo do jogo, a apresentação em primeira pessoa é a melhor. A posição não é apenas no nível dos olhos do avatar, mas o centro da tela funciona bem como ponto de mira natural.

As perspectivas em *terceira pessoa* posicionam a câmera fora do corpo, apresentando o avatar ao jogador de forma mais clara. Torna-se fácil para os jogadores identificarem, terem empatia e entenderem a personagem, pois eles podem vê-la; não é apenas uma máscara que colocam. Mas o desafio com apresentações em terceira pessoa sempre envolve conseguir que a câmera e os sistemas de movimentação funcionem bem.

Interface gráfica

As *interfaces gráficas* de usuários (GUIs) transmitem informações para o jogador em qualquer número de várias abstrações. Tenha o hábito de listar as informações que o jogador necessita saber. Você pode começar com as informações que considerava mostrar ou manter em sigilo. Vá em frente e erre ao listar itens demais. Em seguida, reveja sua lista e priorize os elementos em ordem de importância. Faça o mesmo para as operações de menu. Crie listas ou mapas mentais, como mostra a Figura 2.1.21.

Depois de ter determinado o que a interface gráfica precisa fazer, use desenhos para organizar essas ideias em um arranjo. Pense em como o jogador interagiria com todos esses elementos.

Utilize essas observações e trabalhe com um artista/designer de interface e tente traduzir as implementações simples em protótipos. Esse estágio pode ser difícil se você criou ideias elaboradas sobre o modo que a GUI deve funcionar. Existem formas limitadas de as pessoas interagirem com a maioria das configurações da GUI, e designers de UI têm trabalhado na maioria deles.

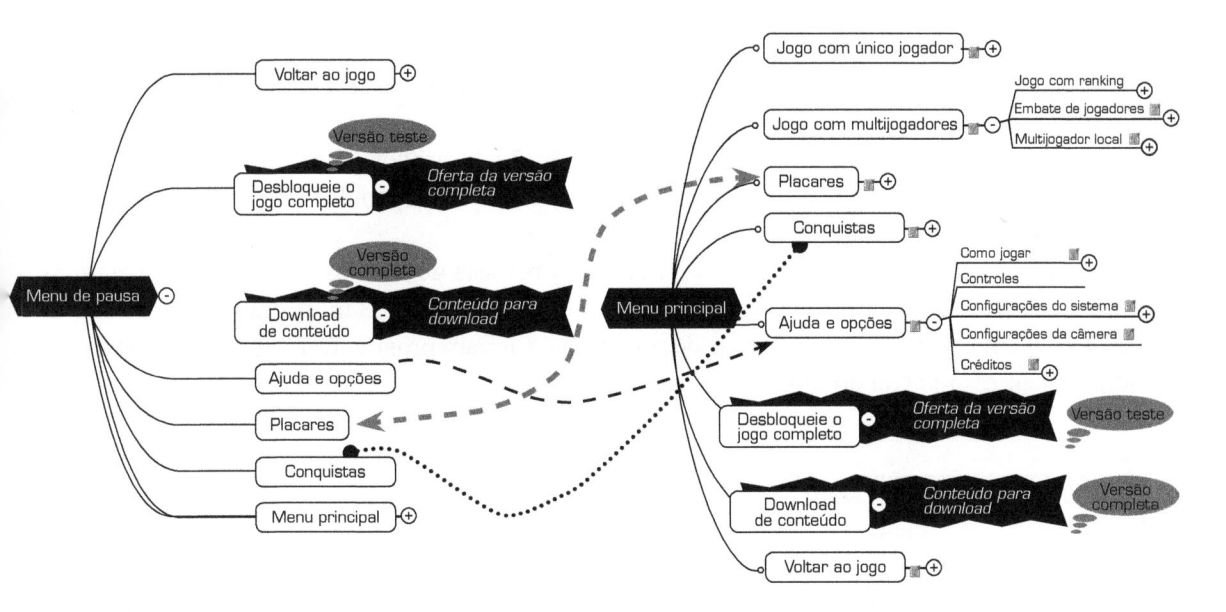

Figura 2.1.21 Um mapa mental para um sistema de menu.

Enquanto seus protótipos e trabalho começam a ficar mais refinados, a GUI vai tomando forma. Certifique-se de ajustar os controles para o tema e a configuração do jogo (como mostra a Figura 2.1.22). Qualquer coisa que um jogador terá de ver ou utilizar deve sempre estar de acordo com a experiência geral, mesmo que seja apenas um botão.

Figura 2.1.22 Incorpore tema e função.

Efeitos de áudio

Do ambiente para a interface, os jogos apresentam experiências visíveis *e* audíveis. Efeitos e vozes gravados trazem vida aos jogos. Mas é fácil esquecer a importância de fortes indícios de áudio em sua interface. O áudio é essa ferramenta subvalorizada que leva os jogadores através de menus e opções com um mínimo de confusão ou necessidade de um manual.

Beeps, *pops*, cliques e outras abstrações sonoras comunicam aos usuários quando seus controles fizeram uma escolha apropriada como uma seleção, ou inapropriada, como utilizar um botão desativado.

Sua interface deve oferecer um pequeno vocabulário de efeitos de áudio, sons padronizados para coisas como seleções, avançar (início), retornar (voltar) e erros na escolha, bem como avisos e confirmações.

Como regra geral, se um elemento da interface (botão, indicador, janela) produzir uma reação visível à ação do jogador (pressionar, fechar), deverá haver um efeito de som acompanhante para reforçar a ação.

Designers em geral serão responsáveis por criar uma lista de eventos de som que mapeia sons individuais para vários jogos ou eventos de interface. A Figura 2.1.23 mostra um mapa de evento hipotético, em que situações diferentes de pontuação acionam progressivamente recompensas sonoras "maiores", reforçando os sucessos dos jogadores.

Recursos de pontuação	SFX						
Jogabilidade Cidades		1 Tile	2 Tile	3 Tile	4 Tile	5 Tile	9 Tile
	Comemoração do golfe		X	X			
	Comemoração da multidão				X	X	X
	Fogos de artifício (#)			X (1)	X (2)	X (3)	X (7)
Estradas		1 Tile	2 Tile	3 Tile	4 Tile	5 Tile	9 Tile
	Pó		X	X	X	X	X
	Tijolos e pedras			X	X	X	X
	Cavalo e carro				X	X	X
	Galopar do cavalo				X	X	X
Claustro		1 Tile	2 Tile	3 Tile	4 Tile	5 Tile	9 Tile
	Luz divina						X
	Pombas						X
	Harpas						X

Figura 2.1.23 Lista de eventos sonoros.

Deve ser observado que existem retornos decrescentes para adicionar novos sons, uma vez que a massa crítica foi atingida. Os sons são como qualquer outro idioma: chega um ponto em que ter mais palavras não ajudará em sua comunicação.

> Sistemas de jogo

A alegria não está nas coisas, está em nós.
– Richard Wagner

Os sistemas são organizações de elementos relacionados que trabalham juntos para produzir um resultado.

Todos os sistemas podem ser descritos em três aspectos:

- **Elementos (objetos)** – múltiplas partes formam um sistema.
- **Interconexões (relacionamentos)** – os elementos influenciam uns aos outros.
- **Função (propósito)** – o que o sistema faz.

Sistemas são compostos de elementos. Não há limites reais para o que um elemento pode fazer – grande, pequeno, simples, complexo, físico, mental etc. Elementos do sistema são em geral outros sistemas também.

A Figura 2.1.24 mostra um anel, uma linha e um peso. Nesse arranjo, esses são os objetos e os objetos são coletados juntos, mas eles não representam um sistema. Estar junto não conta, os objetos precisam estar conectados. Os elementos devem ter relacionamentos entre si para que possam criar comportamentos. Até que funcionem em conjunto para fazer algo como um todo, não estamos diante de um sistema.

Figura 2.1.24 Três elementos não relacionados.

Na Figura 2.1.25, criamos o primeiro relacionamento anexando o anel com a linha. Isso estabelece uma interconexão, anexando fisicamente os dois elementos; puxe uma parte e a outra irá seguir. Com esse passo, um simples sistema que poderia erguer ou puxar é criado. Anexe um peso na ponta livre da linha, e o peso pode ser erguido puxando o anel. (Ou o peso, com a linha e o anel, pode tornar-se parte de outro sistema de trituração ou esmagamento.) Mas esse sistema ainda não é satisfatório; o peso não pode ser levantado muito alto, e necessita 100 unidades de força para levantar 100 unidades de peso.

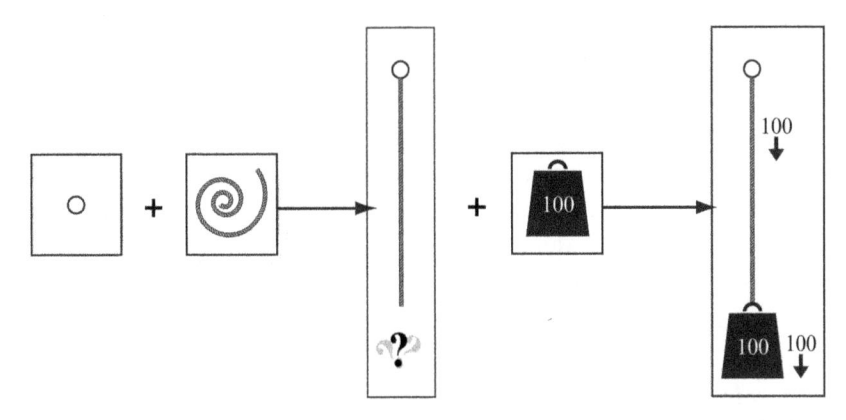

Figura 2.1.25 Elementos interconectados arranjados em um sistema simples.

A altura do elevador pode ser melhorada se adicionarmos outro sistema como um elemento ao nosso sistema. Uma polia muda a direção da força aplicada e, agora, o peso pode ser levantado acima do operador (Figura 2.1.26). Para reduzirmos a força necessária para operar, adicionamos uma âncora e outra polia, e o comportamento do sistema muda novamente.

Se continuarmos a adicionar objetos, o comportamento continuará a mudar. Mas há duas razões para se ter cuidado ao aumentar a complexidade de um sistema. Em primeiro lugar, se você continuar a acrescentar elementos, raramente, melhorará a capacidade do sistema para atingir o mesmo objetivo. Em segundo lugar, quanto mais itens estiverem em um sistema, mais difícil será prever o comportamento real.

Observe que a *função* e o *propósito* se referem ao que o sistema realmente faz e não o que "supostamente" existe para ser feito; a intenção do designer é algo totalmente diferente.

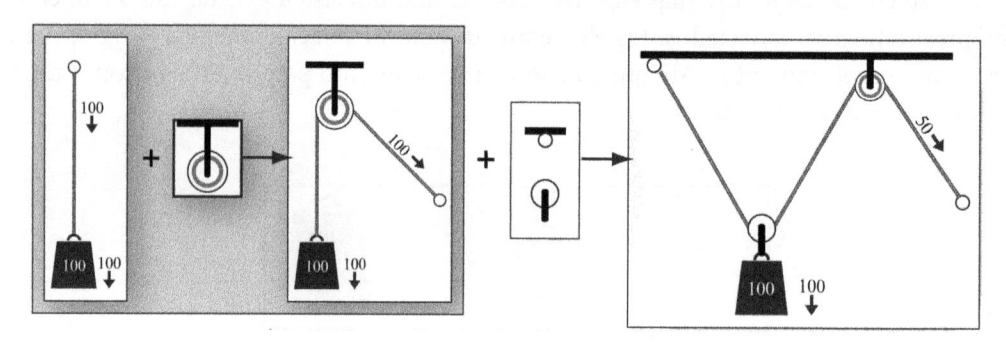

Figura 2.1.26 Adicionar elementos em geral não tem o mesmo efeito.

Os designs de sistemas geralmente começam em um nível alto, ou seja, com a mecânica de jogo pretendida. Em cada passo do caminho, os itens são divididos em detalhes mais específicos, refinando suas perguntas e respostas. Sempre que possível, *construa* seus sistemas como protótipos e teste-os frequentemente com qualquer um que encontrar pela frente.

Dinâmicas dos sistemas

As dinâmicas dos sistemas resultam de interações continuadas entre os jogadores e o sistema de jogo. Por causa do comportamento de um sistema ser independente em sua estrutura única, pode ser difícil determinar como irá funcionar. Enquanto os sistemas se tornam maiores, envolvendo mais elementos, esse desafio pode se tornar imenso.

Uma ferramenta conhecida como *systems thinking* foi iniciada em 1956 no MIT pelo Dr. Jay Forrester, para estudar como os sistemas mudam com o tempo. Systems thinking é um modelo para entender os comportamentos gerais que podemos encontrar em sistemas. Para o designer de jogos, é possível explicar por que algumas partes de nosso jogo que *supostamente* deviam fazer algo, em vez disso, fazem outra coisa.

A dinâmica do sistema descreve tudo em dois aspectos (Figura 2.1.27). *Estoques* (*níveis*) são um valor armazenado de algo – ouro, inimigos etc. *Fluxos* (*taxas*) são as mudanças no nível do referido montante; *entradas* são os aumentos, e as *saídas* são diminuições. Os designers de jogos, muitas vezes, chamaram isso de "torneiras" e "ralos". (As nuvens em cada extremidade de um modelo indicam que não há importância de onde o material vem para o modelo.) As setas mostram a direção do fluxo, para dentro ou para fora do estoque. As torneiras sobre a entrada e a saída indicam onde as taxas de variações são controladas.

Figura 2.1.27 Estoques e fluxos.

A Figura 2.1.28 mostra o mesmo modelo básico que pode ser usado em um design de jogo. A personagem tem uma saúde que é diminuída por dano e aumentada com cura.

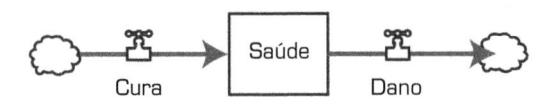

Figura 2.1.28 Um sistema básico de combate.

Mas nem tudo precisa ter as entradas e saídas. Os dois modelos na Figura 2.1.29 mostram sistemas que apenas preenchem ou drenam. Algumas vezes você tem um dreno sem torneiras; apenas depende do que quer que o sistema faça.

Figura 2.1.29 Ganhando pontos e minerando um recurso limitado.

Os sistemas de jogo muitas vezes têm múltiplas entradas e saídas para determinado estoque (Figura 2.1.30). Quando você não precisa mostrar conexões com outros sistemas, generalize os aumentos e diminuições com fluxos únicos e mostre o que influencia essas taxas.

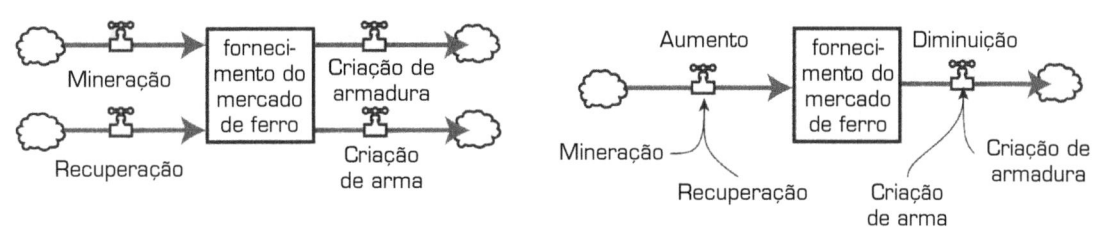

Figura 2.1.30 Múltiplas entradas e saídas.

Estoque e diagramas de fluxo são bons para desenhar a estrutura, mas também precisamos de uma maneira de ver o comportamento ao longo do tempo. Para isso, gráficos básicos são aconselháveis, eles são fáceis de ler e fazer. Vamos voltar para a mina de prata que vimos pela primeira vez na Figura 2.1.29 e observar o que acontece se o nosso jogador atribuir um trabalhador para as minas de prata, a uma taxa de 400 unidades por minuto (Figura 2.1.31). A mina começa com 8 mil unidades, e o trabalhador se mantém nela durante 20 minutos, até a última unidade ser tomada.

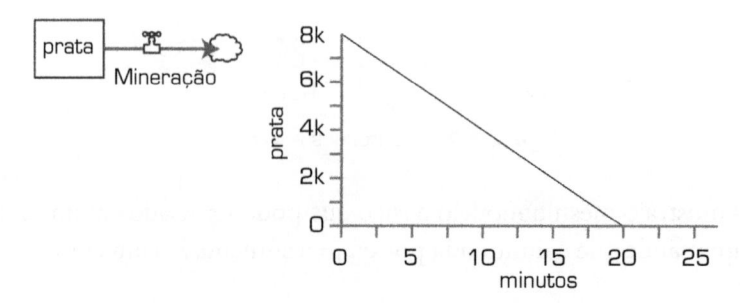

Figura 2.1.31 Minerando prata ao longo do tempo.

Loops de feedback

Os sistemas que temos observado são estáticos. Embora os estoques tenham aumentado ou diminuído, tudo aconteceu a uma taxa constante. Os sistemas de jogo não são muito emocionantes até que começam a mudar. Se cada luta era apenas um lento trabalho árduo até a morte, mesmo a violência não ajudaria. Precisamos colocar uma mão ou duas nessas válvulas para que as coisas realmente mudem.

Feedback é o que acontece quando mudanças em um estoque altera a taxa de fluxo entrando ou saindo do mesmo estoque [Meadows08]. O feedback é parte de uma ferramenta para controlar o comportamento do sistema; o nome da ferramenta é *loop de feedback* (veja a Figura 2.1.32). A seta aponta do estoque para o controlador de fluxo.

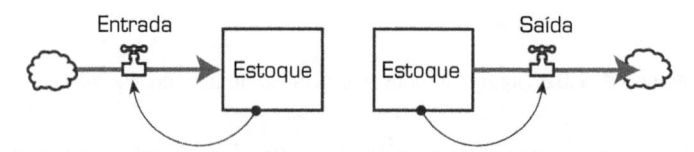

Figura 2.1.32 Loops de feedback diagramados.

Existem dois tipos básicos (Figura 2.1.33): os *loops de equilíbrio* (*feedback negativo*) tentam manter o estoque em determinado nível; *loops de reforço* (*feedback positivo*) produzem mais mudanças na mesma direção, um aumento ou diminuição. ("Equilíbrio" e "reforço" são mais fáceis de entender do que feedback "negativo" e "positivo", pois o feedback negativo é em geral desejável e o feedback positivo irá quase sempre acabar com um jogo. Não sendo particularmente um efeito positivo.)

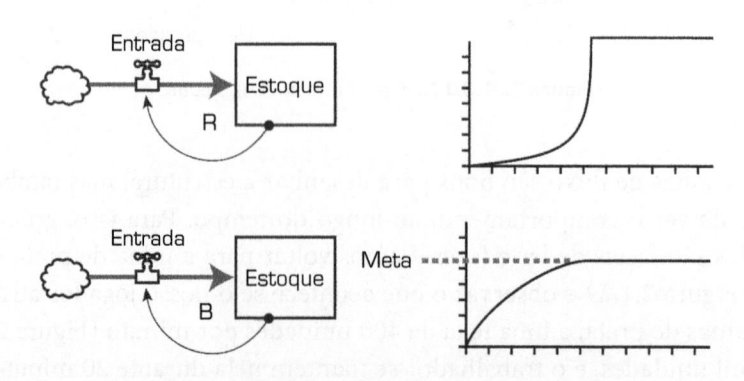

Figura 2.1.33 Comparação entre feedback de equilíbrio e de reforço.

A Figura 2.1.34 mostra os loops de equilíbrio em um sistema "estático". Para tornarem um jogo de corrida emocionante, os designers querem que os corredores se mantenham próximos (um truque típico). Então os loops de feedback de equilíbrio – os *Bs* – diminuem um carro que está longe demais e aceleram um que esteja muito para trás. Loops de equilíbrio tentam mover um estoque em direção a uma meta.

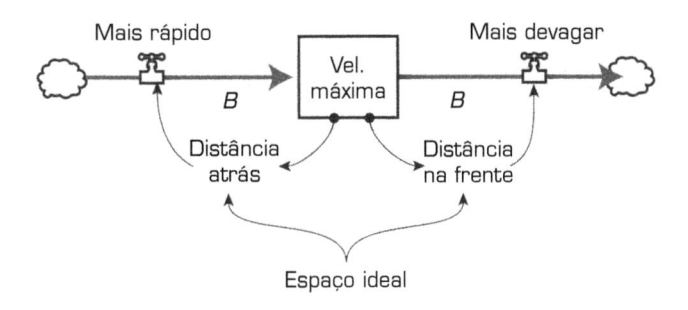

Figura 2.1.34 Feedback de equilíbrio para um carro, em um jogo de corrida.

Loops de reforço, por outro lado, causam comportamento desenfreado e confusão. Observe o sistema de nível de personagem de um MMORPG (jogo de RPG on-line massivo com multijogadores) imaginário na Figura 2.1.35. Quanto mais o jogador derrota seus inimigos, mais seu nível aumenta, o que aprimora suas habilidades para derrotá-los.

O *R* mostra o loop de reforço que relacionou seu nível atual com a taxa de vitórias de combate. À direita, você observa como a situação se torna rapidamente fora de controle.

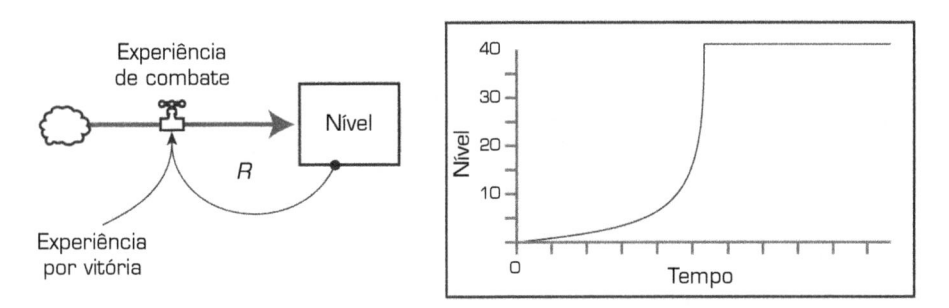

Figura 2.1.35 O sistema de nível torna-se descontrolado.

Tal como com muitos MMORPGs, queremos que os usuários de nosso jogo ficcional avancem rapidamente no começo e progridam através dos níveis lentamente quando próximos do fim do jogo. Nosso sistema na Figura 2.1.35 precisou ser diminuído para baixo, e a Figura 2.1.36 mostra essa correção. Primeiro, a nova figura adicionou um requisito de experiência progressiva para cada nível novo; os jogadores precisam de mais e mais XP para cada nível subsequente. Para tanto, adicionamos um modificador para a experiência adquirida por derrotar monstros, para evitar que os jogadores simplesmente coloquem fogo em formigueiros.

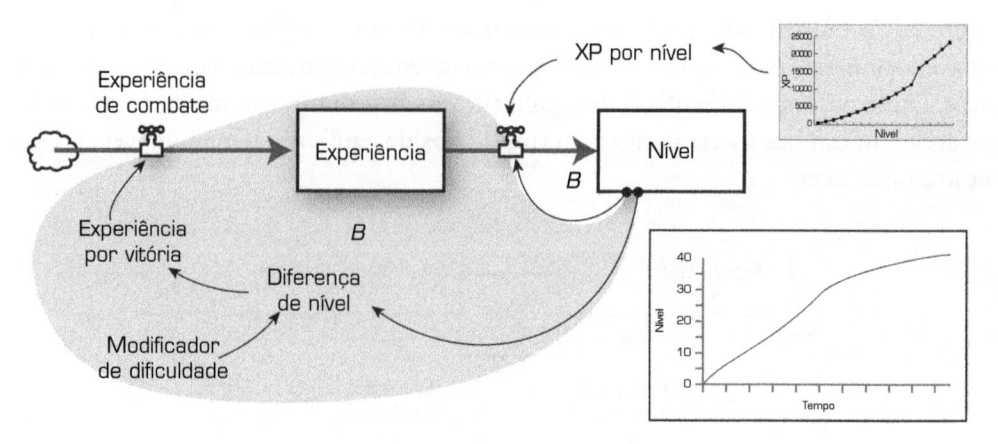

Figura 2.1.36 Uma abordagem normal para equalizar.

LeBlanc generalizou alguns dos comportamentos de feedback relacionados com jogos [LeBlanc99]:

- Loops de equilíbrio estabilizam o jogo.
- Loops de reforço desestabilizam o jogo.
- Loops de equilíbrio perdoam o perdedor.
- Loops de reforço compensam o vencedor.
- Loops de equilíbrio podem prolongar o jogo.
- Loops de reforço podem finalizar o jogo.
- Loops de reforço aumentam sucessos prematuros.
- Loops de equilíbrio aumentam sucessos finais.

Simulação e emulação

Jogos são modelos. São representações interativas de algo como direção, planejamento urbano, guerra, beisebol etc. Como todo modelo, fazemos escolhas sobre o que incluir e o que ignorar – abstraímos. Projetando sistemas de jogo, você vai escolher não apenas os objetos a serem representados, mas *como* representá-los. Essas escolhas formam uma grande parte da arte e do trabalho do projeto do sistema de jogo.

Simulação é um modelamento com ênfase em imitar primeiro a estrutura e depois o comportamento. *Emulação* é um modelamento com ênfase na aproximação do comportamento e sem considerar a estrutura do objeto a ser modelado. Simulação é um modelo de sistemas, em que o comportamento é o resultado de um sistema-modelo; emulação apenas modela o comportamento.

As simulações modelam sistemas também modelando os elementos do sistema. Por exemplo, em simuladores de voo complexos, como *X-Plane*, um avião voa porque o simulador calcula os efeitos do ar fluindo sobre a asa. Se a forma e o tamanho da asa não estiverem corretos, o avião não irá decolar. Na emulação, o avião voa porque é atribuído um comportamento: "aviões voam". Não haverá sistema mais profundo, será apenas isso.

Emulação é uma ferramenta para a abstração e todos os jogos a utilizam, até mesmo o simulador mais hardcore. Um jogo de corrida pode simular muito de um motor de carro – a mistura de combustível, a eficiência do sistema de escape, mas há um momento em que a emulação assume o controle. Por exemplo, o funcionamento interno do motor (pistões e válvulas) serão emulados.

A simulação tende a ser mais dispendiosa, porque exige mais cálculo que a emulação. Então você vai escolher quando usá-la e quando não usá-la com base na necessidade. Em geral, todo o resto é igual, a emulação é geralmente a escolha correta. Mesmo quando tudo o mais não é igual, a emulação é mais vantajosa. A simulação é mais frágil e mais difícil de afinar. Quando um comportamento emulado é quebrado, pode-se simplesmente mudá-lo; as simulações exigem uma observação da estrutura e das propriedades responsáveis pelo comportamento.

A simulação é bastante eficaz na criação de comportamentos com aparência mais natural e pode tornar sistemas complexos mais fáceis de projetar e gerir, porque as regras são definidas, geralmente, para o mundo. Quando os agentes em todo o mundo se comportam de acordo com essas regras, estas muitas vezes podem ser naturais e imersivas. A franquia *The Sims* inteira foi construída com base nos comportamentos satisfatórios resultantes da simulação.

No entanto, a maioria dos sistemas de jogo são emulações. Não só é mais fácil de projetar o comportamento, mas também de jogar.

Dificuldade variável

Os desafios podem ser difíceis de mensurar; você descobrirá quando começar alguma efetiva sessão de testes de jogo. Mesmo que o designer siga todas as regras e obtenha os feedbacks e os processos de maneira correta, ele ainda não pode esperar criar um jogo que se encaixe em variados gostos e habilidades. Mas é menos trágico que o nosso jogo não seja o *tipo* certo para determinado jogador do que se alguém não gostar porque se frustrou com o seu desempenho.

Oferecer aos jogadores a habilidade para ajustar a dificuldade geral pode ajudar a diminuir o fardo e permiti-los gostar do jogo plenamente.

Alguns fatores que podem ser ajustados:

- Ajustar tempo – aumentar ou diminuir a velocidade do jogo.
- População de inimigos – ajustar o número/taxa de inimigos.
- Características dos oponentes – lento, fraco ou limitar a IA.
- Aumentar a entrada de recurso – aumenta a taxa e o volume.
- Distribuição de power-ups – populações, taxas e valor.

Dificuldade dinâmica é uma abordagem processual em que os sistemas de jogo irão monitorar o desempenho do jogador, tentando regular os desafios para o mais próximo às suas habilidades. O simples exemplo de flexibilidade em jogos de corrida é um modelo clássico de sistema simples de dificuldade dinâmica.

Se equilíbrio e desafio são importantes para seu jogo e você acredita que a dificuldade variável é necessária, faça uma lista dos elementos que contribuem para o desafio do jogo. Pelo fato de você querer que a experiência do jogador ainda tenha um clima de tensão (do contrário, o sistema será provavelmente mais oneroso do que simplesmente ajustar seu jogo para deixá-lo mais fácil), procure por elementos menos visíveis, mas que ofereçam nivelamento suficiente para serem eficazes. Priorize os recursos ajustáveis e crie modelos de dificuldade.

Ao contrário do que se poderia esperar, testes e tempos de ajuste aumentam com os sistemas de dificuldade variável. Você vai querer ajustar cada nível em relação aos outros, e desejará testadores que representam os prováveis jogadores dessas dificuldades.

Probabilidade

Probabilidade é uma ferramenta matemática para a compreensão do imprevisível; ela descreve a probabilidade que determinado resultado ocorra durante um teste aleatório. Este é um dos principais motores por trás de inúmeros sistemas de jogo. Qualquer jogo em que as cartas são embaralhadas ou dados são lançados têm levado em conta a probabilidade. É uma das áreas fundamentais da matemática que os designers precisam se familiarizar.

Probabilidade simples é fácil de entender, mas, por enquanto, vamos apenas ser superficiais. Calcular uma simples probabilidade é simples:

1. Conte todos os resultados possíveis.
2. Conte os resultados que você está procurando.
3. Divida o número que você está interessado por um número possível.

A Equação 2.1.1 mostra a fórmula básica.

$$probabilidade(A) = \frac{\text{resultados que são procurados}}{\text{total de resultados possíveis}} \qquad (2.1.1)$$

Quando escrevemos uma probabilidade, usamos um número de 0 a 1; zero representa "impossível" e 1 é "certeza". Apenas lembre-se de que as frações e decimais e porcentagens são todos iguais; todos são números. Então, 3/4 é o mesmo que 3 ÷ 4, que é o mesmo que 0,75, que é o mesmo que 75%. Depois de passar por alguns desses exemplos, explicaremos por que usar 0 a 1 é útil para jogos de probabilidade e videogames.

A Figura 2.1.37 mostra duas probabilidades simples, a primeira procurando pela chance – a *probabilidade* – de tirar um 4 em um dado de seis lados. Com seis resultados possíveis e um de interesse para nós, podemos calcular nossas chances de ser um em cada seis. Você já sabia disso. Para obter o número decimal, basta dividir 1 por 6 (6/1), que nos dá 0,1667 – cerca de 17%.

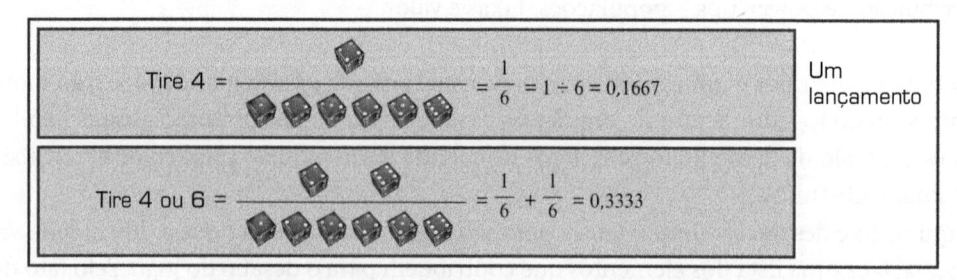

Figura 2.1.37 Um problema de probabilidade básica.

O segundo exemplo é quase o mesmo que o primeiro, com exceção do evento que estamos interessados: tirar um 4 ou um 6. Ainda existem seis resultados possíveis, mas agora estamos procurando dois números (4 ou 6) em vez de apenas um. Já que esses são eventos mutuamente exclusivos – você pode ter apenas um 4 ou um 6, não ambos – podemos adicionar as duas possibilidades.

As coisas ficam um pouco mais complicadas quando se começa a lançar mais de um dado (Figura 2.1.38). Qualquer número em qualquer lançamento tem a chance de 1 em cada 6; em decimal é 0,1667. Mas cada vez que se quiser adicionar uma jogada de dados e procurar por outro número, multiplicam-se as duas probabilidades. Tirar um 6 tem a chance de 1 em 6, que então se multiplica pela chance de rolar mais um 6 e chega-se em 0,0278, ou pouco menos de 3%. (Tirar um 12 ou 2 são os resultados mais raros usando-se dois dados.) Enquanto continuar a adicionar jogadas à procura de um novo resultado, você continuará multiplicando. Por exemplo, lançar quatro vezes e conseguir (1, 2, 3, 4) em uma sequência 1/6×1/6×1/6×1/6 ou 0,000077, ou seja, algo bastante improvável.

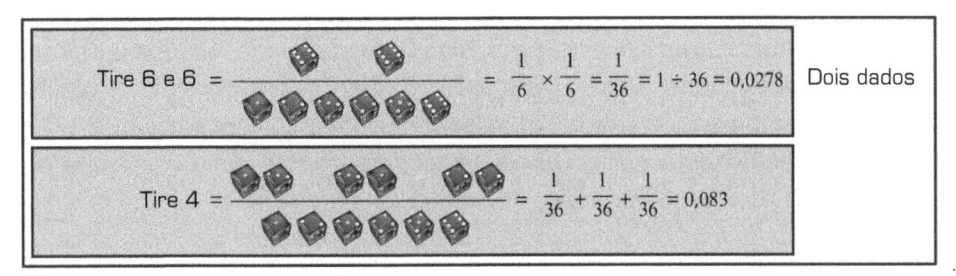

Figura 2.1.38 Quais as chances?

O segundo problema na Figura 2.1.38 considera o resultado de dois dados e a procura por um valor total, neste caso: 4. Basta lembrar que *cada jogada é um teste individual* e a ordem dos eventos importa. Então tirar um 1 e um 3 *não* é o mesmo que conseguir 3 e 1. Você precisa incluir probabilidades para (1,3) e (3,1), bem como (2,2). Depois de ter tirado todas as combinações

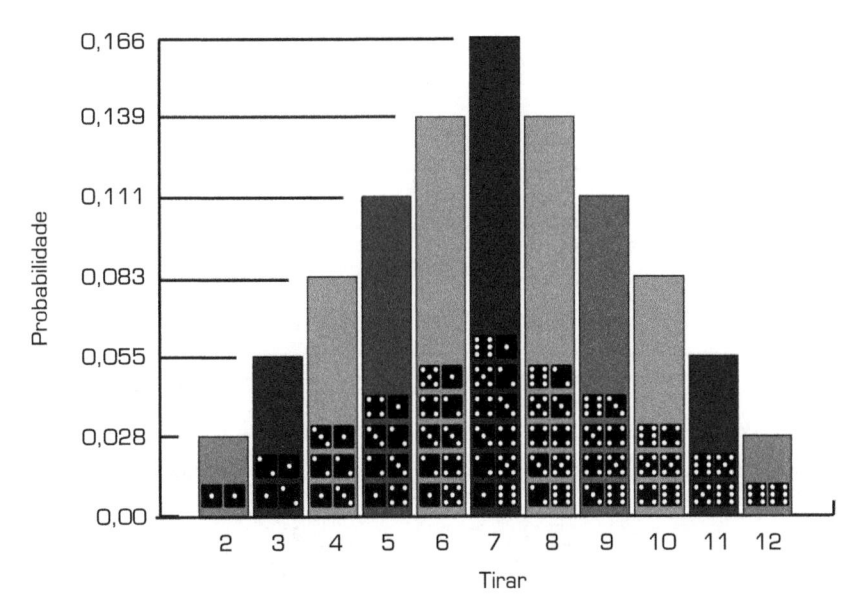

Figura 2.1.39 As probabilidades com lançamento de dois dados.

possíveis (neste caso, três), em seguida, adicione as probabilidades juntas, assim como no segundo exemplo na Figura 2.1.37.

Tirando 4 com dois dados há uma chance de cerca de 8%, enquanto resultar em 12 é inferior a 3%, o que faz sentido quando se considera que existem três maneiras de resultar 4 e apenas uma maneira de tirar um 12. A Figura 2.1.39 mostra como os lançamentos se acumulam. Considere as seis formas de tirar 7: (1,6), (2,5), (3,4), (4,3), (5,2) e (6,1). Ao observar a Equação 2.1.2, você pode ver que não é mais difícil que qualquer probabilidade simples, uma vez que saiba com quantos eventos está lidando.

$$Probabilidade(7) = \frac{6}{36} \qquad (2.1.2)$$

Nosso último diagrama sobre probabilidades (Figura 2.1.40) ilustra um problema diferente. Aqui estamos procurando reis ou naipes de paus. Naturalmente, há um rei de paus e não queremos contá-lo duas vezes. Desse modo, pega-se o primeiro conjunto, os reis, e calcula-se a probabilidade (4/52). Faremos o mesmo para as cartas de paus (13/52). De acordo com a Figura 2.1.37, procurar por mais de dois resultados aumenta as chances – estaremos abertos para mais resultados –, então devemos adicionar as duas probabilidades. Mas precisamos ter certeza de não adicionarmos o resultado mais de uma vez. Assim removemos o rei de paus do cálculo como na Equação 2.1.3.

$$p(rei\ ou\ paus) = \frac{todos\ os\ reis}{52\ cartas} + \frac{todos\ os\ paus}{52\ cartas} + \frac{rei\ de\ paus}{52\ cartas} + = 0{,}3077 \qquad (2.1.3)$$

Por que é útil expressar probabilidade como valor decimal entre 0 e 1? A razão é que os decimais são mais fáceis de trabalhar que as frações. Mesmo frações comuns como 2/3 e 5/8 não são tão simples de avaliar como 0,667 e 0,625; a matemática com decimais é mais fácil também. Se você se sentir mais confortável com porcentagens, sinta-se à vontade. No longo prazo, no entanto, estar confortável expressando probabilidades em decimais vai compensar, principalmente se trabalhar em sistemas com muitos resultados em potencial (por exemplo, RPGs).

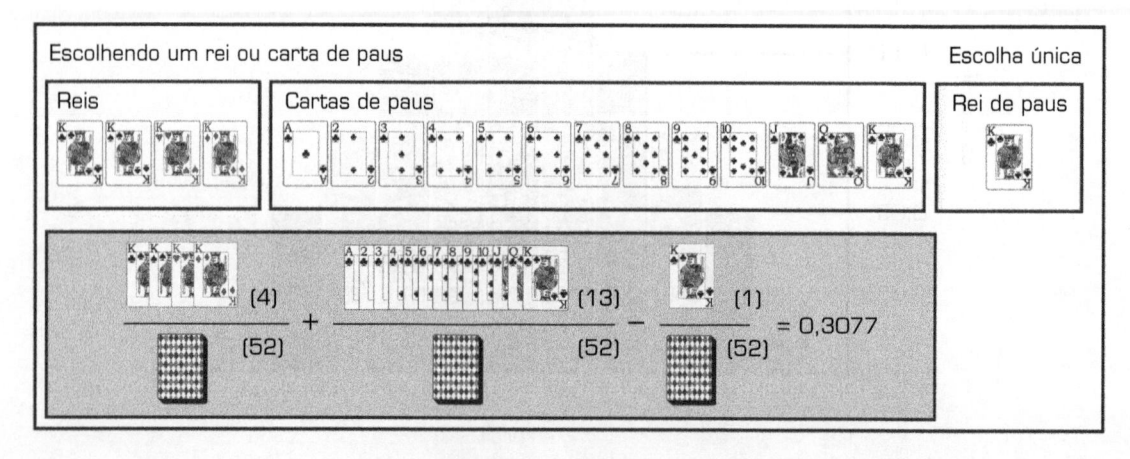

Figura 2.1.40 Quais são as chances?

Sistemas de salvamento/carregamento

Salvar é o processo de registrar o estado atual do jogo, e o carregamento reinicializa o jogo de acordo com o estado no qual foi salvo. Há muitos modos de funcionamento dos sistemas de salvamento, e cada jogo tem necessidades particulares que devem ajudar a decidir qual esquema é mais apropriado.

Existem três modos primários que os jogadores podem utilizar em um sistema de salvamento:

- Parar o jogo e retornar mais tarde sem perder o seu progresso.
- Proteger o progresso atual de falhas futuras.
- Dividir seu progresso para explorar escolhas alternativas.

É importante saber que os jogadores têm vidas no "mundo real" com exigências sociais e biológicas que os afastam de seus jogos. O sistema de salvamento é um mecanismo que permite ao jogador sair do jogo, sabendo que o progresso (seu estado atual) estará gravado e esperará por ele até retornar ao jogo.

Sistemas de salvamento são úteis para jogos com mecânicas desafiadoras e arriscadas. Os jogadores podem ser confortados sabendo disso, se eles falharem, não estará tudo perdido, e podem continuar a aproveitar o jogo.

Quando o jogador chega a um momento de decisão, em geral pode ser difícil escolher que caminho seguir. Eles podem usar um sistema de salvamento para conseguir algum tempo de manobra. ("Tentarei isso. Se não gostar, eu volto.") Ou podem querer conhecer tudo que o jogo tem a oferecer. Desse modo, gostariam de voltar até um ponto de decisão apenas para experimentar as alternativas.

Alguns sistemas de gravação diferentes:

- Limitado – número finito ou locais especiais.
- Ponto de controle (Check Point) – o sistema automaticamente salva em pontos-chave do ambiente.
- Ilimitado – os usuários podem gravar em qualquer lugar no jogo.
- Autossalvamento – o salvamento acontece periodicamente ou após eventos chave.
- Perfil – sistema de autossalvamento vinculado ao perfil/identidade do jogador.

Se você está trabalhando dentro de limitações de memória ou se se encaixa com a estética de seu jogo (risco, desafio etc.), pode considerar a limitação de possibilidades de salvamento. Uma abordagem da limitação de salvamentos requer que o jogador utilize locais especiais ou limita o número geral de salvamentos que o jogador pode acessar durante uma dada unidade de conteúdo (nível).

Os pontos de controle [8] oferecem aos jogadores um sistema onde eles não têm que se preocupar em proteger sua evolução. Normalmente, os pontos de controle são colocados entre os desafios ou automaticamente durante a transição de uma área para outra. Planeje as situações onde os pontos de controle podem pegar o jogador em um momento de fraqueza. Por exemplo, definir os mínimos atributos importantes para que os jogadores não descubram que seu jogo foi gravado momentos antes de uma falha.

---

[8] N.R.T.: Pontos de controle, no inglês, *Check Points*. Recurso muito utilizado em jogos de ação ou FPS. São locais do jogo que registram a posição do avatar em relação ao último ponto atingido. Quando o avatar do jogador morre (ou mesmo retorna ao jogo), um carregamento (*respawn*) dele é realizado a partir do último *ponto de controle* existente.

Sistemas de salvamento em qualquer lugar são poderosos, e os jogadores preferem muitas vezes salvar onde e quando quiserem. Infelizmente, existem duas desvantagens: 1) eles podem ser usados para burlar desafios planejados, tornando o jogo mais fácil; 2) requerem mais trabalho da parte do jogador para mantê-los.

Sistemas de autossalvamento fornecem alguns dos benefícios dos pontos de controle, embora mantenham a flexibilidade do ilimitado. Frequentemente, salvamento automático é uma opção que modifica um sistema de salvamento ilimitado. Os jogadores têm a opção de desligar o autossalvamento se preferirem gerenciar seus próprios salvamentos.

A maioria dos jogos na indústria casual utiliza de sistemas baseados em perfil. Quando o jogador começa o jogo, ele é convidado a nomear um perfil. Este é, efetivamente, o espaço para salvar. A qualquer momento, o jogador pode simplesmente fechar o jogo sabendo que seu progresso foi salvo.

Recursos e economia

Recursos são itens utilizados em apoio a alguma atividade (como a fabricação) e provêm de um fornecimento disponível, são os fatores de produção e as bases do desenvolvimento. Devem ser não só objetos físicos: por exemplo, o empreendedorismo e a educação são vistos como recursos importantes em sistemas capitalistas. Em jogos, recursos são itens usados pelo jogador e outros agentes para alcançar metas [Fullerton08].

Os recursos podem existir dentro da premissa do jogo ou não. Na premissa do jogo, podemos imaginar recursos como materiais, pessoas, poder mágico ou saúde. Fora da premissa, podemos considerar os componentes funcionais de recursos, como jogos gravados ou vidas, os quais podem ser fornecidos em quantidade limitada para construir desafios e tensão, e oferecer a oportunidade a outra estratégia, mas sem necessariamente ser compreensível na premissa do jogo.

Para ser significativa, uma fonte de recursos deve ser, além de útil, também limitada de alguma maneira. Para limitar um recurso, podemos restringir a oferta total para uma quantidade finita ou restringir a taxa. Podemos fornecer condições especiais para sua utilização ou emprego, ou criar penalidades para o seu consumo.

O valor relativo de um recurso pode ser determinado examinando o relacionamento entre sua utilidade e sua escassez. Espere que problemas surjam se um recurso for inútil ou infinitamente disponível. Para analisar essas questões no contexto dos sistemas, é útil observar os recursos em *economias* – sistemas fechados de abastecimento, distribuição e consumo.

Algumas questões típicas concernentes a economias de recursos incluem:

- Que recursos existem no jogo?
- Como e quando um jogador usa os recursos?
- Como e quando os recursos são fornecidos?
- Quais são seus limites?

> Conteúdo

Conteúdo é o espaço do seu jogo e tudo o que se encaixa dentro dele: a soma de todas as áreas, elementos e estados durante qualquer momento.

Desenvolvedores passam o dia de trabalho fazendo jogos para nós, o que não é nenhuma surpresa; o conteúdo normalmente significa coisas como níveis, modelos, missões, histórias de fundo, inimigos, animações, texturas, diálogo, efeitos sonoros, música, partículas, personagens e assim por diante. Tendemos a pensar em termos de itens que precisamos criar durante a produção de um jogo – itens nos quais precisamos trabalhar.

Você será incentivado a ter uma visão mais ampla e abrangente do conteúdo. Por exemplo, a variedade de conteúdo pode incluir as seguintes informações:

- Espaços de jogo – tabuleiros de xadrez, The Barrens
- Objetos do jogo – uma pedra
- Narrativas – histórias de fundo
- Personagens – Mario, Frodo
- Eventos roteirizados
- Modelos e animações
- Sons e música

O conteúdo de um jogo e seus sistemas estão interligados – são duas partes do mesmo todo. Enquanto o jogo está sendo jogado, não há distinção clara entre eles. Ao jogar, as experiências do jogador resultam da síntese e da qualidade de execução, tanto do conteúdo e quanto de seus sistemas. Um sistema de combate magnífico poderia ser transformado em uma bagunça problemática e frustrante se os níveis do jogo fossem sobrecarregados com muitos inimigos. As paisagens florestais lindamente detalhadas poderiam ser um tédio total se o processo de coleta fosse tedioso.

Que os dois não são sinônimos pode ser visto claramente em uma conversa sobre a influência de cada um na experiência da progressão do jogo. Alguém poderia descrever algo como um "sistema pesado", porque a progressão é focada na interação de regras e comportamentos (*Civilization*); outra pessoa diria algo como um "conteúdo pesado" para a utilização de ambientes, narrativas e personagens para fazerem o mesmo (*Metal Gear Solid, Gears of War*). Além disso, os desenvolvedores tendem a dizer que os jogadores "vivenciam" os sistemas, enquanto eles "consomem" o conteúdo (os patifes gananciosos!).

Tema

Tema é a ideia principal ou a mensagem que o jogo irá transmitir. O tema não é a configuração, mecânica, história de fundo, personagens, arte gráfica, som ou qualquer outro elemento individual; é produzido por, e é o resultado de tudo no jogo, quando considerado como um todo.

Compreendermos o que é o tema e como funciona torna-se mais fácil se entendermos a diferença entre as duas maneiras de transmitir um significado. A *denotação*, em primeiro lugar, é o significado literal de algo expresso. Esse é o lugar onde atuamos na maioria das vezes, na escola ou no trabalho ou com nossos amigos. Algo é dito, escutamos e interpretamos o significado mais ou menos literalmente. Você diz, "Fui para Washington D.C.", e aceitamos como um fato verdadeiro.

A segunda maneira de transmitir ideias é usar a *conotação*, ou seja, quando as declarações são consideradas juntamente com conexões para outros significados. Este é o lugar onde o público exerce a sua habilidade interpretativa, entendendo as metáforas e emoções codificadas em uma declaração. Você diz: "Eu não tinha percebido que havia muitas cobras no Capitólio", e nós podemos imaginar algo conotativo acontecendo em nossa mente – Washington DC está "cheia de cobras". Claramente, pensamos, isso é política.

Seu jogo pode não ter um tema, como você vê, mas os temas surgirão de qualquer maneira. A conotação é parte integrante das artes, e é quase inteiramente inevitável, porque é produzida por inferência; o público é o responsável pela conexão de coisas em sua mente, mesmo que o autor do jogo não esteja tentando dizer alguma coisa. Talvez você já tenha visitado o National Zoological Park durante uma viagem a Washington DC, e realmente não tinha ideia de que o Departamento de Herpetologia era tão grande. Viu? Nenhuma política, só cobras.

Premissa

Todos os jogos têm uma *premissa* que une o meio ambiente e a ação [Fullerton08], contando com um conjunto de regras em que o universo ficcional será vinculado. A premissa pode ser formada por apenas algumas palavras. Um bom exemplo vem de meados da década de 1980, quando um jogador poderia usar uma ficha em *Robotron: 2084* e, com cinco palavras, ser transportado para um lugar compreensível no futuro: "Salve a última família humana".

É impossível para um jogo não ter uma definição, embora possa ser radicalmente abstrato, sem nada para a mente conectar, completamente indescritível como um lugar real, mas nossas mentes não são tão rápidas em nos deixar na mão como a nossa língua. Nos primeiros momentos, uma premissa está se formando em nossa mente, independentemente de o jogo fornecê-la ou termos de inventá-la. Precisamos de um contexto para orientar nossas experiências e mapear nossas ações. A premissa é a fonte do contexto individual do jogo.

Ao desenvolver um conceito, deve-se considerar a premissa desde o início. Resumir, em um pequeno texto, o assunto do jogo. Por exemplo:

> *"Jenny Briar: Investigator" é um jogo de detetive de puzzles que desafia o usuário a coletar evidências para solucionar crimes em Nova Orleans na década de 1970.*

A definição do jogo

Uma última observação digna de nota sobre o objeto da premissa é concernente ao seu conteúdo. Os escritores são muitas vezes orientados a distinguir *plausibilidade* de *possibilidade*. Quando algo é considerado possível, é capaz de acontecer no mundo real: os aviões podem voar, mas homens musculosos com capa e calças apertadas não podem. No entanto, em redação criativa, está-se livre para sugerir qualquer tipo de verdade enquanto é plausível dentro das regras do universo de sua ficção; deve haver uma explicação que *faz sentido* no contexto específico do meio ambiente. No que se refere ao mapa de um jogador quanto à premissa, podemos ver plausibilidade como o domínio (área) do mapa individual do jogador. Quando um objeto ou situação é implausível, está além da fronteira do que o jogador pode (ou pretende) mapear como aceitável.

Os limites de plausibilidade são subjetivos, entendendo quais públicos vão e não vão permitir ser essencial cruzar esses limites. Por exemplo, os jogos que tentam misturar ficção científica e universos de fantasia têm de considerar o segmento de seu público que não aceita as duas convenções ficcionais no mesmo espaço. Da mesma maneira, é comum para jogos de ficção massivos on-line com multijogadores (como *Dark Age of Camelot*) ter de fornecer servidores especiais de *role-playing* (RP) para os clientes que acham implausível um mago se chamar "MonsterTruck", uma vez que afeta sua apreciação do jogo.

Conteúdo e progressão

Os sistemas de jogo fornecem a estrutura e os tipos de conteúdo na forma de seu jogo. Você poderia pensar também em sistemas de jogo como códigos e padrões de construção, definindo as regras e diretrizes para a construção. Mas é o layout e a disposição dos conteúdos que colocam o teto sobre a cabeça do jogador. Em última análise, a estrutura do seu conteúdo irá refletir as qualidades do jogo, mas tenha em mente que será o conteúdo que os jogadores estarão escutando, vendo e observando.

A boa notícia é que, quando chega o momento de planejar a estrutura de conteúdo, você já terá algumas ideias sobre como vai parecer. Como regra geral, se formos capazes de formular uma descrição da mecânica do jogo, devemos esboçar ideias sobre como o conteúdo será estruturado. Tentar "amarrar as coisas" no meio de um projeto (ou mais tarde!) é desesperador para todos e têm sido responsável por incontáveis desastres ao longo dos anos.

Embora haja bons argumentos para abordagens de baixo para cima e de cima para baixo para criar mecanismos, sistemas e conteúdos, é aconselhável estruturar o conteúdo do início – toda a experiência do jogo – e trabalhar em mais e mais planos detalhados.

Então, você pode começar com questões grandes como:

- Que itens as mecânicas e os sistemas requerem do conteúdo?
- Como o começo do jogo se relaciona com seu fim?
- Como uma única sessão de jogo (sentada) se parece?
- O jogo precisará ser dividido para suportar essas sessões?
- Como as unidades de conteúdo estarão relacionadas umas as outras? Com o todo?

Frequentemente, essas perguntas são fáceis de responder, porque o conceito do jogo foi desenvolvido com suposições sobre a estrutura do conteúdo. Você vai começar a considerar o layout geral de seus espaços de jogo e a progressão do jogador no decorrer do jogo.

Ao esboçar conceitualmente a estrutura de conteúdo, comece a fazer experimentos com diferentes layouts de progressão. Há uma variedade de elementos de arranjo básico que você encontrará em diversos mapeamentos e planejamentos, como mostra a Figura 2.1.41.

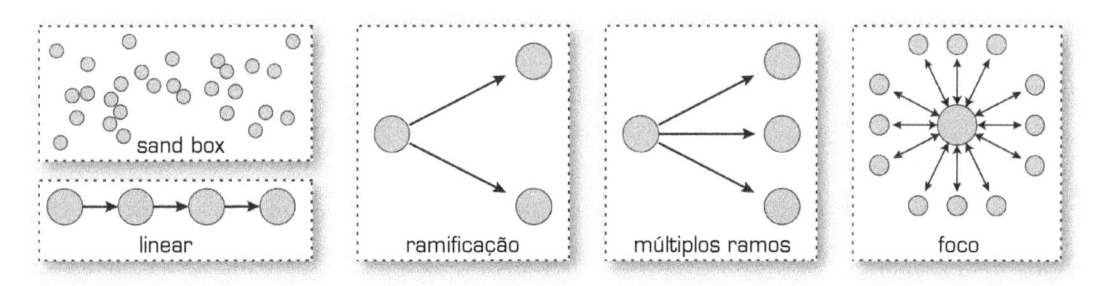

Figura 2.1.41 Elementos básicos do arranjo de conteúdo.

Design de nível

A maneira mais comum de dividir o conteúdo dos jogos está em *fases*, *ciclos* e *níveis*. Eles são todos nomes para a mesma coisa: uma unidade arbitrária de conteúdo ou de progresso. O tamanho e a forma de um nível varia muito de jogo para jogo, mas normalmente incluem elementos espaciais ou temporais distintos: cada nível forma uma configuração única. Em um jogo, os níveis são conhecidos por semelhanças e diferenciados por elementos únicos.

Por exemplo, nos níveis do jogo *Peggle*, cada um tem a arte original de fundo e colocação de estacas, blocos e obstáculos. Em *Halo*, um nível é um arranjo de espaço e geometria, objetos do jogo, e eventos narrativos roteirizados. Em *BookWorm*, os níveis são conjuntos de ladrilhos de letras, em que a distribuição de letras comuns e incomuns mudam ao longo do tempo para aumentar a dificuldade.

Algumas questões típicas que você deve se fazer sobre os níveis:

- O que é a estrutura do conteúdo do jogo? Como os níveis suportam isso?
- Como os níveis serão distintos uns dos outros?
- O que o jogador fará para passar entre os níveis?
- Que elementos são necessários em cada nível?
- Que tipos de características podem ser únicas para um nível?

Durante a produção, os designers de nível estão tocando o chão a todo o momento. Seus olhos e pensamentos estão postos na perspectiva do jogador. Eles não têm de ser um membro do público-alvo do jogo, mas precisam entender e apreciar essa visão a fim de realizar as centenas de pequenas decisões que, coletivamente, farão que cada nível seja um sucesso.

Progressão
Uma terra descansada dará uma colheita abundante.
– Ovídio

A *progressão* é a forma como a experiência do jogador muda ao longo do tempo. Normalmente é esperado que a progressão de um jogo aumente em dificuldade para controlar as habilidades do jogador. Mas ela também pode determinar como o conteúdo é distribuído no jogo. Por exemplo, é importante garantir que os bens tenham uso suficiente para justificar seus gastos, como mostra a Figura 2.1.42. (Este é um negócio, afinal!)

A Figura 2.1.43 mostra alguns exemplos de progressões diferentes. Usando uma progressão *linear*, os jogadores são direcionados de um nível para outro enquanto completam objetivos. Não há nenhuma decisão a ser tomada, simplesmente seguem em frente. Enquanto isso pode parecer chato (e muitos críticos argumentam que é), os jogadores continuam a desfrutar experiências criadas que esse tipo de progressão pode suportar. Por causa do controle que se tem sobre a ordem que os jogadores irão encontrar o conteúdo, pode-se ter um maior controle sobre sua experiência. Uma progressão de ramificação permite algumas escolhas na progressão global, mantendo-os em um caminho razoavelmente previsível ao longo do jogo. As progressões de *ramificação* em geral expandem alguns passos e depois se contraem, trazendo o jogador de volta para alguns pontos importantes, como chefes ou eventos significativos da história. As progressões *baseadas em um foco* oferecem ainda mais liberdade, mas o designer deve sacrificar um pouco da sequência narrativa para o capricho do jogador.

Os designers de jogos mapeiam outras distribuições para as progressões do jogo: habilidades do jogador, prováveis poderes e inventário, e outros atributos que podem ser usados para ajudar a avaliar se o desafio é apropriado.

Nível	Nome	Capítulo 1	Capítulo 2	Capítulo 3	Capítulo 4	Capítulo 5	Capítulo 6
DVL	Deixado no vilarejo	X				X	X
NAF	Naufrágio		X	X			
ANC	Acordou na cama	X			X		X
FAP	Faminto por panquecas				X	X	
OOO	Oscar Oscar Oscar		X				X
EIH	Eles inventaram hambúrgueres				X		X
NAN	Não significa nada			X		X	X
SPP	Superprocura		X	X		X	
IMF	Terminei			X	X		X

Figura 2.1.42 Um mapa de níveis por capítulos para um jogo casual.

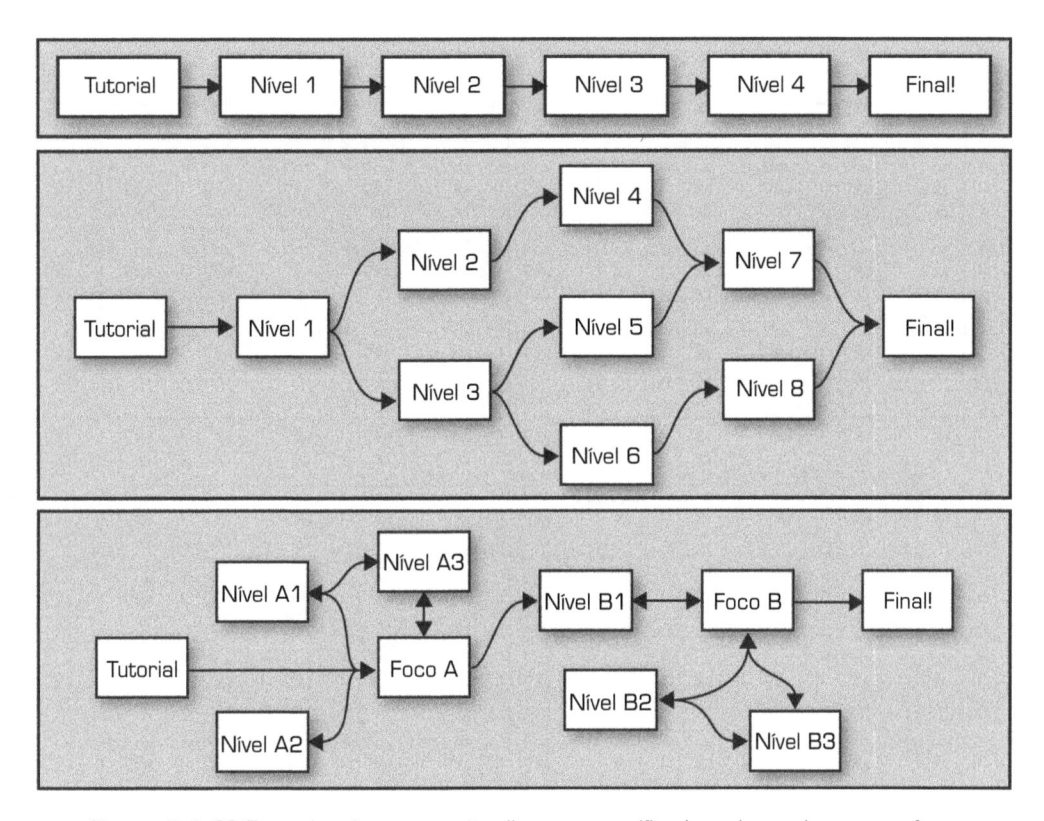

Figura 2.1.43 Exemplos de progressões lineares, ramificadas e baseados em um foco.

Balançando a linha

Muitas pessoas acham que a dificuldade de um jogo, se estivesse em um gráfico, deveria parecer algo como a Figura 2.1.44. Se os humanos fossem robôs, isso seria ótimo. Infelizmente, as pessoas não são capazes de continuar a melhorar em ciclos eternos. Você está lutando contra os diminutos retornos de nossas mentes.

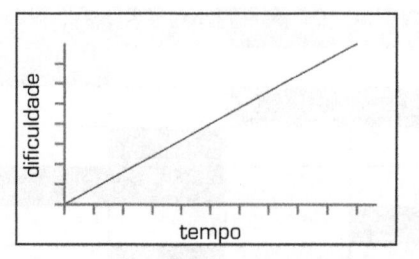

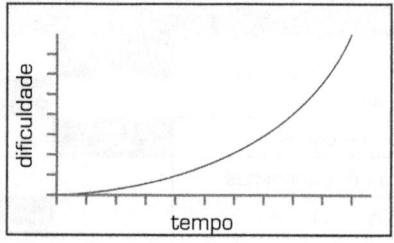

Figura 2.1.44 Como deve crescer a dificuldade?

Os diagramas de fluxo na Figura 2.1.45 ilustram como se parece quando a dificuldade do jogo continua a aumentar. Batemos de frente com nossos limites e ficamos frustrados e muitas vezes com raiva. Uma curva de dificuldade mais amigável aparece na Figura 2.1.46, em que ao longo do tempo ela sobe, mas periodicamente a dificuldade diminui após um aumento acentuado. Essas diminuições devem ocorrer naturalmente após uma luta contra um chefe ou a conclusão de um nível, a fim de dar ao jogador uma pequena pausa e um período de recuperação.

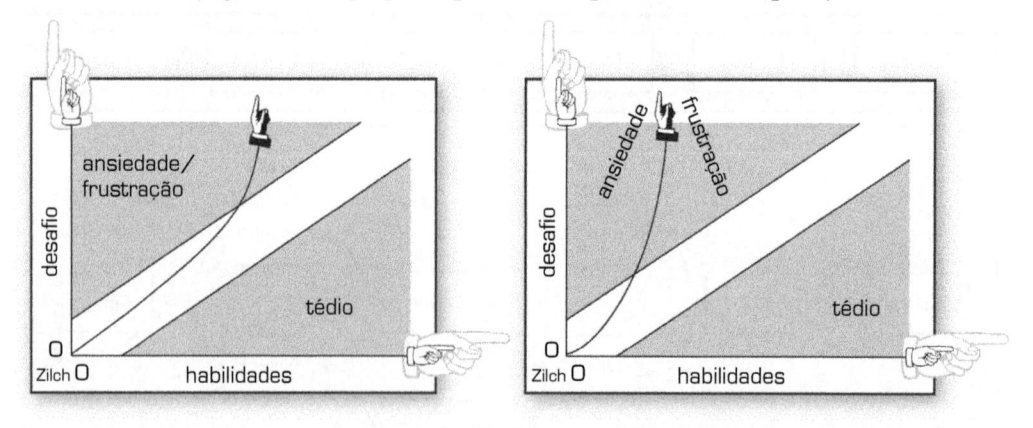

Figura 2.1.45 A experiência do jogador em uma ascensão contínua na dificuldade.

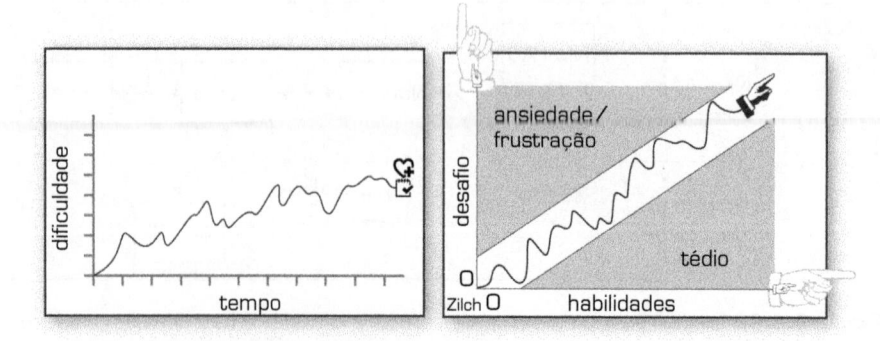

Figura 2.1.46 A progressão ideal da dificuldade.

Sons do ambiente

Hoje as imagens produzidas pelo computador são impressionantes, e podem ir muito longe para trazer os jogadores ao seu universo. Mas é o áudio que pode colocá-los mais profundamente, mesmo sem perceber, no que está acontecendo. É a ambiência do mundo e o local do jogador nesse mundo que precisam ser apoiados através do áudio. Uma aventura na terra selvagem não estaria completa sem os sons do vento passando através da grama e das árvores, ou sem o som de um pequeno riacho cada vez mais alto quando você se aproxima.

Considere um efeito de som clássico dos jogos de ação de primeira e terceira pessoas: os passos. Sem eles, os jogadores não andam por um mundo, eles pairam sobre um tapete mágico. Mas não é suficiente ter um passo, repetindo várias vezes. É necessário haver um conjunto de sons dos passos que variam em altura e volume. Não só isso, mas se houver mais de um material para caminhar (cimento, areia, grama, metal, neve etc.), então será necessário haver conjuntos desses passos também.

Durante o design de sistema e do conteúdo, não é raro pensar em sons que acompanhariam as coisas em que você está trabalhando. Você pode até mesmo fazer alguns barulhos estranhos com a boca. (Cuidado com isso se estiver trabalhando em um escritório "aberto", a menos que não se importe com um pouco de provocação.) Enquanto trabalha e pensa nesses sons, mantenha listas daqueles que imagina que irão ajudar na experiência do jogador. Enquanto essas listas crescem, periodicamente utilize alguns minutos para ordenar e categorizar o que tem. Se você mantiver listas de sons ao trabalhar, irá capturar toneladas de grandes inspirações e tornar mais fácil e eficaz a tarefa de projetar os requisitos de áudio.

A menos que tenha experiência em trabalhar com áudio ou esteja disposto a utilizar o tempo para aprender, resista à tentação de fazê-lo sozinho. A internet está repleta de áudios para jogos que são copiados de arquivos ou mesmo coletados sem cuidado. Se você está trabalhando de maneira independente com um orçamento limitado, pode ser difícil a aquisição de bons sons.

⟩ Trabalho de design

Você pode fazer qualquer coisa em sua vida, contanto que não se importe com quem fica o crédito.
– H. S. Truman

Uma das coisas mais emocionantes sobre o design do jogo é a oportunidade infinita para resolver novos problemas e aprender novas habilidades. Apesar dos vários papéis que você pode ter em sua carreira, a maioria do seu trabalho será desenvolvido em estilos e técnicas familiares. Estes serão agrupados, e as pessoas o descreverão pela sua abordagem geral para projetar.

Os designers resolvem problemas

No início de sua atividade, os problemas que você nunca viu antes podem ser um pouco assustadores. Talvez seja um sistema de missão processual, um evento roteirizado para um nível ou uma nova interface UI para o comércio virtual de itens; se não tiver um método para resolver os problemas, é fácil se sobrecarregar.

Para descrevermos um método simples de resolução de problemas, vamos utilizar o diagrama Plan (Planejamento) Do (Execução) Check (Verificação) Act (Ação) (Figura 2.1.47). Existem semelhanças entre o PDCA e a forma como o design é realizado.

Planejamento: Comece a desenvolver um entendimento do problema atual – as coisas que precisam ser feitas. Pergunte, responda. Faça muitas listas! Você está criando uma imagem clara de como o sucesso parece.

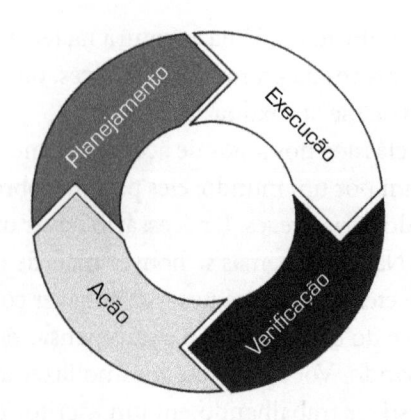

Figura 2.1.47 PDCA, o Ciclo de Deming.

Faça listas de respostas para perguntas como:

- Quais os requisitos?
- Quais os propósitos?
- Quais as opções?
- O que foi tentado antes?

Esboce soluções propostas usando *brainstorming*, mapas mentais, fluxogramas, diagramas, planilhas e qualquer outra ferramenta que achar útil. Teste essas ideias com outras pessoas ou as compare a critérios objetivos, e decida sobre uma solução razoável que atenda às necessidades do problema de forma eficaz e eficiente.

Lembre-se de não se preocupar; você está criando jogos!

Execução: Escolha o plano mais razoável e coloque-o em ação. Conclua os trabalhos para a adequação do problema. Resista à tentação de colocar um esforço adicional para a solução. Você irá verificar se está no caminho certo.

Verificação: Teste e meça os resultados, comparando-os com o que você esperava. Liste e descreva as diferenças encontradas.

Ação: Analise os resultados. Eles chegaram até as expectativas do plano? O problema foi resolvido? Se não, o que não funcionou? Será preciso mudar o plano? Será preciso mudar a maneira como o plano foi realizado? Será que você cometeu algum erro durante a verificação?

Repita: Ciclos como este vão governar seu trabalho. Algo precisa ser criado ou alterado, e precisamos descobrir o melhor modo de fazê-lo.

Quando o problema parece grande, lembre-se de não se preocupar, você está criando jogos! Fica mais fácil ao longo do tempo, e quando você se sente confortável ao resolver os problemas, não vai se preocupar com os desafios desconhecidos.

Criando conceitos

Se antes de tudo pudéssemos saber para onde vamos e para onde tendemos, poderíamos melhor avaliar o que e como fazê-lo.

– Abraham Lincoln

Desenvolver um conceito para um novo jogo é como fazer um esboço. Uma ideia é tirada de algum estado precoce e transformada em algo mais elaborado. Mediante esse processo, os detalhes são trabalhados e o conceito se torna mais "real".

Criatividade

A *criatividade* é a habilidade de produzir uma ideia, ação ou objeto que pode ser considerado novo e valioso dentro da cultura em questão [Csikszentmihalyi99]. Da mesma maneira que o trabalho de um médico não se limita a saber "usar um estetoscópio", o trabalho do designer não se limita a "ser criativo". Um estetoscópio é uma ferramenta importante para um médico. Ser criativo é uma ferramenta importante para um designer de jogos. Seu trabalho é criar, manter e compartilhar um modelo conceitual do jogo.

A maioria das pessoas acredita que criatividade é um talento ou uma aptidão. As pessoas herdam a criatividade do sorteio dentro da piscina de genes: ou você tem ou não. Se você é mais um na maioria desafortunada, então o bom senso diz que você deve desistir. A verdade é que qualquer um pode aprender a ser criativo contanto que esteja disposto a arriscar um pouco.

Seguindo sozinho

Em 1926, Graham Wallas propôs uma forma geral para o pensamento criativo. Descreveu o processo criativo em quatro fases distintas e, posteriormente, trabalhou sobre o aspecto de como o tema da criatividade em geral conta com essa estrutura precoce para orientação [Wallas26]. As versões mais recentes desse modelo integrariam um quinto estágio, de elaboração, tal como listamos a seguir:

Preparação: O plano de fundo da pesquisa e compreensão de um assunto. Preparação é o esforço intencional para tornar-se imerso em um sistema ou domínio simbólico.

Lemos, estudamos e consideramos todas as lições sobre o assunto que encontramos. Soluções comuns e conhecidas são revisadas ou desconstruídas em um processo típico de engenharia reversa.

Incubação: "Misturar tudo dentro" é o pensamento e a reflexão aplicada a uma ideia. Esse trabalho pode ou não ocorrer conscientemente e pode continuar durante atividades não relacionadas [Campbell85]. Durante esse tempo, as ideias estão sujeitas a censura e discriminação ampla, a maioria ocorrendo de forma muito sutil ou rápida para serem notadas.

Insight: Respostas completas que sejam resistentes à censura inconsciente se revelam à consciência em um momento de súbita iluminação (*insight*). Essas revelações são as experiências de "Eureka!" ou "Aha!", características do processo criativo. Esse é o "1% de inspiração" da famosa citação de Edison: "O gênio é 1% inspiração e 99% suor".

Avaliação: Validação do insight revelado. Busca o equilíbrio na avaliação de suas ideias, pois há tendências iguais a serem excessivamente críticas ou não críticas.

As soluções devem ser descartadas se a falta de uma descoberta significativa é revelada.

Elaboração: Apesar de Wallas não incluir esta fase em sua primeira descrição do processo criativo, é um adendo comum. A elaboração é a transformação do conceito em um objeto, transformando a ideia em substância.

Essas fases são recursivas, existem para serem repetidas em parte ou completamente quanto for necessário. Falhar em dado estágio, em geral faz os pensadores criativos retornarem para a fase de preparação na qual incorporam o que foi aprendido por meio da falha em suas avaliações.

Seguindo juntos

Seguir sozinho é muito trabalhoso e falha no uso de nosso maior recurso: nossa rede de colegas, amigos e família (veja a Figura 2.1.48). Envolva outras pessoas!

Figura 2.1.48 A lousa durante uma reunião criativa.

De longe, a abordagem mais popular e comum para a criatividade em grupo é o *brainstorm*. Quase todos os *brainstorms* envolvem eliminar críticas durante estágios primários. Avalie ideias somente depois que muitas delas forem observadas.

Os críticos apontam que o *brainstorming* é muitas vezes improdutivo porque o processo não é dirigido. Os participantes são encorajados a *não* pensar criticamente, e é desperdiçado tempo na elaboração de más ideias. Mas *brainstorming* eficaz é uma habilidade aprendida. Para todos os efeitos práticos, existem coisas como "más ideias". O truque com o *brainstorming* é identificar, valorizar e eliminar as ideias ruins, assim que possível.

Seis chapéus pensantes

Pode-se utilizar um sistema de role-playing para a resolução criativa de problemas. Esta abordagem usa uma metáfora dos chapéus coloridos para simbolizar as diferentes formas como as pessoas pensam. Estimulando os grupos a alterar a maneira como trabalham juntos, cada pessoa "veste" uma abordagem diferente para o problema em questão [deBono85]. Pode ser uma mudança revigorante de ritmo para sua colaboração, especialmente se o grupo é incapaz de progredir, porque todo o mundo continua a se repetir e reafirmar a sua posição.

Chapéu branco: Neutro e objetivo, vestir este chapéu envolve analisar fatos conhecidos e detectar lacunas para preencher com informação. A ênfase está em avaliar a decisão.

Chapéu vermelho: Intuição, reação instintiva e emoção são as qualidades do chapéu vermelho. Use os seus sentimentos e antecipe os de seu público. Permite visões que são apresentadas sem qualquer justificativa ou explicação.

Chapéu preto: Escuro e sombrio, o chapéu do que " diz não" é usado para julgar ou criticar ideias. Identificar todos os pontos negativos de uma proposta de decisão com cautela e na defensiva, participando ativamente no papel de advogado do diabo.

Chapéu amarelo: Atitude otimista é o tipo deste chapéu. Lógica otimista é aplicada, buscando benefícios e resultados lucrativos que poderiam resultar de uma ideia.

Chapéu verde: Simbolizando a vegetação, o crescimento e as possibilidades criativas são explorados. Novas ideias ou modificações para sugestões são oferecidas, com ênfase na novidade.

Chapéu azul: A influência zen da organização é simbolizada pelo céu azul. Vestindo este chapéu, você mantém um processo e uma perspectiva orientada ao controle, organizando e revendo o trabalho dos outros chapéus.

Inspiração:
Incontáveis ideias enchem o mundo ao seu redor. Para encontrá-las você só tem de manter uma mente receptiva para o lúdico e a estrutura dos jogos. Para os designers do jogo, a brincadeira é a chave. Procure oportunidades para jogar em todos os momentos. Olhe para os elementos da vida ao seu redor e os reconfigure em diversões. Jogue com seus amigos (Figura 2.1.49). Se você não tem amigos, aprenda a tê-los; o número não importa – um é suficiente –, mas a habilidade de se relacionar com as pessoas está acoplada a antecipar seus sentimentos.

Figura 2.1.49 Paul e Dave buscando inspiração em um ótimo jogo de cartas.

Uma das maiores fontes de inspiração e aprendizado para qualquer designer de jogos de videogame é o mundo vibrante de jogos de tabuleiro. Se "jogo de tabuleiro" faz você pensar em *Monopoly* ou *Risk*, então não sabe o que está perdendo.

A seguir uma lista de alguns jogos de tabuleiro que você deve jogar:

Agricola
Blokus
Bohnanza
Carcassonne
Dominion
Hive
For Sale
Power Grid
Puerto Rico
The Settlers of Catan
Ticket to Ride

Outros tipos de mídia são outra fonte sem fim de inspiração. Não basta consumi-los passivamente, mas ter alegria em analisá-los: desconstruir os seus sinais e técnicas, transformá-los em diagramas de sistema. Divirta-se sendo um designer de jogos!

› Prototipagem e ciclos de teste do jogo (*Playtesting Cicles*)

Toda vida é um experimento. Quanto mais experimentos fizer, melhor.
– *Ralph Waldo Emerson*

Sem dúvida, a melhor maneira de saber se um projeto é bom é jogá-lo o mais rápido possível. A melhor maneira de saber se o jogo é bom para seu público-alvo é fazer com que alguns deles o joguem o mais rápido possível. Os *protótipos* são as ferramentas para isso. Todos os protótipos, seja em software, seja em material físico, servem ao mesmo propósito: construir rapidamente um modelo primário de trabalho para avaliar uma ideia, responder a uma pergunta ou como um teste para resolver um problema maior. Os protótipos são esboços descartáveis para serem jogados fora uma vez que as suas perguntas forem respondidas. Podem ser usados em todas as fases do projeto e assumir qualquer forma que você precisar para provar suas ideias.

Os *protótipos físicos* são jogos que você faz com papel, cartões, fichas, sinais, dados e outros itens comuns. Utilize canetas para desenhar figuras, palavras e números sobre a superfície de jogo, concentrando-se nos aspectos utilitários da arte, e não na sua estética; precisa ser eficaz enquanto jogo-teste, não bonito. Faça mudanças rapidamente, pois testes e acertos são necessários, e não deixe detalhes estéticos relacionados às características perturbarem sua trajetória.

Aqui é o lugar onde você deve começar a juntar suas ideias. As chances são boas de que, no mundo real do desenvolvimento profissional do jogo, você dificilmente *começará* com um protótipo, mas há sempre tempo para tomar o controle de seu próprio trabalho e fazê-lo para si mesmo.

Os *protótipos de software* são implementados com código. Estes são os protótipos que, uma vez em produção, você provavelmente usará regularmente. Eles podem ser separados do corpo principal do código do jogo ou serem implementados no *bloco* principal, mas em um local discreto, onde são fáceis de remover. Muitas vezes, os protótipos são escritos em uma linguagem de script (como Lua ou Python), cujas preocupações de desempenho são secundárias para facilitar o desenvolvimento.

〉 Teste do jogo (*Playtesting*)

Os *testes do jogo* consistem em encontrar problemas a partir da perspectiva do usuário. *Testadores de jogos* (*playtesters*) são as pessoas que jogam seus protótipos ou jogos e lhe dão feedback sobre a experiência. Designers, muitas vezes, observam os testadores de jogos, tomam notas e, ocasionalmente, fazem perguntas a eles. Faça perguntas continuamente:

- Os jogadores conseguem usar os controles? Eles os entendem?
- A GUI está clara? Os menus estão navegáveis?
- Os níveis podem ser concluídos? Com quanto de esforço?
- As habilidades necessárias podem ser aprendidas? Em quanto tempo?
- Eles estão se divertindo? De que modo?

É muito comum, durante o processo de criação de um jogo, que os desenvolvedores se tornem cegos para a verdadeira experiência de jogo. Alguns aspectos do jogo podem ter sofrido várias revisões e, com cada mudança, o risco de que a experiência do jogador seja esquecida aumenta. No *Game Design Perspectives*, Sim Dietrich oferece a seguinte lista de sinais de alerta para designs de jogos falhos [Dietrich02]:

- Jogadores iniciantes não podem jogar sem ajuda.
- Jogadores iniciantes não se divertem jogando sem ajuda.
- Salvamento e carregamento excessivos.
- Personagens não populares.
- A síndrome das ofensas.
- Os jogadores frequentemente reconfiguram os controles.

〉 Cinco dicas

A seguir são apresentadas cinco sugestões rápidas que praticamente qualquer designer experiente de jogos irá compartilhar.

1. Tenha sempre um caderno de anotações.
Quando você tiver uma ideia, anote-a. Quando quiser mostrar algo a alguém, certifique-se de que colocou em seu caderno. Esboços, esquemas e qualquer coisa que queira lembrar podem vir aqui. O simples processo de escrever o ajudará a lembrar.

2. Dissemine a criatividade com todos compartilhando a sua.
Seu trabalho não é gerar ideias, mas colhê-las, e os campos mais férteis são as pessoas ao seu redor. Incentive-as a compartilhar ideias oferecendo as suas, e quanto mais cedo melhor. Teste e valide seus pensamentos com todos, ou melhor, compartilhe seu *processo de pensamento*. Como chegar a uma resposta pode ser tão importante quanto o próprio resultado.

3. Ouça profundamente as pessoas.
Ao falar com um amigo, colega ou cliente, ouça tudo o que dizem, mas ignore como estão dizendo. Escute além das palavras e de suas avaliações. Concentre-se nas causas fundamentais. Faça perguntas para obter respostas. Repita as opiniões dos outros com suas próprias palavras, perguntando: "Será que eu entendi o que vocês estavam dizendo?".

4. Aprenda a fazer o resto.
Um bom designer entende de design de jogo, em primeiro lugar. Mas o conhecimento do funcionamento das outras partes do desenvolvimento (arte, programação, áudio etc.) oferece vários benefícios. Em primeiro lugar, e o mais importante: você cria projetos responsáveis pela disponibilidade da maioria dos recursos. Em seguida, terá mais ferramentas para ajudar a se comunicar com os outros. Por último, se você for longe o suficiente para ser capaz de criar seus próprios protótipos digitais (usando o Flash, por exemplo), poderá reduzir o tempo de criação dos esboços eficazes da jogabilidade.

5. Acabe com suas más ideias!
Se suas ideias maravilhosas *bugarem* o protótipo *e* você não conseguir encontrar um jeito de corrigi-lo, acabe com ele. Se você não encontrar ninguém que "entenda" sua grande ideia de jogo – arrume-a ou acabe com ela.

Resumo

Este capítulo apresentou uma breve imagem de conceitos, vocabulário, ferramentas e outras questões relacionadas ao design de videogame. Nosso objetivo não tem sido prepará-lo para ser um designer de jogo, mas estudante de design de jogos. Com essa breve introdução, você poderá organizar as questões que encontrar em uma representação básica dos sistemas de jogos.

Após iniciarmos com alguma tranquilidade, estabelecemos alguns termos básicos e ressaltamos a importância de se comunicar com outros desenvolvedores. Por conseguinte, foi-lhe mostrado um modelo de jogo. Esse esquema reflete a necessidade dos designers de jogos de resolverem os problemas isolando-os em partes. Lembre-se de que esse modelo não é a realidade, mas uma representação. Em qualquer jogo real, as peças não se encaixam em espaços categóricos; as situações se complicam, e nós criamos modelos para simplificá-las. A mecânica de jogo e a experiência foram atribuídas ao Jogador, enfatizando a natureza pessoal e subjetiva de ambas. Os sistemas de jogo e conteúdo foram posicionados na extremidade oposta do relacionamento, indicando a realidade física do local onde esses materiais se encontram – no artefato.

As ações e interfaces foram agrupadas sob uma interface para mostrar como o jogador e o jogo se conectam e para enfatizar que as ações do jogador são tão relevantes como os controles guiados por eles.

Foram apresentadas muitas questões e preocupações que os designers de jogos enfrentam todos os dias, organizadas em áreas de nosso modelo esquemático. Uma discussão adequada sobre qualquer tema pode facilmente encher capítulos inteiros ou livros, e aqui você só teve um vislumbre. Com a mais forte e sincera ênfase, você é encorajado a continuar a aprender sobre design de jogos. Algo acontece, ao longo do caminho, onde se torna difícil *não* relacionar tudo o que se aprende com a concepção do jogo, esta é uma arte diversa e expressiva.

A única coisa que você *precisará* fazer para ser um designer de jogos é: comece agora e não pare.

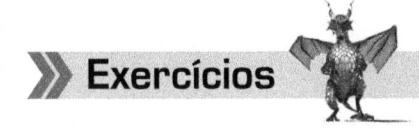

Exercícios

1. Um público-alvo foi escolhido para você: mulheres de 35 a 55. Crie um conceito de jogo que complete as exigências desse público.
   a. Comece modelando as preferências desse público. Crie uma lista usando fontes públicas de informações (exemplo, biblioteca, Internet). Inclua considerações para estilos de jogo, estilos de aprendizado, temas e configurações.
   b. Crie uma lista de características de jogos, mecânicas e ações com essa informação.
   c. Reúna um grupo (4-8) de pessoas pertencentes a este conjunto demográfico e realize um teste de foco gravado por meio de áudio ou vídeo. Compartilhe sua lista de recursos como ponto de partida, pedindo opiniões. Tire suas dúvidas gerais sobre os hábitos de jogo, gostos e aversões do grupo, estreitando sua lista de preferências da questão 1a. Incentive a discussão do grupo. Faça anotações de opiniões que ressoam fortemente no grupo. Mantenha a conversa ativa, mas não contribua com as suas próprias opiniões.
   d. Crie personagens (2–3) representando seu público. Usando dados do teste de foco e sua lista inicial de preferências, procure acordo entre as duas fontes.
   e. Faça um *brainstorm* de conceitos (2–3) direcionando as preferências de seu público. Liste as características e esboce mecânicas e interfaces. Use diagramas e descrições claras e curtas. A escrita deve preencher meia página, não mais que isso.
   f. Junte um segundo grupo de foco para registrar e apresentar seus conceitos. Para cada conceito, solicite que o grupo leia e revise o material impresso. Então ofereça uma descrição curta do conceito. Solicite opiniões pedindo para que o público levante as mãos, para mostrar se gosta ou não. Trabalhe com o que gostaram e o que lhes desagradaram, conseguindo mais e mais detalhes enquanto a discussão prossegue. Forneça explicações para perguntas, mas não defenda seus conceitos.
   g. Revise os resultados dos testes e sugira modos possíveis dos conceitos serem melhorados para atender às preocupações dos participantes.
2. Analise um dos jogos da série *Lego* pela TT Games.
   a. Liste objetivos. Defina-os como primários/necessários e secundários/opcionais.
   b. Crie uma lista das mecânicas de jogabilidade e as relacione com os objetivos. Tenha certeza de observar mecânicas que necessitam do uso de personagens específicos.
   c. Crie dois ou três diagramas de sistema indicando, como melhor palpite, como os sistemas de jogo são organizados para suportar as mecânicas de jogo. Escolha os sistemas que têm pelo menos duas unidades variáveis. (Para mais informações sobre pensamento de sistema, veja *Thinking in Systems*, de Donella Meadows [Meadows08].)

d. Liste as ações do jogo que os jogadores podem realizar.
e. Mapeie as ações do jogador para a interface. Crie um diagrama de controle e mapa esquemático entre as ações do jogador e o feedback da interface.
3. Converta o design de um jogo de tabuleiro físico para um videogame.
   a. Resuma os objetivos.
   b. Liste todos os componentes físicos: peças, dados, layout do tabuleiro etc.
   c. Descreva a sequência de jogo. Como os turnos são estruturados? Quando todos os jogadores são permitidos agir? Que ações são permitidas e quando?
   d. Liste todas as informações do jogo (posição, cartas etc.) e determine quais podem ser explícitas e quais devem ser sigilosas.
   e. Projete uma interface que permita aos jogadores realizarem ações de jogo e entenderem os estados do jogo a qualquer momento.
4. Faça um protótipo do seu conceito de jogo.
   a. Escolha um público que você gostaria. (Pode ser você.)
   b. Crie uma lista de propósitos de experiências para o projeto.
   c. Crie objetivos e mecânicas principais que satisfaçam a esses propósitos.
   d. Projete um sistema que suporte essas mecânicas. (Observação: as questões 4c e 4d quase são um ciclo de ida e chegada.)
   e. Projete uma interface mapeando as ações do jogador, que esconda ou revele as informações adequadas.
   f. Crie um protótipo físico ou digital (para mais informações sobre prototipagem, veja *Game Tuning Workshop*, de Tracy Fullerton [Fullerton08]).
   g. Teste o protótipo com seu público e ajuste o design usando essa informação.
   h. Repita os itens 4d a 4g até o conceito atender a seus propósitos.

Referências

[Andrade07] Andrade, Eduardo, Cohen, Joel B., "On the Consumption of Negative Feelings", Journal of Consumer Research, (October 2007).
[Apostol69] Apostol, Tom, Calculus, Volume II, 2nd ed., John Wiley & Sons, 1969.
[Bateson72] Bateson, Gregory, "A Theory of Play and Fantasy", Steps to an Ecology of Mind, The University of Chicago Press, 1972: pp.177-193.
[Brown09] Brown, Stuart, Vaughan, Play, John Wiley & Sons, 1969.
[Burghardt05] Burghardt, Gordon, The Genesis of Animal Play: Testing the Limits, Massachusetts Institute of Technology, 2005.
[Campbell85] Campbell, David, Take the Road to Creativity and Get off Your Dead End, Center for Creative Leadership, 1985.
[Chartrand77] Chartrand, Gary, Graphs as Mathematical Models, Prindle, Webber & Schmidt, 1977.
[Cousins04] Cousins, Ben, "Elementary game design", Develop, October 2004.
[Csikszentmihalyi90] Csikszentmihalyi, Mihalyi, Flow: The Psychology of Optimal Experience, Harper Row, 1990.
[Dawkins76] Dawkins, Richard, The Selfish Gene, Oxford University Press, 1976.
[deBono85] de Bono, Edward, Six Thinking Hats, Little, Brown, and Co., 1985.

[Dietrich02] Dietrich, Sim, "Six Principles of User Interaction", Game Design Perspectives, Charles River Media, 2002.
[Duniway08] Dunniway, Troy, Novak, Jeannie, Game Development Essentials: Gameplay Mechanics, Delmar Cengage, 2008.
[ESA09] ESA Entertainment Software Association, "Industry Facts", available online at http://www.theesa.com/facts/index.asp, April 1, 2009.
[Ekman03] Ekman, Paul, "Emotions Revealed", Henry Holt and Company, 2003.
[Fauconnier02] Fauconnier, Gilles, and Turner, Mark, The Way We Think, Basic Books, 2002.
[HMCo00] Houghton Mifflin Company, The American Heritage Dictionary of the English Language, Fourth Edition, 2000.
[Huizinga55] Huizinga, Johann, Homo Ludens: A Study of the Play Element in Culture, Beacon Press, 1955.
[Hutchins99] Hutchins, Edwin, "Cognitive Artifacts", The MIT Encyclopedia of the Cognitive Sciences, The MIT Press, 1999: pp. 126–127.
[Juul03] Juul, Jesper, "The Game, the Player, the World: Looking for a Heart of Gameness", Level Up: Digital Game Research Conference Proceedings, Utrecht University, 2003.
[Kim09] Kim, Scott, "What Is a Puzzle?" Scott Kim, available online at: http://www.scottkim.com/thinkinggames/whatisapuzzle/index.html, April 10, 2009.
[Lazzaro04] Lazzaro, Nicole, "Why We Play Games: 4 Keys to More Emotion in Player Experiences", XEODesign® Inc., available online at http://www.xeodesign.com/whyweplaygames, 2004.
[LeBlanc99] LeBlanc, Marc, "Formal Design Tools: Feedback Systems and the Dramatic Structure of Competition," (Game Developers Conference), available online at http://algorithmancy.8kindsoffun.com/cgdc99.ppt, 1999.
[LeBlanc04] LeBlanc, Marc, "Game Design and Tuning Workshop Materials", (Game Developers Conference), available online at http://algorithmancy.8kindsoffun.com/GDC2004/, 2004.
[LeDoux02] LeDoux, Joseph, Synaptic Self: How Our Brains Become Who We Are, Penguin, 2002.
[Meadows08] Meadows, Donella H., Thinking in Systems, Chelsea Green, 2008
[Norman88] Norman, D. A., and Draper, S. Eds., User Centered System Design: New Perspectives in Human-Computer Interaction, Erlbaum Associates, 1986.
[Oxford09]"fun" The Concise Oxford Dictionary of English Etymology. Ed. T. F. Hoad. Oxford University Press, 1996. Oxford Reference Online. Oxford University Press. 5 April 2009, http://www.oxfordreference.com.
[Pinel07] Pinel, John P. J., Biopsychology 6th Ed., Pearson Education, Inc., 2007.
[Pinker97] Pinker, Steven, How the Mind Works, W. W. Norton & Co., 1997.
[Russell02] Russell, J. Thomas, Lane, W. Ronald, Kleppner's Advertising Procedure, Prentice Hall, 2002.
[Salen04] Salen, Katie, and Zimmerman, Eric, Rules of Play: Game Design Fundamentals, The MIT Press, 2004.
[Schell09] Schell, Jesse, The Art of Game Design: A Book of Lenses, Elsevier, 2008.
[Schwartz04] Schwartz, Barry, The Paradox of Choice: Why More is Less, Harper Collins, 2004.
[Siviy98] Siviy, S. M., "Neurobiological substrates of play behavior: Glimpses into the structure and function of mammalian playfulness," Animal Play: Evolutionary, Comparative, and Ecological Perspectives, Cambridge University Press, 1998: pp. 221–242.

[Smith03] Smith, Harvey, "Orthogonal Unit Differentiation", Game Developers Conference, 2003, available online at www.gdconf.com/archives/2003/Smith_Harvey.ppt.
[Wallas26] Wallas, Graham, The Art of Thought, Harcourt-Brace, 1926.
[Waugh07] Waugh, Eric-Jon, "GDC: Randy Smith Doesn't Save the Day", Gamasutra.com, available online at http://www.gamasutra.com/php-bin/news_index.php?story=13087, April 10, 2009.
[Wikipedia09] Wikipedia contributors, "Scientific modelling", Wikipedia, The Free Encyclopedia, available online at http://en.wikipedia.org/w/index.php?title=Scientific_modelling&oldid=282766386, April 10, 2009.
[Wright03] Wright, Will, "Models Come Alive", PC Forum 2003, EDventure Holdings Inc., 2003.
[Zimbardo92] Zimbardo, Philip, Psychology and Life, Thirteenth Edition, HarperCollins, 1992.

2.2 Escrita de jogos e contando histórias interativas (*interactive storytelling*)

Neste capítulo

- Visão geral
- Conheça seu público
- Orçamento e outras limitações
- Técnicas básicas de contar histórias (*storytelling*)
- Tipos de trama
- História de fundo
- A história interativa
- Mecanismos da história
- Técnicas de contar histórias interativas (*interactive storytelling*)
- Personagens
- Diálogo
- Resumo
- Exercícios
- Referências

> Visão geral

Embora as histórias tenham sido uma parte dos jogos eletrônicos desde o início, na maioria dos casos, parecem existir apenas como uma reflexão tardia, secundária ao gráfico e mecânica de jogo. Elas são muitas vezes ignoradas pelos desenvolvedores de jogos e escritas apenas como diálogo ou simplesmente não são interessantes. Infelizmente, isso liquida com a história, pois ela é, em sua essência, o conflito, e o conflito, afinal, é exatamente o que é o jogo. Além disso, como os elementos técnicos estão atingindo seu ápice, os desenvolvedores estão agora voltando-se para caminhos alternativos para tornar os jogos mais realistas e imersivos. A emergente arte de contar histórias interativas em jogos é uma excelente maneira de conseguir isso.

Contar histórias tem sido uma parte integral da experiência humana, desde a época das pinturas nas cavernas. As histórias permitem que as pessoas escapem da realidade e se transformem em indivíduos que nunca poderiam ser, fazendo coisas que nunca poderiam fazer, em lugares que nunca poderiam ir. Isso vale para as histórias em videogames e, de fato, o meio do jogo leva o contar histórias para um novo nível. Por exemplo, mesmo as narrativas escritas a partir de uma visão em primeira pessoa, em uma história tradicional, ainda são sobre outra pessoa, enquanto que em um jogo, o jogador está jogando no papel da personagem; assim, eventos que afetam a personagem, na essência, afetam a própria experiência do jogador. Apesar do contar histórias interativas dentro dos jogos eletrônicos compartilharem muitos elementos com o modo de contar histórias mais tradicionais, ele tem, ao longo das últimas décadas, evoluído dentro de seu próprio meio.

Existem três maneiras principais de uma história ser experienciada. Pode ser contada oralmente ou por meio de texto, pode ser mostrada por meio de um filme ou de uma única cena, ou a história pode ser experienciada interagindo-se dinamicamente com o enredo. Enquanto as duas primeiras formas podem ser bastante imersivas, quando entregues sozinhas, são insuficientes para a arena de jogos. O jogador padrão é uma alma impaciente, cheio de ação em seu cérebro, que irá quase sempre preferir vivenciar a história, em vez de ouvir, ler ou ver. Isso, combinado com a crescente sofisticação do jogador, temos o apelo pelo crescimento da história interativa.

Embora não seja possível, ou mesmo desejável, em cada situação de jogo, a história interativa é uma excelente maneira de respeitar a vontade de experimentar a história, em vez de simplesmente absorvê-la passivamente. Em seu melhor, a história interativa pode criar no jogador o estado psicológico do fluxo, no qual a realidade se desvanece e toda a consciência está focalizada no jogo. A história também fornece ao jogador a motivação para continuar jogando e uma razão para prosseguir com os obstáculos do jogo. O jogador é continuamente recompensado com a descoberta de novas partes da história enquanto participa do jogo. Isso mantém o sentimento de imersão e cria uma experiência de jogo mais completa.

A imersão é a principal razão para criar histórias de jogo fantásticas e construir mundos impressionantes. Dar aos jogadores uma presença no mundo e fazer que eles se tornem parte da história é essencial para criar uma sensação de imersão [Krawczyk06]. Como escritor, é também importante conhecer o seu público e ter pleno conhecimento do escopo do projeto para que o texto seja adequado ao tipo de jogo que está sendo desenvolvido. Em geral, quando se escreve para um jogo, a regra é ser tão eficiente com os recursos quanto possível, e ainda criar uma experiência de entretenimento para o jogador. A criação de jogos é um negócio que visa ao lucro, e por mais que os escritores gostem de experimentar novos e fantásticos meios de contar uma história, normalmente isso não se situa no âmbito do orçamento ou do jogo que geralmente está sendo desenvolvido. No entanto, existem muitos métodos e técnicas para se criar uma experiência de jogo envolvente, através da escrita, visando a maximizar a imersão, bem como mantendo o escopo do jogo dentro de parâmetros razoáveis.

❯ Conheça seu público

É essencial para a equipe de desenvolvimento, incluindo o escritor do jogo, estar em harmonia e ter completo entendimento do escopo e visão do jogo que gostariam de criar. Diversos tipos de jogos, tradicionalmente, procuram um tipo diferente de história, e mesmo dentro de cada gênero, haverá diferenças que vão afetar o tipo de narrativa que servirá melhor ao jogo [Dille08]. Por exemplo, seria um desperdício enorme de recursos incluir várias cenas cinematográficas caras para explicar o contexto de uma personagem em um jogo de ação para o Nintendo DS.

Para a maioria dos jogos de ação, como o *Sonic Unleashed* da SEGA Corporation ou os jogos do *Super Mario* da Nintendo, o propósito por trás do game é sobreviver e usar o tempo e os reflexos rápidos para superar os obstáculos. Apesar de um cenário interessante e uma personagem divertida em geral serem essenciais para esses tipos de jogos, uma história elaborada normalmente não é necessária. A personagem é impulsionada por um objetivo maior, como o de resgatar a princesa ou apenas sobreviver no jogo traiçoeiro. Os testes de reflexo requeridos por tais jogos são geralmente suficientes para manter os jogadores entretidos e motivá-los a continuar. Além disso, a menos que o enredo seja apresentado ao mesmo tempo em que o jogo está rodando, ele não será bem recebido, será visto como uma intromissão na ação. Portanto, para a maioria dos jogos de ação, criar uma história mais elaborada ou interativa provavelmente será um desperdício de recursos.

O caso é o mesmo para os jogos de tiro, apesar de diversos lançamentos recentes terem se expandido para incluir uma história mais complexa. Além disso, alguns jogos de tiro se mesclam com outros gêneros e compartilham muitos elementos de puzzles, jogos de ação e RPGs. O *Half-Life 2* da Valve e o *BioShock* da 2K Games, por exemplo, ainda são de tiro; contudo, também são ricos em elementos de narrativa, vistos nos RPGs e em elementos tradicionalmente usados em jogos de ação. Os jogos de tiro também se tornaram on-line como o *Left 4 Dead* e o *Halo 3*, nos quais existe uma história básica e ambiente; contudo, para a maior parte deles, os jogadores criam suas próprias histórias através da jogabilidade. Pergunte a quaisquer jogadores que estiverem em um jogo on-line por um dia ou dois, e eles terão muitas histórias para contar sobre eventos que aconteceram durante seu jogo com seus parceiros e inimigos on-line. Essas histórias são pessoais, e não podem ser antecipadas ou projetadas para o jogo.

Devido à grande diversidade entre os jogos de tiro, a complexidade de sua narrativa depende realmente do escopo do projeto. Tem sido demonstrado que a narrativa vem sendo bem recebida em recentes jogos de tiro, e muitos dos mais vendidos nos últimos anos têm sido aqueles com enredo. Contudo, outros jogos de tiro puros sem enredo ainda estão vendendo bem. Haverá sempre os jogadores que são impacientes, para quem a história só atrapalha os assassinatos em massa. Para os jogos de tiro, então, verdadeiramente precisamos "conhecer seu público".

Essa mesma filosofia de "conheça seu público" pode ser tranquilamente atribuída a outros gêneros. Tradicionalmente, os jogos de corrida, luta, estratégia, puzzles e ritmo quase não possuem enredo. No entanto, isso não significa que não há espaço para a narrativa nesses gêneros. Incorporada de forma correta, uma narrativa forte pode facilmente aumentar o sentimento de imersão desses jogos. Num futuro próximo, é provável que muitos gêneros irão se expandir para incluir narrativas mais complexas em sua jogabilidade.

Os gêneros que costumeiramente têm necessitado de narrativas fortes são os RPGs e os jogos de aventura. Seus jogadores não apenas apreciam uma boa história, mas também esperam por uma. Esse é o lugar onde um ambiente, trama e narrativa bem pensados são integrais para a jogabilidade. Nesses gêneros, os jogadores em geral têm tempo de pensar a respeito e analisar seu próximo passo. Eles querem tomar suas decisões, e querem que suas decisões tenham importância. Querem estar imersos em mundos fantásticos e ricos que podem ser explorarados enquanto desenvolvem e aprimoram sua personagem. É nesses gêneros que a história interativa pode realmente aprimorar a experiência do jogador.

Não basta só considerar o gênero, mas também é necessário saber também para qual plataforma o jogo é destinado. Os públicos de jogos para consoles, PCs, portáteis e para celular são muito diferentes, e os jogadores têm expectativas e níveis de tolerância muito distintos. A faixa etária à que o jogo se destina também precisa ser considerada. Mais uma vez, idades diferentes possuem diferentes expectativas. Os detalhes dessas expectativas não serão explorados no presente capítulo; no entanto, é importante estar ciente de que tais diferenças existem e, ao escrever um jogo, tenha certeza de que essas diferenças foram levadas em conta.

› Orçamento e outras limitações

Pergunte a qualquer grupo de desenvolvedores e eles concordarão que, naturalmente, a escrita é importante para o jogo. Infelizmente, um olhar para o orçamento conta uma história completamente diferente e, em geral, apenas uma pequena porção de tempo e recursos são dedicados à escrita. Jogos com bons gráficos não necessariamente vendem mais do que aqueles sem, portanto, quando são necessários cortes orçamentários, a história é muitas vezes a primeira a ser cortada [Jeffries08]. É fundamental que os escritores tenham claro quais limitações estão sendo colocadas sobre eles, e encontrar meios de maximizar a imersão, enquanto permanecem dentro das limitações do orçamento.

Implementar histórias em jogos têm sido um processo lento e nem sempre se comprovou rentável. Em geral, a indústria de jogos não gosta de apostar em riscos financeiros. Warren Spector, famoso pelo jogo *Deus Ex*, compara a situação atual com o filme *Cidadão Kane* [Kosak05]. Apesar de todos os elogios da crítica, *Cidadão Kane* falhou em se tornar lucrativo. O jogo da Sony de 2004, *Ico*, é um exemplo de algo inovador e aclamado pela crítica que não conseguiu cumprir com o quesito de sucesso comercial. *Ico* usa uma história simples, mas atraente para motivar o jogador por meio de uma série de puzzles. É feito de tal maneira inteligente e simples que o jogador se torna completamente imerso no conto do garoto que conhece uma garota. No entanto, apesar da sua inovação e de ser um *cult* atual, nunca deu lucro para seus desenvolvedores.

Falhas comerciais desse tipo em geral mantêm desenvolvedores relutantes em arriscar comercialmente em um jogo baseado em um design inovador com ótima história. Eles preferem manter-se com jogos que geram dinheiro, como sequências baseadas em personagens comerciais. Isso significa que os autores podem ser forçados a permanecer distantes das técnicas de escrita de jogo. Histórias inteligentes nem sempre são recebidas de braços abertos nos estúdios. Esteja ciente de quão longe o estúdio está disposto a ir na implementação de ideias inovadoras e verifique se eles estão abertos a isso antes de tentar projetos experimentais.

Outra consideração é o custo de contratação de atores profissionais. Diálogo empolado e mal falado pode ser o que acaba com a imersão para um jogador. Se a qualidade da atuação não é convincente, o jogo será um desastre, contrariando toda a razão de ter um diálogo em primeiro lugar. Mesmo o roteiro mais soberbamente escrito falhará nas mãos de um ator ruim. Se o orçamento não permitir a contratação de profissionais, é preferível ter um diálogo entregue em forma de texto, em vez de exposições mal interpretadas por um amador. Portanto, saiba de antemão se haverá um orçamento para atores profissionais e planeje de acordo.

O escritor também pode ser podado por limitações técnicas. Por exemplo, ele pode escrever que um morcego gigante desce e leva a personagem para uma área nova, mas o motor de jogo não suporta o voo. Um dos maiores problemas com a redação é a falta de comunicação sobre o que é ou não possível dentro do jogo [Jeffries08]. Embora possa parecer que o mundo do jogo esteja cheio de possibilidades ilimitadas, a maioria é realmente bastante limitada no que pode e não pode ser realizado. Portanto, os escritores precisam estar plenamente conscientes das limitações técnicas do jogo para o qual estão escrevendo.

❭ Técnicas básicas de contar histórias

É importante que o escritor do jogo entenda a estrutura clássica da história. Este é um método verdadeiro e simples que está provado, funciona e repetidamente vai atender às expectativas do público. Há muitas maneiras para o experiente escritor dar vazão aos seus instintos criativos e avançar a partir daí; porém, para o iniciante, é melhor se ater a uma fórmula que tem resistido com o passar do tempo. Estas são as raízes a partir das quais a vasta maioria das histórias são criadas.

A percepção de muitos desenvolvedores é que a história é primeiramente um diálogo. Não somente isto não é verdadeiro, como um excesso de diálogo, usualmente, não é algo ideal em um jogo, bem como irá testar a paciência da maioria dos jogadores. Em vez disso, pense na história como uma série de conflitos e obstáculos que se completam mutuamente. Coloque esses conflitos dentro da estrutura clássica de história, então uma história será criada.

A história quase sempre começa como um conceito ou ideia básica. Esta é em geral uma ideia que coloca alguns personagens, em algumas situações e dentro de um contexto. Por exemplo, um conceito poderia ser o seguinte: uma mulher acorda em outro planeta com amnésia e precisa encontrar uma maneira de voltar para casa. Enquanto isso, ela descobre um plano diabólico para dominar a Terra e encontra um jeito de impedi-lo. Ou, ainda, um policial novato descobre que tem o poder de ler mentes e toma conta da multidão, sem deixar que seus supervisores fiquem sabendo de seus poderes. Essas são premissas básicas dos jogos e os detalhes podem ser melhor detalhados posteriormente.

Ao seguir a estrutura básica da história quando escreve para o jogo, o escritor terá maior probabilidade de fornecer ao jogador o que este espera e as ferramentas para satisfazê-lo. Enquanto outras fórmulas de história existem, e um contador de histórias experiente pode utilizar licença poética e tentar novos métodos, a estrutura da história destacada aqui é simples e fácil de implementar. A estrutura básica de história funciona assim: começa com um incidente excitante, seguido de uma ação crescente, então um clímax chocante e, por fim, uma resolução satisfatória.

Incidente provocador → Ação crescente → Clímax → Resolução

Incidente provocador
Cada história começa com o que chamamos de "incidente provocador", em que o conflito da história é introduzido. Até esse ponto, a vida da personagem se desenvolvia por um caminho previsível, então, bum!, ocorre algum evento que desequilibra tudo. Temos aqui o herói respondendo ao chamado da aventura. O momento em que o avião de Jack, personagem de *Bioshock* da 2K Games, cai é um exemplo de um incidente provocador, e é quando sua personagem é jogada na história e as rodas começam a girar. Você também pode ver isso em *Halo* da Bungie, quando a Aliança Teocrática Militar Covenant ataca sua nave. A partir daí, o caminho do herói é mudado irrevogavelmente e a história começa.

É importante, nesta fase, capturar o interesse do jogador. Para muitos jogadores, se não forem apanhados nos primeiros dez minutos, serão perdidos e poderão optar por não jogar novamente. Isso significa começar o jogo com uma ação imediata e conflito. Podem ser breves e menores, mas o ideal é haver um obstáculo imediato para o jogador superar desde o início.

Ação crescente

Após o incidente excitante, a personagem começa a experimentar uma série de conflitos que impulsionam a história para a frente. Essa é a *ação crescente*. É durante este momento que a maioria da jogabilidade acontece, com a personagem enfrentando diversos obstáculos e desafios enquanto realiza sua jornada em direção ao seu objetivo final.

Em um livro, grande parte do conflito é interno e acontece dentro da mente da própria personagem. Em um roteiro para cinema ou televisão, a maioria dos conflitos é interpessoal e é mostrado como conflito entre as personagens. Com os jogos, contudo, enquanto os outros tipos de conflitos existem, a maioria deles vai ser externa e proveniente do ambiente. É importante, portanto, tornar o ambiente rico e cheio de conflitos. Isso pode vir na forma de puzzles que devem ser resolvidos, inimigos a serem combatidos, pessoas a serem coagidas, recursos que precisam ser reunidos e muitas outras maneiras, mas o principal aqui é manter o jogador em movimento, através da história.

É durante esta parte que os jogadores, por meio da narrativa do jogo, descobrem quem são e do que são capazes. Eles também descobrem quem são os inimigos e por que estão lutando contra eles. Basicamente, a ação crescente e os conflitos descobertos fornecem uma justificativa aos jogadores para continuar e um motivo para continuar a pressionar o botão A.

É importante para o escritor estabelecer metas para a personagem durante esta parte e torná-las significativas [Krawczyk06]. As metas podem ter sentidos e significados relacionados com os desejos do ser humano e conectados com a história. Por exemplo, enviar a personagem para encontrar um chapéu terá um significado maior, se esse for um chapéu especial que tem o poder de fazer as mulheres se apaixonarem pelo herói. Mais tarde, o chapéu poderá criar uma cena de conflito entre duas mulheres NPC na história, lutando pela atenção do herói. Não envie a personagem em jornadas sem sentido, vazias para ocupar o tempo. Se você quer que sua personagem colete orbes rosa ou moedas de prata, dê uma razão para que essas sejam úteis e uma maneira de ele usar tais itens no jogo. Torne as jornadas e missões criativas e interessantes, e as mantenha relevantes à história e ao personagem.

Ritmo

Ritmo é muito importante aqui. Você deseja criar tensão e suspense para o jogador. Essas emoções podem ser liberadas em pequenas revelações para a personagem, e isso é realmente desejável para manter a motivação. No entanto, é preciso haver um sentimento geral de construção de suspense e tensão. É preciso haver um equilíbrio, revelando o suficiente da personagem para manter o jogador intrigado e para recompensá-lo, mas não tanto que ele perceba como a história irá acabar. Isso é feito continuamente pela personagem com a resolução de pequenos conflitos dentro do jogo, mas não sendo permitida a resolução do conflito principal até o final. Além disso, uma boa fórmula para atingir esse objetivo é colocar cenas cinematográficas e pontos de ação mais lentos depois de picos de grande ação, como um confronto dramático, uma grande revelação ou uma briga contra um chefe.

Outra maneira de manter o ritmo é a utilização de um conceito tomado emprestado de roteiros fílmicos: *Vem tarde, sai cedo*. Isso significa começar a cena no momento da ação e finalizá-la quando a ação é terminada. Por exemplo, se a cena acontece em um evento esportivo, o público não precisa ver as personagens estacionarem seus carros, comprar seus ingressos e encontrar os seus lugares. Em vez disso, o público deve ser colocado logo onde a ação se inicia – nesse caso, no estádio.

Os mesmos métodos se aplicam no final da cena. A plateia não precisa ver nada após o término da cena, e não precisa ver os personagens deixarem o estádio, se não for para aprofundar a trama. Nesse caso, a ação para e, em seguida, a próxima cena começa em um novo local. Com os jogos, isso se traduziria em ter inimigos e obstáculos, desde o início de qualquer período de transição. A inserção de personagens em pontos de ação manterá o ritmo constante e não vai deixar o interesse do jogador diminuir. Isso não quer dizer que você não deve nunca diminuir o ritmo, mas certifique-se de que haja algum tipo de obstáculo no início de um novo segmento da história, e que a personagem pode deixar o módulo uma vez que a cena de ação tenha sido finalizada.

Clímax

Toda essa ação crescente conduz para a direção do próximo elemento na história, o clímax. Tudo no jogo até o momento conduziu até este evento. O clímax é o ponto na história do jogo em que o grande conflito é resolvido e todas as perguntas do jogador serão respondidas. Este é o ponto para o qual todas as pistas conduziram e o momento em que o herói mata seu arqui-inimigo, ou salva a princesa, ou desativa a bomba e salva o mundo.

Os jogadores esperam que esta parte da narrativa seja intensa e que valha o investimento que realizaram até este ponto. Isso significa que as apostas devem ser altas e o drama intenso. Os jogadores precisam sentir como se tivessem vencido. Cabe ao escritor ter certeza de que as pistas e os elementos da história que conduziram a este momento façam sentido e que se conectam com o restante da história.

Resolução

A parte final da narrativa do jogo é a resolução. Esta é em geral um breve trecho da narrativa que redunda no final feliz. Ela mostra o herói feliz com seu sucesso e é a recompensa por ter vencido. Isso pode ocorrer com uma cena em vídeo (FMV) ou apenas uma breve comemoração do herói. Primariamente, é apenas para mostrar aos jogadores que chegaram ao fim, e ajudá-los a construir um fechamento para a história. A maioria dos jogadores sente a finalização após o clímax, então este não é o momento para introduzir novos conflitos.

❭ Tipos de trama

O enredo do jogo é revelado em segmentos. Pense nesses segmentos, como cenas de uma peça ou filme. Uma série de ações ocorre dentro de uma cena; então, as personagens passam para outra cena ou outra série de eventos. Muitos jogos fazem isso usando um sistema de níveis. Um jogador completa um nível e, em seguida, avança através dos níveis subsequentes. Ou um jogo pode empregar uma série de missões para a personagem completar ou masmorras para serem conquistadas. Seja qual for o método utilizado, esses segmentos podem ser vistos como *módulos* que contêm conflito, ação e trama. Isso é diferente de narrativas modulares, descritas mais adiante nesta seção. Como esses módulos são dispostos determinam a maneira como o jogador irá vivenciar a trama.

Muitas vezes há disputa entre designers sobre qual método é melhor. O pensamento é que a narrativa *sandbox* ou modular é, de alguma forma, superior ao enredo linear. No entanto, nem sempre é o caso. Ambos os tipos de jogos podem criar uma experiência de entretenimento de sucesso e vender bem no mercado. Um exemplo real seria o brinquedo Expedition Everest no Animal Kingdom da Disneyworld. Uma grande atração, que leva seus passageiros sobre trilhos através de um encontro breve e emocionante. As pessoas ficam em filas por horas para conseguir uma chance de vivenciar tal emoção. Compare com a experiência real de escalar o Monte Everest. Claro, a experiência real será mais imersiva, mas também mais cara, levando tempo, perigosa e irá requerer resistência muito maior. Atualmente, há um mercado para ambas as experiências. Novamente, tudo depende do público-alvo.

Tramas lineares

O enredo linear é a mais simples das tramas. Imagine uma série de módulos colocados em ordem, do começo ao fim. Nesse tipo de narrativa, os pontos da trama são revelados de forma sequencial organizados de forma predeterminada. Quando um jogador realizar todas as metas em um módulo, ele deve passar para o próximo na sequência para continuar a história. O jogador ainda pode interagir com o mundo do jogo, no entanto, suas interações não vão mudar a maneira como a história se desenrola ou que módulo do jogo vem na sequência. A maioria do conteúdo em uma história linear é explícita e criada pelos escritores e designers do jogo. A variação da experiência de jogador para jogador neste tipo de jogo é mínima. Grande parte dos jogadores terá uma experiência bastante similar e previsível.

A narrativa é muitas vezes entregue entre os módulos em forma de cenas, sessões de informação ou voz over. Movimento reverso através dos módulos pode ou não ser permitido, mas uma vez que uma seção está terminada, nenhum elemento novo de enredo ou desafio deve estar disponível para o jogador. Os jogos deste tipo são muitas vezes comparados a um parque de diversões sob trilhos, com um caminho livre através da diversão. Em um jogo linear, existe apenas um final previsto.

Narrativa linear nos jogos muitas vezes alcança uma má reputação. No entanto, há momentos em que este tipo de história é a que melhor se adapta ao jogo. Por um lado, elas são mais baratas de serem feitas. É familiar e confortável, tanto para o jogador quanto para o escritor, e mantém o controle da história nas mãos do autor [Bateman07]. Além disso, ela geralmente segue uma fórmula vencedora que terá um público garantido. Há momentos em que um jogador não quer pensar ou resolver puzzles e apenas quer ser levado a um passeio. Jogos desta natureza, provavelmente, não irão ganhar prêmios por sua narrativa, mas eles tem o seu lugar no mundo dos games e, ainda assim, é importante que tenham uma boa história. Um exemplo de um jogo benfeito e linear é *Call of Duty 4*. O jogo leva a personagem em missões que são completadas em ordem e em corredores com portas que não podem ser abertas. Os jogadores nem sentem falta das escolhas, pois estão explodindo alegremente o inimigo em uma aventura repleta de adrelina.

Tramas ramificadas

Implementar uma trama ramificada é uma abordagem tentadora utilizada, para que as escolhas do jogador tenham um grande impacto sobre o desenvolvimento da história. Dependendo da escolha que um jogador faz em momentos críticos, a trama irá mudar completamente. Tramas ramificadas contêm finais múltiplos e não possuem uma coluna clara, mas várias colunas. Uma implementação deste tipo de trama é vista no jogo *Dragon's Lair* que Ernest Adams, na palestra da Game Developers Conference de 2006, apelidou de "árvore de decisão da morte". Isso porque só havia um caminho correto através da ramificação que levaria ao sucesso do herói. Todos os outros caminhos levam à morte do herói, e o objetivo do jogo era descobrir o único caminho correto através das ramificações. Isso não é verdade em todos os jogos; em muitos temos a possibilidade de vários finais bem-sucedidos. Embora eficaz na criação de experiências diferenciadas para os diferentes jogadores e transferência do poder para o jogador, as ramificações apresentam muitas desvantagens.

Um dos inconvenientes de uma trama ramificada é o desperdício de recursos. Os elementos do jogo precisam ser criados para cada área do jogo, e alguns jogadores nunca vão começar a desfrutar a experiência ou as áreas que estão fora do caminho escolhido. Mesmo se repetirem o jogo várias vezes, haverá ainda áreas que permanecerão inexploradas. Além disso, as ramificações podem crescer muito rapidamente. Por exemplo, se um jogador recebe apenas 12 opções binárias, o resultado seria $2^{12} = 4.096$ caminhos únicos. Apesar disso, apesar das escolhas, a história ainda é, em seu núcleo, linear e dirigida pelo autor.

Tramas ramificadas modificadas

Existem outras maneiras de implementar a ramificação que preveem algumas dessas limitações. Essas são geralmente referidas como *caminhos paralelos*. Por exemplo, existe a trama ramificada que leva a personagem de volta à espinha dorsal do jogo. O jogador terá escolhas e experiências de jogo variáveis, mas o caminho eventualmente o traz de volta para o eixo central. De forma alternativa, o autor só poderia oferecer um par de ligações, no final do jogo. Aqui, depois de vivenciarem a mesma sequência crescente de ação como todos os outros usuários, os jogadores são confrontados com uma escolha. Por exemplo, no final, o herói pode ter a opção de manter todo o tesouro que acumulou e se tornar mau, resultando em um clímax diferente daquele em que o jogador escolheu a opção de devolver o tesouro para os donos. Este tipo de trama oferece finais alternativos, mas ainda mantém o jogo bastante restrito e permite que a grande maioria de seu conteúdo possa ser desfrutada por todos os jogadores [Sheldon04].

Narrativa modular

A estrutura da narrativa modular (*modular storytelling*) é um conceito relativamente novo [Sheldon04]. É um método no qual os módulos da história podem ser experimentados em qualquer ordem, e o enredo ainda é entendido. *Pulp Fiction* e *Kill Bill* de Quentin Tarantino são exemplos de histórias em filme contadas fora de ordem cronológica e, ainda assim, a trama do enredo é entendida pelo público. Em um jogo, o usuário tem o controle completo sobre quais as áreas da história explorar e pode mover-se de acordo com sua vontade. Isso pode ser um conceito difícil de entender e de implementar, pois elimina alguns controles autorais [Sheldon04]. Além disso, as voltas e reviravoltas de uma personagem podem levá-lo a navegar através do enredo e tudo parecer uma confusão. No entanto, pode ser feito. Imagine, por exemplo, um período de férias de dez dias. Todos os dias algo novo e interessante acontece. Realmente não importa em que ordem os dias aconteçam. Cada dia é uma história em si mesmo, e eles adicionam uma experiência maior, ou história, chamada *férias*. As histórias deste tipo não tradicional podem ser muito imersivas e uma sólida forma de conceder uma nova experiência ao jogador.

Tramas não lineares

Ao contrário do enredo linear em um trilho, é no jogo *sandbox* que os elementos não são formalmente roteirizados. Em vez disso, é dado ao jogador um ambiente e um conjunto de ferramentas para manipular o meio ambiente. O conteúdo está implícito e é composto de histórias, metas e objetivos que os usuários criam para si mesmos, e esses podem ser cumpridos em qualquer ordem que escolherem. A história vem do que o jogador pensa e sente ao jogar. Essa é a mais frequentemente visão em jogos de simulação, tais como a série *The Sims*.

Tramas semilineares

Alguns jogos combinam elementos de enredo lineares e não lineares. Este pode ser um método eficaz de fazer os jogadores sentirem como se tivessem vontade livre dentro do jogo, enquanto se mantêm a história principal e um caminho prescrito com um final fixo. Basicamente, uma jogabilidade linear é estar integrado a um mundo não linear [Bateman07].

Por exemplo, o jogador tem acesso livre a tudo o que parece ser o mundo do jogo inteiro. Ele pode andar pelo mapa à vontade. No entanto, existem masmorras ou missões que se desenrolam em uma ordem cronológica. O jogador deve completar a "masmorra 1" antes de entrar na "masmorra 2". Para aumentar a ilusão, o usuário pode entrar na masmorra 2 primeiro, mas não terá as habilidades necessárias para derrotar os monstros. Desse modo, o jogador sente que onde ele vai é sua escolha. Em outro exemplo, o mundo é aberto para exploração, mas as missões são dadas em ordem específica para serem executadas dentro do mundo aberto.

O enredo semilinear pode ser visto em alguns dos jogos *The Legend of Zelda* e na série *Grand Theft Auto*. Não importa o que as decisões ou ações da personagem escolham no mundo do jogo principal, os resultados e o final serão os mesmos. Todos os jogadores vão ver as mesmas cenas cinematográficas e experimentar a mesma história básica. Os jogadores podem fazer negócios, comprar roupas ou armas, ganhar dinheiro extra, ou ter um hobby; no entanto, apesar dessas decisões, todos irão eventualmente acabar nos mesmos locais e experimentar o mesmo jogo. Esse pode ser um método muito eficaz de dar aos jogadores a sensação de que estão no controle, mantendo a narrativa explícita controlada e a história limitada. O efeito pode ser tão escondido, que algumas vezes esses tipos de jogos são referidos como *sandbox*. Isso é tecnicamente incorreto, pois a estrutura de missão linear força o jogador a ficar no caminho para alcançar o fim prescrito.

Outro modelo que tem elementos de uma trama linear, mas realmente não é linear, é aquele que permite ao jogador ou personagem se afastar da trama principal e movimentar-se por missões secundárias e subtramas. As missões secundárias podem evoluir a personagem, acrescentar elementos interessantes, porém não essenciais, ou alterar a parcialidade do jogador. *Far Cry 2* da Ubisoft funciona de forma semelhante a essa. Há uma quantidade grande de pontos de enredo e transições que a personagem principal deve fazer, por exemplo, acordar em um velho posto avançado de escravos depois de ficar inconsciente. Entre esses pontos da trama, o jogador pode escolher quais missões fazer e em que ordem, a quem ajudar, com quem fazer amizades e que armas e veículos utilizar. Ou talvez o jogador gostaria de ir a uma missão para recolher todas as sete peças da armadura épica, e essa busca o leva a todos os cantos do mundo. O jogo pode ser concluído sem a armadura, mas alguns jogadores terão grande prazer em assegurar que seu personagem tenha o melhor equipamento possível. As missões secundárias vão dar ao jogo uma sensação de liberdade e interatividade, proporcionando ainda o progresso linear [Chandler 07].

> História de fundo

A história de fundo, que consiste em todas as partes relevantes do enredo que ocorreram antes do início da aventura, muitas vezes é uma parte importante da personagem, que explica por que ela está onde está e por que tem de fazer o que tem de fazer. No entanto, apresentar uma história de fundo pode ser complicado. Muitas vezes, é instintivo para um escritor desejar apresentar ao público os bastidores de uma só vez, no início. O jogador precisa saber esses detalhes para entender a história? Geralmente não. Muitas vezes, dando tudo a eles no início acontece de o tiro sair pela culatra e o público começar a se sentir ultrajado perguntando-se por que receberam toda essa informação sobre uma personagem que ainda não se importam. É equivalente a ouvir a sua tia falar sobre um amigo de infância. A plateia fica pensando "Então?", e isso não é uma boa maneira de chamar a atenção?

E também ocorre o efeito de arruinar o suspense. Parte do mistério é descobrir o que levou o jogador à sua situação atual. É bom para o público não saber e, de fato, é interessante para ele. Isso faz que eles realizem perguntas e queiram saber as respostas, envolvendo-os na história. Outro problema com a apresentação da história de fundo no início é que o jogador não sabe quais detalhes são importantes para se focar, ou que detalhes são importantes na história de fundo. Isso significa que a informação importante apresentada aqui não é sempre absorvida e, em geral, é esquecida rapidamente.

Em vez disso, é preferível colocar o jogador no meio da partida e contar a história de fundo através do enredo e de elementos narrativos. Isso é especialmente verdade nos jogos em que o usuário impaciente quer chegar logo à ação. Apesar de muitos jogos no passado usarem cenas cinematográficas no início, este nem sempre é o melhor lugar para elas, uma vez que são frequentemente ignoradas. Alguns jogadores gostam, por isso é bom incluí-las, mas permita-lhes a opção de pular a cena e certifique-se de que todas as informações essenciais na cena sejam dadas ao jogador de outra maneira, em outro lugar. Não se esqueça de que nos jogos, ao contrário de histórias escritas, o enredo está lá para servir ao jogo e que o objetivo é o envolvimento ativo e a interatividade, e não a absorção passiva.

Então, se há detalhes do passado que o jogador precisa saber para entender o enredo, permita que esses detalhes sejam descobertos através da jogabilidade ativa. Por exemplo, se você precisa que o jogador saiba que é órfão, faça-o encontrar alguém que ele conheceu no orfanato. Se ele está em uma cidade destruída, derrubada há 20 anos em um ataque alienígena, coloque pistas no meio ambiente, tais como letreiros, cartazes, programas de rádio, alertas da cidade, e tudo o que é natural dentro do ambiente. O *BioShock* faz um bom trabalho em revelar os detalhes do que aconteceu na cidade de Rapture, antes do início do jogo. Você também pode adicionar NPCs (*non-player character* – personagens não jogadores) que dizem coisas como "Sim, desde que a nossa cidade foi destruída por alienígenas há 20 anos, tem sido difícil de encontrar água doce". Desta forma, o jogador aprende sobre a história de fundo de forma ativa e engajada, em vez de absorvê-la passivamente.

> A história interativa

A finalidade da história interativa é conceder ao jogador a capacidade de fazer escolhas e desenvolver relacionamentos dentro do mundo do jogo [Cooper08]. Com a história interativa, não há dois jogadores com a mesma experiência, e a história é, essencialmente, de coautoria do jogador. Existem então duas histórias: a história do jogo explícita e a história implícita do jogador. A forma como as duas são reunidas determina como o jogador experimenta o jogo. Cada pessoa que joga virá com desejos e expectativas diferentes. Alguns irão correr durante o jogo, tentando chegar ao fim o mais rapidamente possível, enquanto outros buscarão vivenciar cada porção disponível do jogo, explorando cada recanto, realizando todas as jornadas e conversando com todos os NPCs. Existe ainda um grupo de jogadores que encontra um prazer perverso em tentar "quebrar" a história, e outros que irão correr ao redor do mundo fazendo as coisas estranhas e sem sentido apenas porque podem.

O escritor de jogos precisa estar ciente dos diferentes tipos de estilos e preparar o mundo do jogo para as inúmeras maneiras como os jogadores irão usar e abusar dele. Ele também precisa estar ciente de quais ações estão disponíveis para a personagem e como essas ações podem ser usadas no ambiente. Será que a personagem tem a habilidade de chutar? A personagem pode chutar uma caixa? O que acontece quando uma personagem chuta uma caixa? A personagem pode chutar um coelho? O que acontece quando a personagem chuta um coelho? Será que ele pode chutar NPCs, paredes, portas, inimigos, móveis ou qualquer outro item do jogo, e o que acontece quando ele faz isso? A personagem pode acionar uma torneira? O que acontece se deixá-la aberta? E ligar a televisão ou atirar na televisão? E se o jogador chutar a televisão, e se a televisão tiver de ser usada mais tarde para apresentar conteúdo do jogo? O escritor precisa estar ciente de todas as consequências e planejar as possibilidades para as ações de jogo pela personagem.

Agência do jogador

Um elemento primário na interatividade e imersão é a *agência do jogador*. A agência do jogador é a habilidade em tomar decisões dentro do jogo que afetam o resultado dos eventos. A agência do jogador pode também se referir à maneira como o conteúdo do jogo é revelado em resposta a uma ação realizada pelo jogador [Bateman07].

Em uma agência de nível baixo, o jogador tem habilidades menores na tomada de decisão. Por exemplo, o jogador pode escolher para onde mover o avatar ou suas tropas, quais métodos utilizar para combater os inimigos, o equipamento a ser transportado e assim por diante. Contudo, essas decisões não afetam o resultado final do jogo; enquanto o jogador de forma bem-sucedida atingir os objetivos do nível, ele vai continuar no mesmo caminho do jogo que todos os outros usuários.

Em uma agência de alto nível, as decisões de um jogador afetam diretamente o caminho que irá tomar. Isso pode ser visto em *Fallout 3* da Bethesda Game Studios, em que o jogador pode optar por detonar ou desarmar uma arma de destruição em massa. A decisão afetará a maneira como os NPCs primários irão interagir com ele mais tarde no jogo. Obviamente, quanto mais agência é permitida ao jogador, mais interativo o jogo irá se tornar. O ideal em uma história interativa é o jogador decidir e ter controle sobre como vivenciará a história.

Isso também aumenta sua crença no realismo fantástico (*suspension of disbelief*), o que significa que o jogador estará tão imerso no mundo do jogo, que detalhes que desafiam a lógica do mundo real são aceitos como verdade. Isso é o que nos permite acreditar que Harry Potter é capaz de realizar magia. Somente quando alguém está verdadeiramente imerso na história, que ele pode experimentar tal crença.

A espinha dorsal

A *espinha dorsal* do jogo consiste em todos os elementos narrativos absolutamente necessários para que o jogador experiencie a fim de completar o jogo. O jogo pode ter muitas subjornadas e tramas secundárias, no entanto, na espinha dorsal estão apenas os pontos da trama que o usuário deve passar para o progresso do jogo.

Com um jogo linear, toda a narrativa está contida na espinha dorsal do jogo. Na outra extremidade do espectro está o jogo *sandbox*, em que há pouco ou nenhum eixo a ser seguido e o jogador escolhe os pontos do enredo que irá experimentar, se houver algum. No meio estão os jogos com uma espinha dorsal clara, mas ao jogador é permitido se afastar do caminho, realizando subjornadas, explorando, em geral, a interação com o mundo. Por exemplo, em *Fable 2*, a personagem principal pode comprar imóvel, se casar, ter empregos e ajudar os NPCs, mas nenhuma dessas ações afetam a espinha dorsal do jogo ou a trama global.

O caminho dourado

Junto com a espinha dorsal está o *caminho dourado*. Este é o caminho ideal que um jogador realiza no jogo, a fim de experimentá-lo como pretendido, e experimentar as recompensas máximas. É dever do escritor incentivar o jogador a permanecer no caminho dourado e forçá-lo a voltar para o eixo do jogo, sem fazê-lo sentir-se em um caminho antinatural. O jogador precisa saber a razão para passar para a próxima área e executar a próxima tarefa. Ele não funciona apenas para dizer ao jogador "agora vá para a biblioteca", ou "agora vá matar o imperador", sem lhe dar uma razão para fazê-lo. O escritor roteirista deve fornecer uma motivação apropriada para o jogador executar a próxima tarefa.

O escritor também deve organizar um mecanismo para lidar com uma personagem que opte por não executar a próxima tarefa. E se o jogador decidir que não quer ir para a biblioteca? O escritor deve ter um plano de ação dirigido a situações que não saem conforme o planejado, pois a motivação dos jogadores nem sempre coincide com a motivação escrita para a personagem. Em outro caso, e se o jogador não conseguir pegar as instruções para ir à biblioteca? O jogador não deve ser forçado a vagar sem rumo. Portanto, sugestões precisam ser adicionadas ao ambiente dando dicas ao jogador sobre o que deveria fazer, e elementos precisam ser construídos na história que direcionem o jogador de volta ao caminho dourado.

Mantenha o jogador no caminho

Existem alguns métodos simples para lidar com esta questão, mas a maioria deles vem com o custo da imersão do jogador. Por exemplo, o redirecionamento é facilmente resolvido se a personagem mantém um monólogo interior e o personagem basicamente diz ao jogador quais são os seus desejos. No entanto, isso prejudica a imersão do jogador e provoca uma ruptura entre ele e a personagem. Tal fato aponta para a evidente discrepância entre o desejo do jogador e o desejo das personagens. Outro método simples é usar um mapa. Aqui, uma linha é desenhada em um mapa, ou aparece ao longo do caminho no mundo do jogo, que fisicamente direciona o jogador para onde deve ir para encontrar a tarefa a ser feita. Novamente, isso pode prejudicar a imersão, mas o jogador ainda mantém a opção em seguir o caminho ou não.

Outra alternativa menos sutil para motivar o jogador é a utilização de NPCs. Nesse caso, os NPCs podem se recusar a falar com o jogador sobre qualquer coisa a não ser sua próxima tarefa. Como alternativa, poderiam oferecer lembretes, conselhos ou o incentivo que leva o jogador na direção correta. Quanto mais direto o diálogo do NPC, mais eficaz será em levar o jogador na direção certa, mas o custo é que se parece menos interativo. Preferível são os comentários em que os sentidos são inteligentemente incorporados no discurso, enquanto o resto do discurso do NPC é a criação de um significado mais profundo para o jogo e seu mundo de personagens. A existência de um diário é a tática mais frequentemente empregada para manter o jogador focado. Toda a informação vital apresentada ao jogador é guardada em um diário que ele pode ler a qualquer momento. Se, de alguma forma, o jogador perder um elemento-chave, o diário irá documentar as informações necessárias e levar o jogador de volta ao caminho dourado. Isso também é útil para os usuários que retornam ao jogo após uma pausa prolongada. Eles podem consultar o diário e continuar a história imediatamente de onde pararam.

Para um jogo ser verdadeiramente imersivo, meios mais sutis devem ser explorados. Um método utilizado por parques temáticos é colocar itens intrigantes de maneira bem visível para chamar a atenção dos jogadores e interrompê-los de seu vagar sem rumo. Dessa maneira, os jogadores são guiados para o item, mas ainda estão se movendo na direção correta de sua própria escolha [Cook09]. Outro método é manter objetivos primários em um caminho mais amplo fisicamente, enquanto as missões são colocadas, literalmente, dos lados, com estradas menores conduzindo a eles. O tamanho do caminho pode sinalizar, consciente ou inconscientemente, onde as coisas importantes serão encontradas. Independentemente dos métodos utilizados, eles devem ser os mais discretos possíveis.

Narrativa interativa algorítmica

Um algoritmo de computador pode criar dinamicamente histórias originais em torno do que o jogador faz? É uma ideia intrigante explorada por muitos pesquisadores acadêmicos de IA (Inteligência Artificial) em um campo conhecido como *inteligência narrativa*. Certamente, os algoritmos podem ser empregados para entender o que o jogador tem feito e como amarrar um pouco a história em torno deles, mas o que está sendo proposto por diversos pesquisadores neste campo é algo muito mais ambicioso.

Alguns designers de jogos que têm trabalhado neste problema, como Chris Crawford, acreditam que os algoritmos podem criar histórias arquitetonicamente válidas, mas apenas os artistas podem criar enredos interessantes para os seres humanos [Crawford99]. Para agravar o problema, não existe nenhuma medida de rigor objetiva bem-sucedida para esse algoritmo, uma vez que uma história de sucesso é inerentemente subjetiva e só pode ser julgada com precisão por seres humanos. No entanto, esse poderia ser um argumento do espantalho, pois o objetivo no curto prazo, pelo menos, não é absolutamente histórias originais, mas sim histórias variadas e atraentes com base em grandes quantidades de material de apoio, estrutura e personagens preconcebidos. Esses algoritmos podem se adaptar dinamicamente a personagens e planejar uma história, subtrama ou a conclusão por meio da recombinação e aleatoriedade, todos baseados em torno das ações do jogador [Ong03].

As abordagens em torno de narrativas interativas algorítmicas são extremamente variadas e diversas. Algumas se concentram na construção do enredo, enquanto outras são baseadas em personagens. Sistemas baseados em trama podem usar modelos de histórias para guiar o enredo ou dividi-lo em muitas subtramas que podem ser algoritmicamente planejadas. A construção baseada na personagem envolve mudar suas opiniões e crenças como resultado de uma interação com o jogador, fazendo assim as personagens conduzirem a história através das suas necessidades e desejos modificados. Já que personagens e história estão intimamente ligados, várias abordagens devem considerar ambos, mas a ênfase deve ser em um ou em outro.

Um dos exemplos mais bem-sucedidos da narração interativa algorítmica é o jogo *Façade*, que pode ser baixado e jogado de graça [Mateas09]. Em *Façade*, o jogador está dentro de um drama interativo, em que deve se envolver com um casal, Trip e Grace, que está com problemas conjugais. O jogador tem uma influência significativa sobre os acontecimentos que se desenrolam e em como a história termina. Isso é conseguido por meio de um gerenciador algorítmico de drama que guia as personagens através da adição e remoção de comportamentos e pontos de fala. O arco dramático da trama é construído dinamicamente por pedaços sequenciais de história baseados na interação de momento a momento com o jogador [Mateas03, Mateas05]. Como um todo, o jogo *Façade* teve um impacto positivo sobre a indústria de jogos, provando que uma história interativa algorítmica é viável e atraente. No entanto, ainda é uma área de pesquisa ativa, e a maioria das soluções algorítmicas divulgadas pelos pesquisadores não foram testadas em grandes jogos comerciais.

› Mecanismos da história

Para progredir com a trama, ao jogador deve ser fornecido as informações necessárias. Existem diversos mecanismos para alcançar esse propósito e garantir que a informação seja passada ao jogador. Isso inclui cenas cinematográficas, eventos roteirizados, artefatos, personagens não jogadores (NPCs) e monólogos internos. Esses mecanismos são em geral usados para ocorrer através de um evento acionado (*triggered event*).

Cenas cinematográficas

As cenas têm sido uma parte da transmissão dos elementos da história para o jogador desde meados dos anos 1980, com o aparecimento dos jogos de aventura da Lucas Arts. Elas variam desde mudanças de câmera, em que o jogador vê alguma coisa acontecendo em outro lugar no mundo do jogo, até cenas cinematográficas. Elas podem consistir em vídeos pré-renderizados, criados separadamente do motor de jogo, ou podem utilizar diretamente o motor e gráficos do jogo. Entre os vários tipos, porém, eles tiram da mão do jogador o controle da ação, e deve ser usado com cautela.

No entanto, há situações em que as cenas cinematográficas são importantes. Por exemplo, existem muitos jogadores que gostam de uma cena bem composta e, muitas vezes, a veem como recompensas por completar um nível. As cenas também funcionam como uma forma de retardar a ação e criar um ponto de descanso após uma batalha estressante contra um chefe. Essa mudança de ritmo pode ser revigorante.

Do outro lado estão os tipos impacientes, que sempre ignorarão a cena se existir uma maneira possível. Esse tipo de jogador vê a cena como um obstáculo a se transpor tão rapidamente quanto possível. Para satisfazer esse grupo, é importante permitir que o jogador avance rapidamente, ou pule a cena. Isso significa que os pontos-chave da trama não devem ser revelados apenas na cena, e que as informações necessárias para completar o jogo também devem estar disponíveis em outros lugares. Elas poderiam ser reveladas através da ação, ou simplesmente serem adicionadas ao diário do jogador, caso ele tenha um. Apenas tenha certeza de que se você permitir ao jogador pular uma cena, isso não irá comprometer a jogabilidade.

Permitir que os jogadores pulem cenas significa que os recursos destinados a elas não serão apreciados por todos os usuários, e isso pode ser frustrante para a equipe responsável por criá-las. Decida se não seria melhor usar esses recursos para melhorar a jogabilidade em vez de criar uma cena cara e que ocupa espaço. Se a equipe decidir que uma cena vale o tempo e dinheiro extra para desenvolvê-la, inclua uma. Apenas esteja ciente de que para algumas pessoas, ela vai prejudicar, em vez de acrescentar, a imersão.

Eventos roteirizados

Eventos roteirizados (*scripted events*) são outra forma de transmitir informações relativas à trama necessárias para o jogador. Durante um evento roteirizado, o jogador em geral não tem o controle total sobre o que vê e faz. Isso pode ser feito rapidamente – por exemplo, quando a personagem entra em uma cena e a câmera se move para mostrar uma nave de guerra cheia de inimigos que o jogador logo irá enfrentar, ou podem ser elaboradas e mostradas conversas inteiras ou sequências de ação dos NPCs.

Em *Call of Duty 2*, um exemplo de evento roteirizado de jogo ocorre quando a personagem é mostrada carregando um companheiro ou derrubando uma porta, que são duas ações que a interface do jogador não permite que este execute. *Half-Life* e sua sequência também demonstram o bom uso de eventos roteirizados. Enquanto Gordon viaja pelo universo do jogo, ele vê NPCs sendo arrastados para dutos de ar, cientistas lutando contra *headcrabs* e soldados arrastados pelos invasores alienígenas. Esses eventos contribuem para a imersão do jogador no mundo fantástico e dão vida a este mundo.

Fable 2 também mostra um bom uso de eventos roteirizados. O que é interessante sobre *Fable 2* é que o jogador ainda detém o controle da câmera e pode escolher o que assistir durante o evento. Isso também contribui para o jogador se sentir mais no controle. Os eventos roteirizados nem sempre roubam o controle do jogador. Por exemplo, em MMORPGs, no caso de missões de escolta, o jogador ainda controla a personagem, mas as ações da pessoa que está escoltando são roteirizadas e estão fora do controle do jogador. Você pode assistir ao que eles fazem, mas se deixá-los e ir para longe, a missão se reinicia.

Enquanto uma cena cinematográfica pode ser considerada um evento roteirizado, e há uma certa ambiguidade dos termos, neste momento, geralmente, um evento roteirizado é um evento programado utilizando o motor do jogo e mostra a ação que está ocorrendo na cena atual. Usualmente, uma cena cinematográfica é pré-renderizada e mostra peças da trama que aconteceram no passado ou estão ocorrendo em outras partes do mundo. Na sua maioria, os eventos roteirizados têm sido bem recebidos nos jogos atuais e são uma boa alternativa para transmitir a história, quando a interatividade não é possível.

Um pequeno aviso sobre os eventos roteirizados e cenas: não force o jogador a experimentá-los repetidamente. Por exemplo, em um jogo em que o usuário deve reiniciar o nível se falhar no objetivo, não o force a assistir ao evento cada vez que reiniciar. Permita a opção de ignorá-lo, deixe-o decidir se entendeu a cena de maneira suficiente. Ser forçado a assistir a mesma cena repetidas vezes pode ser chato para o jogador, e deve ser evitado.

Artefatos

Outro modo de transmitir o enredo para o jogador é por meio de artefatos. Os artefatos são itens como pôsteres, transmissões de rádio, jornais, cartas, fotos, CDs, laptops e outros itens que contêm informações para avançar a narrativa. Deixar informações em artefatos a serem descobertos pelo jogador transmite-lhe a sensação de estar no controle. Ele pode escolher quando e por quanto tempo visualizar o item, e decidir qual a significância dele para o enredo. O truque aqui é manter a interação do jogador com o item de forma breve e com um número pequeno de dados sobre cada item para impedir que o jogador seja bombardeado por informações.

Personagens não jogadores

Personagens não jogadores bem escritos (NPCs) são essenciais para criar uma experiência imersiva. Um bom NPC deve possuir desejos individuais, objetivos, necessidades, crenças e atitudes, e não deve ser apenas uma fonte de informação [Spector07]. Mesmo que nunca seja dito ao jogador de maneira explícita quais são as atitudes e crenças do NPC, apenas por escrever essas informações e uma história de fundo o NPC se torna muito mais realista e crível. Se o jogador demonstra empatia com os personagens e entende suas motivações, as informações recebidas pelos jogadores se tornam muito mais significativas. O jogador sente mais motivação para completar as tarefas dadas.

Idealmente, cada vez que um jogador tem um encontro com um NPC, a interação deve ser única. No mundo real, as pessoas não se repetem e respondem exatamente da mesma maneira cada vez que algo lhes é perguntado. As personagens que proferem a mesma fala toda vez que o jogador dialoga com eles podem rapidamente esfriar o processo de imersão. Portanto, quando uma personagem revisita uma área, o NPC deve ter um novo roteiro a seguir. Mesmo se a informação que estiver transmitindo for exatamente a mesma, o NPC deve dizer isso de maneira diferente. Por exemplo, a primeira vez que um jogador faz uma pergunta, o NPC reage de forma agradável.

Cada vez que o jogador retorna, a urgência do pedido pode aumentar, ou o NPC pode começar a apresentar irritação ou acusar a personagem de ter uma queda por ele. Alterar as conversas e mantê-las adequadas não é fácil, no entanto, pode envolver inteligência artificial de alto nível [Krawczyk06].

Alguns jogos empregam o uso de personagens companheiros para se juntar ao personagem principal em sua jornada. Esses personagens são projetados para fornecer informações pertinentes ao jogador e mantê-los no caminho. *Far Cry 2* traz personagens companheiros muito bem desenvolvidos, oferecendo 12, e cada um tem um papel diferente no jogo. O jogador pode escolher com quem passar o tempo, o que, por sua vez, influencia no caminho do jogo. Os companheiros podem ajudar muito na realização de missões ou podem tentar fazer o herói se perder. *Fable 2* tem um cão como companheiro da personagem. Nesse caso, o acompanhante ajuda a encontrar tesouros escondidos e alerta o jogador sobre perigos iminentes. Os personagens companheiros podem ser uma forma inovadora e envolvente para transmitir as informações necessárias a um jogador.

Monólogos internos

O monólogo interior é a conversa interior que se passa dentro da cabeça de uma personagem. Se implementado de forma correta, o monólogo interno pode ser um bom método de transmitir a história e informações essenciais para o jogador. Isso só funciona se a voz é a de um ator profissional e a escrita é de primeira classe. Imagine uma personagem batendo em uma parede e dizendo: "Ai, isso doeu", em sua cabeça. Mais tarde, o jogador ouve a personagem perguntar para ele mesmo, "Hmm, o que está por trás daquela porta?", incitando o jogador a abrir a porta. Esta ferramenta para avançar a história pode ser vista em *Max Payne* e na série *Splinter Cell*. Em *Area 51*, este diálogo interno é apresentado durante as cenas de carregamento, dando ao jogador discernimento para o estado emocional da personagem e criando mais empatia para com a personagem Ethan Cole.

O diálogo interno também pode ser usado para levar uma personagem de volta para a espinha dorsal ou o caminho dourado de um jogo. Ele poderia dizer para si mesmo: "Uau, eu estou ficando sem tempo. É melhor eu começar a desarmar essa bomba." Uma coisa que deve se tomar cuidado quando usar esta técnica é evitar o diálogo repetitivo. Ele não deve dizer: "Uau, eu estou ficando sem tempo", repetidamente; em vez disso, o diálogo deve mudar e se tornar cada vez mais urgente. Fica chato ouvir a personagem dizer as mesmas linhas de diálogo repetidamente. Além disso, o diálogo extenso deve ser evitado. Os pensamentos devem ser breves e objetivos. Os pensamentos não essenciais podem ser incluídos, mas devem de alguma forma ainda se relacionar com a jogabilidade. Um aviso final é: não ativar um diálogo interno durante as sequências pesadas de ação, a menos que se relacionem diretamente com a ação. Quando um jogador está fortemente engajado, ele pode perder elementos fundamentais do diálogo ou ficar distraído do que ele deveria estar tentando realizar.

Eventos acionados

Um *evento acionado (triggered event)* é aquele planejado antecipadamente no roteiro e é preparado para ocorrer uma vez que o jogador ative um certo mecanismo no jogo. Por exemplo, se a personagem abre a porta da cozinha, ele pode desencadear um ataque de zumbis que vêm tropeçando pela cozinha. Ou se o jogador matar o chefe no final de uma masmorra, pode desencadear uma ação em que um NPC sai das sombras, agradece ao herói e oferece uma recompensa. Um acionador (trigger) poderia ser simples como a personagem que entra em uma nova área. Em todos os exemplos, o evento acontece imediatamente por algum tipo de ação da personagem.

❯ Técnicas de história interativa

Em uma história interativa, é importante que um jogador sinta-se com o poder de fazer escolhas. No entanto, a criação de escolhas do jogador pode ser dispendiosa, demorada e, em geral, está fora do escopo do projeto. No entanto, existem alguns truques para levar os jogadores a pensar que têm mais controle do que realmente têm e criar a ilusão de maior ação do jogador. Isso é semelhante ao dizer para uma criança que ela pode optar por usar o vestido vermelho ou o vestido azul. A criança se sente como se ela fez a escolha, mas ao colocar parâmetros nas escolhas, o pai é quem controla a decisão e tem certeza de que a criança está vestida adequadamente [Krawczyk06]. Ao criar a ilusão, o jogador sente que o que está fazendo tem um efeito sobre o universo do jogo; no entanto, essas ações não provocam qualquer efeito sobre os eventuais resultados no jogo.

Essa técnica é usada frequentemente em *Fable 2*. O herói pode fazer muitas escolhas ao longo do caminho. As escolhas que os jogadores fazem afetam aspectos como onde vivem, com quem casam, onde podem comprar, como se parecem, quanto dinheiro têm, e quem são seus amigos, mas não os pontos importantes da trama. Isso faz os jogadores se sentirem como se tivessem criado, em vez dos escritores roteiristas, essa personagem única que agora podem controlar. O mundo aberto também cria um cenário para grande parte de jogabilidade implícita, no qual o jogador está autorizado a criar histórias e subtramas. No entanto, essas escolhas não alteram o local para onde a história leva a personagem.

Uma ideia que pode ser tomada emprestada das histórias modulares é criar uma narrativa que continua a fazer sentido mesmo se estiver fora de ordem. Pense em cada evento como um componente autônomo de uma história maior. Selecione cada um desses eventos e escreva-os em cartões. Tente embaralhar os cartões e veja se existem eventos que podem ocorrer fora de sequência. Se isso não pode ser alcançado, trabalhe com os eventos até poderem. Depois de ter alguns módulos de história que não precisam estar em ordem para continuar a história, você pode permitir que o jogador os acesse à vontade.

Se os cartões forem dispostos em grupos, pode ser aconselhável usá-los para *agrupar a história*. Agrupamento da história é um método para criar a ilusão da ação em que os desafios e pontos do enredo são reunidos e podem ser encontrados em qualquer ordem dentro de seu grupo [De Marle07]. Dessa maneira, enquanto cada ponto da trama não for encontrado de forma linear, cada grupo será. Um meio de manter um jogador dentro de um grupo está em não dar à personagem um tipo de habilidade ou pontos de vida suficientes até que tenha concluído todos os desafios dentro de um agrupamento. Ele pode ir para outros agrupamentos, mas não terá êxito em suas tentativas de vencer os desafios maiores. Um escritor pode ir mais longe e permitir que diferentes opções determinem quais desafios o jogador vai encontrar dentro do grupo, no entanto, inevitavelmente, todos os personagens vão acabar enfrentando o mesmo número de agrupamentos.

Outro recurso para fazer o universo do jogo mais interativo é fazê-lo mais dinâmico. Permitir ao jogador experimentar e interagir com o mundo do jogo o máximo possível e mostrar-lhe o que está acontecendo fora do universo da história. A história não se limita apenas à personagem, mas ela existe em um mundo que vive e respira. Deixe os jogadores fazerem o que quiserem, dar descarga, ligar torneiras, deitar em camas, desligar as luzes e enviar cartas. Qualquer uma dessas tarefas pode ser usada para acionar um evento dramático que é, essencialmente, causado pelo jogador.

Imagine, por exemplo, que à personagem é permitido quebrar janelas e, intencionalmente, ela quebra a janela de uma loja. Mais tarde, quando ao entrar na área, ouvirá uma conversa entre o dono da loja e o reparador de vidro que agora estão consertando a janela quebrada e dizendo "os garotos hoje em dia". Como alternativa, ela poderia ativar um interruptor em um apartamento que desligaria a energia do prédio inteiro. Mais tarde, ela poderia ouvir uma mulher no ônibus reclamando que ela está atrasada para o trabalho devido à energia ter sido desligada no prédio. Esse tipo de mundo dinâmico é visto em *Grand Theft Auto IV*. É possível causar uma batida de carro entre dois NPCs e então retroceder e assistir ao drama acontecer. As duas partes envolvidas podem sair de seus carros e começar a lutar, e então as pessoas nas ruas podem se juntar a elas. Veículos de emergência chegam à cena, e tudo vira um caos. Todo esse drama é causado pela personagem principal; contudo, realmente não afeta diretamente a trama ou a personagem. Apenas adiciona diversão e interatividade ao jogo.

O diretor

Outro método para fazer uma história interativa é empregar uma entidade diretora. Essa entidade iria realizar a tarefa de mestre do jogo por meio de uma interação de narrativa estilo RPG. O diretor avalia o estado atual do jogo e decide qual conjunto de obstáculos dará ao jogador [Cooper08]. Esse foi o método empregado por *Left 4 Dead* para controlar o ritmo e o aparecimento de inimigos com base no nível de estresse da personagem. Este conceito pode ser extrapolado para se referir ao enredo. O diretor iria avaliar em tempo real qual obstáculo seria mais adequado ser apresentado próximo à personagem, baseado no que o jogador tenha realizado antes. Isso também pode resultar em vários finais.

Por fim, tire plena vantagem da narrativa implícita e os tipos de histórias que as pessoas criam para suas personagens. Por exemplo, é possível em muitos jogos, sobretudo no estilo sandbox, roubar, sem consequência direta. Ela não afeta a facção ou as alianças, porém, torna os jogadores cientes de que sua personagem é um ladrão. "Ladrão" torna-se parte da identidade da personagem, mesmo que não esteja escrito no roteiro. Ou, talvez, se existirem muitos apartamentos abandonados na cidade e o jogador escolhe usar um deles como base. Nunca lhes disseram para fazer isso, mas ao fazê-lo, eles criaram a posse dentro do jogo. Quanto mais aberto um universo e mais opções o jogador tem para criar sua própria história, menos narrativa precisa ser escrita para o jogo.

› Personagens

Criar personagens é outra responsabilidade do escritor do jogo. Uma personagem bem escrita pode trazer uma história à vida e tornar a experiência mais memorável para o jogador, que suspende sua descrença e permite que se envolva no jogo. O objetivo de uma personagem bem escrita é evocar emoção ao jogador e levá-lo a ter fortes sentimentos para com as personagens. Por exemplo, quem já jogou *Portal* irá se lembrar de GLaDOS, o peculiar robô psicopata, e a frustração que causou à personagem principal. Ela estava tão bem escrita que algumas de suas linhas de diálogo atingiram proporções icônicas. Esses sentimentos criados pelas personagens podem fornecer uma forte motivação ao jogador para avançar no jogo. Por exemplo, criar um vilão realmente cruel e convincente fará com que um jogador se sinta furioso com ele, e a derrota do vilão trará uma satisfação muito maior para o jogador do que um vilão estereotipado.

Para um mundo de jogo ser convincente e envolvente, as personagens precisam ser atraentes e ter três dimensões [Sheldon04]. Por serem tridimensionais, precisam ser construídos sobre uma estrutura de apoio, caso contrário, não serão mais interessantes do que um monte de gosma. Uma grande parte dessa estrutura é composta da história de fundo da personagem. Isso inclui todos os detalhes mais importantes que os trouxe a este ponto em suas vidas e explica por que estão em seus atuais estados emocionais. O público não precisa saber todos os detalhes da história, mas fornecer uma característica marcante para a personagem torna-a mais densa e faz que os outros elementos façam sentido [Krawczyk06]. A personagem precisa de raízes que devem mostrar por que ela fala e age daquela maneira.

A outra parte dessa estrutura são os atributos da personagem, como suas motivações, objetivos, aspirações, atitudes, falhas de caráter e temperamento. Pergunte a si mesmo: "Por que essa pessoa está aqui, e o que ela quer?". Quanto mais camadas e profundidade incorporadas à personagem, mais viva e humana ela irá parecer e será mais reforçado o sentimento de imersão do jogador. Mais uma vez, o público nunca pode abertamente ver esses atributos. Contudo, se o escritor conhecer esses atributos e levá-los em consideração ao escrever uma personagem, esta e seus diálogos se tornarão muito mais verdadeiros.

Um truque para adicionar credibilidade, definir e fortalecer as personagens é deliberadamente designar falhas para elas. Por exemplo, um companheiro NPC pode ter medo de cães ou ser bastante desatento, o que poderia colocá-la em problemas. Adicionar falhas de caráter pode adicionar humor, interesse e realismo à história e enriquecer ainda mais o universo do jogo. Pode ser benéfico também adicionar falhas à personagem herói. Um herói que seja apenas um pouquinho arrogante pode causar situações divertidas no decorrer da história, pois não consegue controlar sua boca. Embora seja um herói simpático, seus defeitos não serão apenas tolerados, mas também irão fazê-lo parecer mais autêntico e humano.

Além disso, assistir a NPCs executar tarefas e terem uma vida fora da interação com a personagem também os torna mais verdadeiros. Frequentemente, em jogos, os NPCs parecem estar parados o dia todo, apenas esperando pacientemente para falar com o herói.

Seu trabalho no jogo é a transferência de informações. Isso não é apenas chato, mas negligencia todos os tipos de possíveis oportunidades para aprimorar o jogo [Sheldon04]. Uma alternativa interessante seria o NPC ocupar-se com coisas de sua personagem quando não está ativamente falando. Por exemplo, o NPC pode ser um fofoqueiro, e cada vez que o herói se aproxima, ele aciona um evento, e o herói ouve alguma informação. Então, em vez de clicar na personagem para chamar sua atenção, o NPC inicia a conversa com a personagem do jogador. Isso é muito mais dinâmico e permite mais dramaticidade quando a fofoca do NPC poderia levá-los a problemas.

Ricas personagens de apoio podem abrir novas histórias e contribuir com a trama do jogo, fornecendo razões para missões extras e conteúdo. Isso é reforçado pela criação de personagens que o jogador irá simpatizar e querer ajudar. Se o usuário gosta da pessoa que o está enviando a uma jornada, ele vai se sentir muito mais motivado para ajudá-la e sentirá mais satisfação ao concluir seu pedido. O herói e o jogador devem ter sentimentos de empatia para com os NPCs, que estão tentando ajudar e serem capazes de entender sua situação. Além disso, a relação entre o herói e as personagens de apoio deve evoluir ao longo do tempo e mudar com a interação crescente. Se um herói visita repetidamente um NPC, a atitude para com ele deve mudar e se tornar cada vez mais amigável, ou cautelosa, dependendo do relacionamento.

Ao jogar, o usuário muitas vezes projeta partes de si mesmo no herói. Isso significa que a identidade do herói é composta de ambos os atributos, os escritos para ele e os fornecidos pelo jogador. Portanto, é importante construir um herói com quem o jogador será capaz de se identificar. Além disso, pelos jogadores trazerem tanto para a personagem, nem sempre é vital criar um herói rico. Pense em personagens icônicos de videogames, como Link, Solid Snake, Samus Aran e Lara Croft, e você vai perceber que, embora atraentes, elas são realmente um pouco superficiais e pouco desenvolvidas em comparação a qualquer coisa que você encontraria em um livro. As personagens são, no entanto, extremamente simpáticas e confiáveis. Possuem características que as pessoas gostariam para si, e o que estiver faltando o jogador preencherá com sua própria personalidade. A simplicidade pode realmente trabalhar a favor do escritor roteirista ao escrever para o herói, porque a criação de traços em um herói, que um jogador não irá se identificar, pode arruinar a experiência para o jogador.

O herói é em geral a parte mais memorável de um jogo, mais do que o enredo. Na verdade, o lucro que uma personagem bem recebido pode criar para um estúdio de jogos através da franquia comercial pode ser significativo. As personagens mais conhecidas são transformadas em todos os tipos de produtos comerciais, tais como mascotes, filmes, lancheiras, pôsteres e até mesmo livros. Houve ocasiões em que artigos comerciais produzidos por meio de uma licença de jogo promoveram mais lucro que o próprio jogo. Devido ao poder que um herói bem escrito pode ter, um escritor deve assegurar que ele vai ser bem cotado.

› Diálogo

Os videogames se tornaram notórios por diálogos cafonas, bregas e ruins. Felizmente, isso vai mudar, pois os estúdios estão contratando mais escritores profissionais e atores. Enquanto escrever um bom diálogo é uma arte, há algumas coisas que devem ser levadas em conta ao criar o diálogo. Por um lado, o escritor precisa saber se as palavras serão entregues por meio de áudio ou texto.

O diálogo falado normalmente requer um tom diferente do escrito. Se dubladores serão utilizados, eles precisam estar cientes da história, dos antecedentes e objetivos das personagens que estão interpretando. Para o escritor, não é suficiente que a personagem ou o estilo dos diálogos esteja claro em sua mente, ele precisa ter certeza de que será claramente transmitido aos atores.

Além disso, o videogame não é um espaço para exposições longas, não importa quão bem escrito esteja. O diálogo deve ser bastante curto e ir direto ao ponto, enquanto mantém o estilo de conversa e a personagem. Um texto curto também torna mais provável que o jogador irá absorver o que foi dito. Se o diálogo é muito longo, muito do que foi dito é rapidamente esquecido pelo jogador. Ao mantê-lo breve, ele mantém o ritmo do jogo e mantém o foco sobre os fatos necessários.

No entanto, os jogadores não costumam ter a obediência para seguir ordens sem que seja fornecido algum tipo de motivação para segui-las. Ao dar indicações aos jogadores, é importante certificar-se de que não somente sabem o que têm de fazer, mas por que têm de fazê-lo. Eles precisam saber, e se importar, por que é tão importante para o NPC que encontrem o amuleto perdido. Seria também importante nessa situação fornecer uma razão para o NPC querer o amuleto. Por que é tão importante conseguir esse amuleto e como ele irá ajudá-lo a atingir seus objetivos maiores? Mostrar as motivações por trás das ações de um NPC cria uma personagem mais humana. Isso torna o jogo mais atraente e autêntico.

Enquanto o método padrão de interagir com um NPC é caminhar até o seu avatar e clicar em um botão que inicia a abertura de uma caixa de diálogo, há outros métodos que podem ser empregados. Por exemplo, em vez de o jogador iniciar a conversa clicando no NPC, algumas outras ativações menos óbvias iniciam a conversa, como se aproximar do NPC. Em seguida, o NPC é o que inicia o diálogo. Isso pode ser feito de forma interessante, como ter um sinalizador no NPC, ou ainda ele seguir a personagem. Ou as conversas podem ocorrer através de outros meios, e não pessoalmente, por exemplo, por meio de *walkie-talkies*, telefones celulares, e-mail, notas secretas escondidas ou alto-falantes. Variar a forma de como um jogador recebe a informação, através do diálogo, pode adicionar interesse e não deixar o jogo estático.

Árvores de diálogo

A árvore de diálogo é um método comumente usado para experimentar uma conversa em um jogo. Bons exemplos da utilização das árvores de diálogo podem ser vistos no *Star Wars: Knights of the Old Republic* e *Mass Effect* da BioWare. Uma árvore de diálogo é basicamente um fluxograma gráfico de conversa em que o jogador escolhe o que quer dizer para um NPC em um menu.

A resposta do NPC é baseada na escolha do jogador, e esta inicia uma nova lista de escolhas para o jogador. As listas podem ser de ramificação, em que as escolhas anteriores são mais acessíveis para o jogador, e cada escolha abre novas opções, ou podem permitir que o jogador mantenha as opções nos menus anteriores para garantir que não perca nada. Embora este método de conversação possa causar uma quebra no ritmo e às vezes ser entediante para um jogador por causa do esforço necessário, continua a ser um dos mais utilizados nas conversas interativas em jogos.

Resumo

Embora a escrita tradicional, como os romances ou roteiros de filmes, assemelhe-se à redação de jogos, esta oferece alguns desafios únicos. É muito mais complicada que a narrativa tradicional, com escritores tendo de enfrentar situações como enredos múltiplos, a preferência do jogador e as limitações técnicas. É imperativo que um escritor entenda esses desafios e saiba técnicas para lidar com eles. Quanto mais os jogos incorporem histórias e gêneros, os desafios irão aumentar. Por isso, é de extrema importância que os escritores de jogo estejam cientes do público-alvo, bem como do financiamento e das limitações do motor de jogo para manter sua redação no âmbito do projeto.

Além disso, há uma demanda crescente para a história interativa. Embora as técnicas tradicionais de narrativa devam ser compreendidas e incorporadas ao jogo, não é suficiente, e outros métodos para lidar com questões de interatividade precisam ser adicionados à escrita. Existem vários métodos para fornecer interatividade ao jogo narrativo, e o escritor precisa trabalhar com o desenvolvedor para decidir os que melhor funcionarão para o tipo de jogo que está sendo desenvolvido. Atualmente, as abordagens híbridas são a melhor maneira de conceder ao jogador a ilusão da interatividade e da ação, mantendo o jogo restrito o suficiente para caber dentro das limitações de um projeto. O futuro, no entanto, talvez permita mais técnicas experimentais de narrativa interativa que combinem inteligência artificial com narrativas, criando assim, experiências de jogo totalmente inovadoras.

Exercícios

1. Que tipo de personagens precisa de mais profundidade: a personagem companheiro ou a personagem herói? Explique.
2. De um exemplo de um incidente excitante em um filme. Explique como esse momento-pivô mudou a direção da vida do herói ou heroína.
3. Em que gênero de jogo as histórias são mais prováveis de serem bem recebidas? Em que gênero você acha que haverá espaço para maiores elementos narrativos e como vê sua implementação?
4. Dê duas razões para a redação ser em geral a primeira atividade que os desenvolvedores fazem cortes orçamentais quando os fundos começam a acabar.
5. Explique a diferença entre uma trama ramificada e uma trama ramificada modificada.
6. Descreva a ação do jogador e explique por que é importante para a história ser interativa.
7. Cite algumas maneiras para fazer um NPC parecer mais autêntico.
8. Pesquise os modos pelos quais a inteligência artificial está influenciando histórias interativas.

Referências

[Bateman07] Bateman, Chris, "Game Writing: Narrative Skills for Videogames" Charles River Media, 2007.
[Cook09] Cook, Daniel, "The Watery Pachinko Machine of Doom: Project Horseshoe's Thoughts On Story". Gamasutra.com [Online] January, 17, 2008.

[Cited April 12, 2009] http://www.gamasutra.com/view/feature/3498/the_watery_pachinko_machine_of_.php.

[Cooper08] Cooper, Simon; El Rhalibi, Abdennour; Merabti, Majid; and Price, Mark, "Dynamic Interactive Storytelling for Computer Games Using AI Techniques. GDTW 2008.

[Crawford99] Crawford, Chris, "Assumptions underlying the Erasmatron interactive storytelling engine", AAAI Fall Symposium on Narrative Intelligence, 1999.

[DeMarle07] DeMarle, Mary, "Nonlinear Game Narrative" Game Writing: Narrative Skills for Videogames Charles River Media, 2007.

[Dille08] Dille, Flint and Platten, John Zurr, The Ultimate Guide to Video Game Writing and Design, Lone Eagle, 2008.

[Ince07] Ince, Steve, Writing for Video Games. A&C Black 2007.

[Jeffries08] Jeffries, LB, "Play's the Thing: The Art of Video Game Writing" PopMatters, 2008, http://www.popmatters.com/pm/feature/plays-the-thing-theart-of-video-game-writing.

[Kosak05] Kosak, Dave, "Why Isn't the Game Industry Making Interactive Stories?" gamespy.com,, 2005, http://www.gamespy.com/articles/596/596223p2.html.

[Krawczyk06] Krawczyk, Marianne, and Novak, Jeannie, Game Development Essentials: Game Story & Character Development, Delmar Cengage Learning, 2006.

[Mateas03] Mateas, Michael, and Stern, Andrew, "Façade: An Experiment in Building a Fully-Realized Interactive Drama", Game Developers Conference, 2003, available online at http://www.interactivestory.net/papers/MateasSternGDC03.pdf.

[Mateas05] Mateas, Michael, and Stern, Andrew, "Procedural Authorship: A Case-Study of the Interactive Drama Façade", Digital Arts and Culture (DAC), 2005, available online at http://www.interactivestory.net/papers/MateasSternDAC05.pdf.

[Mateas09] Mateas, Michael, and Stern, Andrew, Façade, available for free online at http://www.interactivestory.net/.

[Ong03] Ong, Teong, and Leggett, John, "A New Approach to the Design of Interactive Storytelling Engines", World Conference on Educational Multimedia, Hypermedia and Telecommunications (EDMEDIA), 2003.

[Sheldon04] Sheldon, Lee, Character Development and Storytelling, Course Technology 2004.

[Spector07] Spector, Warren, "Next-Gen Storytelling", escapistmagazine.com, 2007, http://www.escapistmagazine.com/news/view/70852.

› Índice

A

abordagem criativa chapéu preto, 121
abordagem criativa chapéu azul, 121
abordagem de criatividade chapéu verde, 121
abordagem de criatividade chapéu vermelho, 121
abordagem de criatividade chapéu branco, 121
abordagem de criatividade chapéu amarelo, 121
ações
    dimensões de, 65
    metas, 89
    mundo real para o mundo do jogo, 90-92
    reforço, 90
    restrições sobre, 95
    sete estágios de, 90, 91
    significados de, 89
Adams, Ernest, 136
Adham, Allen, 32
agência, criando a ilusão de, 146
agência de jogador, no papel de histórias interativas, 140
Alcorn, Al, 7
Alemanha, lista de proibição, 47
Allen, Paul, 13
Amiga, lançamento de, 14
Apple Computer, início do, 13
Arakawa, Minoru, 22
Aran, Samus, 27
arranjos de jogador, usando, 81-82
artefato cognitivo, definido, 60
artefato de jogo, elementos de, 61
artefatos
    cognitivos, 60
    definidos, 58
    distintivos, 58

árvores de diálogo, utilizando, 150
Atari
    2600, 7
    estabelecimento com a Magnavox, 7
    início, 6-9
    papel na queda dos jogos de 1983, 8
    programadores em, 28
    Video Computer System, 7
atenção
    entrar em jogos de objetos escondidos, 72
    processo de, 72
atores, considerando os custos associados com, 132
audiências
    identificando, 130-133
    para jogos, 41-43
    Veja também os jogadores visando, 74
avaliações
    recepção para jogos de vídeo, 42
aventuras de *Gabriel Knight's*, 18

B

Baer, Ralph, 6-7
Bandicoot, Bater, 27
Bateson, Gregory, 69
Best Buy, caso federal contra, 45
BookWorm, níveis, 114
brainstorming, 120
Brookhaven National Laboratory, 4-5
Bullfrog Productions, a formação de, 20
Bushnell, Nolan, 6-7, 13

C

caminho dourado
    inclusive em jogos interativos, 140
    mantendo os jogadores em, 140-142
canais de comunicação, o uso em *World of Warcraft*, 49
caracteres
    atributos de, 148
    credibilidade, 148
    escrita, 148-149
    estabelecimento de metas para, 134
Carmack, Adrian, 33
Carmack, John, 33
carregamento *versus* gravação, 109
cenário de jogo, considerando, 112
cenas cortadas
    como scripts de eventos, 146
    incluindo histórias, 142-144
China, proibiu videogames em, 47
Ciclo PDCA de diagrama Deming, 118
Cidadão Kane, 132
"círculo mágico", definição, 69
classificação AO, explicação, 42
classificação CE, explicação, 42
classificação E10+, explicação, 42
classificação E, explicação, 42
classificação M, explicação, 43
classificação T, explicação, 43
clímax, incluindo histórias, 135
coleções e inventários, considerando-se nos jogos, 84-85
Columbine High School, em tiroteios, 44

coluna de jogos, elementos de, 140
combate a distância, definição, 83
combate corpo a corpo, definição, 83
combate montado, definição, 83
comentários, inclusive em projetos de interface, 94
Commodore, a partir de, 14
comportamento on-line
  bem *versus* o mal, 46-48
  feio, 48
comprador de jogo, média de idade, 42
computadores. *Veja* computadores domésticos; PCs (computadores pessoais)
computadores Commodore, o papel na queda de 1983, 8
computadores domésticos
  Apple, 13
  Commodore, 14
  IBM, 15
computadores pessoais (PCs), em desenvolvimento
  terminologia, 15
computador PCjr, a liberação de, 18
comunicação
  camadas de, 49
comunidade japonesa-americana, a reação de "Lo Wang", 46-47
conceitos, criando, 119
condicionado
  clássico, 73
  definido, 75
  operante, 74
condicionamento pavloviano, 74
consequências, considerando-se para as escolhas, 88
console Dreamcast, lançamento de, 11
console Fairchild VES, 8

console RCA Studio II, 8
conteúdo
  cenário de jogo, 112
  dividindo-se em etapas, fases e níveis, 113-115
  e progressão, 113-116
  nível de design, 113-115
  premissa, 112
  progressão de dificuldade, 116
  sons ambiente, 116-117
  tema, 111
  visão geral de, 111
conteúdo do jogo, explicação, 63
controles, inclusive em projetos de interface, 92-94
Crane, David, 28
Crawford, Chris, 142
crescente ação, inclusive nas histórias, 133. *Veja também* ações
criatividade
  definição, 119
  incentivo, 124
Croft, Lara, 28
CRPGs (jogos de RPG de computador)
  da BioWare, 32
  Wasteland, 30
Csikszentmihalyi, Mihályi, 77
Cumberbatch, Guy, 45
custos, considerando, 132

D

Davis, Bruce, 28
decisões em jogos
  aumentando a eficiência, 87
demografia dos videogames, 41-42
denotação *versus* conotação, 111
desafios
  aferição, 105
  enquadramento, 73
descrição, visão geral de, 139.

Veja também técnicas de narrativa
descritores de conteúdo, atribuindo aos videogames, 43
design de jogos
  frames, 67-68
  incerteza, 68
  objetivos de, 67
  regras e estrutura, 68
  resultados de, 67
designers
  Garriott, Richard, 18-19
  Meier, Sid, 17
  Molyneux, Peter, 20
  Williams, Ken e Roberta, 18
  Wright, Will, 15-16
designers de jogos
  cinco dicas para, 123
  qualidades, 56
designs de interface
  controles, 92-94
  efeitos de áudio, 97-98
  feedback, 94
  GUI (interface gráfica do usuário), 96-97
  melhorando, 90
  pontos de visão em, 96
  restrições em, 95
  sensibilidade ao contexto em, 95
  visão geral, 92
destino de jogos, a formação de, 19
Deux Ex, 132
diagrama PDCA (Planejar Fazer Verificar Agir), usando, 117-118
diagrama planejar fazer verificar agir (PDCA), usar, 117-118
diagramas de fluxo de progressão de dificuldade, 116
diálogo, com, 132
Dietrich, sim, 123
diplomacia, considerando, 47

discurso
 decisão contra jogos como, 45-47
divertido, definição, 59
Douglas, A. S., 36
D-Pad, invenção, 9
Dragon's Lair, 136
duração da sessão, considerando nos jogos, 80-81
Dvorak, Robert V., 4

E

economias *versus* recursos, 110
Edgar, Les, 20
Edwards, Dan, 5
efeitos de áudio, inclusive em projetos de interface, 97-98. *Veja também* os sons do ambiente
Electronic Arts (EA), estúdio, 29-31
Electronorgtechnica (ELORG), 22-23
ELORG (Electronorgtechnica), 22-23
emoção, a ocorrência de, 79
emoções
 de jogadores, 69-71
 estética, 64
 teoria da, 70
 Veja também sentimentos
empresa Andromeda, 22
empresa Apogee, 33
empresa Bethesda Softworks, 31
empresa BioWare, 32
empresa Blizzard Entertainment, 33
empresa Brøderbund, 15, 31
empresa Capsule Command (Capcom), 24
empresa Maxis, a partir de, 16
empresa MicroProse, a partir de, 16-17
empresa Sierra On-Line, 18
empresa Spectrum Holobyte, 22-24

emulação *versus* simulação, 104-105
enredo linear, estrutura, 135-137
Entertainment Software Association (ESA), 42, 45
entidade diretor, incluindo histórias interativas, 147
entretenimento
 sentimentos negativos com experiência em, 59-60
 videogames, 39
ESA (Entertainment Software Association), 42, 45
escolha ortogonal definição, 88-89
escolhas de jogadores, com base, 86, 88-89
espaço possível, definição, 88
Estados Unidos, as estatísticas da ESA para, 42
estatísticas
 da ESA (Entertainment Software Association), 42
 do ESRB (Entertainment Software Rating Board), 42
estereótipos, considerando nos jogos, 46-47
estética e emoções, considerar, 64
estimulação
 considerando, histórias, 134
estoques e fluxos
 considerando a dinâmica do sistema, 100
 diagramas, 101
estrutura, considerando no projeto do jogo, 67-69
Estúdio Activision, 8, 28-29
estúdio de desenvolvimento Condor, 34
estúdio Digital Anvil, formação de, 20
estúdio EA (Electronic Arts), 29-31
estúdio ID Software, 33-34

estúdio Infocom, 28-30
estúdio Interplay, 30-32
estúdio LucasArts, 32
estúdio Mediagenic, 29
estúdios
 Activision e Infocom, 28-29
 Blizzard, 34
 Electronic Arts, 29
 ID Software, 33-34
 Interplay, 30-32
 LucasArts, 32
eventos de disparos, utilizando, 146
eventos de scripts
 cenas como, 146
 incluindo histórias, 144-145
exemplo, dados de probabilidade, aplicando-se, 106-108
Expensive Planetaium, 5
experiências
 definição, 75
 duração da sessão, 80-81
 Flow, 76-78
 imersiva, 78
 interno, 79
 maestria, 75-77
 papel na metade do jogador modelo, 63
 social, 79-80
 tempo e ritmo, 80
experiência social, considerar nos jogos, 79-80
expressões, monitorando, 76

F

Falstein, Noah, 31
Fargo, Brian, de 30
feedback de jogo, definição, 94
filme *Kill Bill*, 137
filme *Pulp Fiction*, 137
Fluxo, processo de, 77
fluxos de entradas e saídas, considerando na dinâmica do sistema, 100-101
fluxos e estoques

considerando a dinâmica do sistema, 100
diagramas, 101
Forrester, Jay, 100
Four Keys, 76
frames de jogos, definição, 68
franquia *Zork*, 28
Fullerton, Tracy, 82

G

Game Boy, criação de, 9
Game Design Workshop, 82
Game Developers Conference (GDC), 37
Gates, Bill, 13
GDC (Game Developers Conference), 37
gênero da simulação do jogo, descrição, 35
gênero de ação-aventura, descrito, 34
gênero de aventura
   descrito, 36
   elementos narrativos de, 131
gênero de educativo do jogo, descrição, 37
gênero de estratégia em tempo real (RTS), descrição, 34
gênero de jogo baseado em estratégia, descrição, de 34
gênero de jogo de esportes
   descrição, 35-36
   melhoria pelo Wii, 41
gênero de jogo de furtividade, descrição, 35
gênero de jogo de plataforma, descrição, 34
gênero de jogo de primeira pessoa, descrição, 34
gênero de jogo RTS (estratégia em tempo real), descrevendo, de 34
gênero de jogos de horror de sobrevivência, descrição, 35
gênero de jogos de ritmo
   aumento de, 41
   descrição, 36

gênero de jogo sério, descrição, 37
gênero de jogos tradicionais, descrição, 36-38
gênero jogo de luta, descrição, 34
gênero jogo de tênis, descrito, 36
gênero puzzles, descrição, 36
gêneros de jogo, visão geral de, 34-37
gêneros, visão geral de, 34-37
Gênesis, a liberação de, 11
jogos de divindades
   Populous, 20
   Railroad Tycoon, 17
   The Sims, 17
Graetz, J. Martin, 5
Greenfield, Patricia Marks, 40
grupos de direitos humanos haitiano-americano, o protesto de, 44
GUI (interface gráfica de usuário), inclusive em projetos de interface, 96-97

H

Hall, Tom, 32
Harmonix Music Systems, 26
Hawkins, Trip, 29
Hearts of Iron, a proibição na China, 47
heróis, as identidades de, 149
Higinbotham, William, 4-6
histórias
   encaminhamento com monólogos internos, 145
   estrutura de, 133
   experimentando, 130
   início, 133
   tomando emprestado, 147
   Veja também histórias interativas
histórias interativas
   agência do jogador em, 140
   algorítmicas, 142-143
   caminho dourado, em, 141

   elementos, 130
   espinha de, 141
   incluindo diretório de entidades, 147
   mantendo os jogadores em caminhos em, 140-142
   objetivo de, 140
   técnicas para, 146
   Veja também histórias
histórias, transmitindo via artefatos, 145
Holanda, Larry, 31
Huizinga, John, 68
humor, da subjetividade, 46

I

IBM PC, a liberação de, 15
iconografia nazista, a utilização em jogos, 47
ideias
   eliminando maus exemplos de, 124
   escrevendo, 123
imersão
   ocorrência em jogos, 78
   senso de criação, 130
incerteza
   considerando no projeto do jogo, 67
   reforço, 88
incitando incidente, incluindo histórias, 133
individualização, definição, 49
informações, aberto *versus* oculto, 86-88
informações sobre o estado do jogo, considerando, 94
inspiração, animadores, 121-122
inteligência narrativa, definição, 142
interface gráfica de usuário (GUI), incluindo em projetos de interface, 96-97
interfaces de conexão do jogador e do jogo, através, 65

inventários e as coleções, considerando nos jogos, 84-85
Iwatani, Toru, 21

J

James, William, 70
Japão, jogos proibidos no, 47
Jobs, Steve, 13
jogabilidade local emergente, resultado de, 83
"jogabilidade em tempo real", a expansão de, 40-41
jogabilidade sistêmica, definição, 83
Jogador, conceito de, 62
Jogador do modelo, considerando, 63
jogadores
   atenção, 72
   emoções e sentimentos de, 69-71
   escolhas feitas por, 86
   mantendo no caminho dourado, 141-142
   média de idade, 42
   memória de trabalho, 71
   metas e intenções definidas pelo, 86
   motivando com NPCs (personagens não jogáveis), 141
   peculiaridades psicológicas, 73
   pensar é o sentimento, de 71
jogadores.
   Veja também as audiências
jogadores, estatísticas de gênero para, 42
jogar
   características da, 59
   facilitação de jogos, 58-60
jogo *Afterburner*, 12
jogo *Age of Empires*, 13
jogo *Akalabeth*, 19
jogo *Archon*, 29
jogo *Baldur's Gate*, o sucesso de, 31
jogo *Ballblazer*, 31

jogo *Battle Chess*, 30
jogo *Battlehawks 1942*, 32
jogo *Biohazard*, 24
jogo *BioShock*
   elementos, 131
   passado de, 139
jogo *Bullfrog*, 30
jogo *Call of Duty*, 136, 144
jogo *Carcassonne*, 87
jogo *Castles*, 30
jogo *Chopper Command*, 28
jogo *City Builder*, 16
jogo *City of Heroes*, 80
jogo *Civilization*, 17
jogo *Colossal Cave*, 18
jogo *Command & Conquer*, 33
jogo *Commander Keen*, 33
jogo *Computer Quiz*, 7
jogo *Computer Space*, 7
Jogo, conceito de, 62
jogo *Conker's Bad Fur Day*, 41
jogo *Dark Age of Camelot*, 112
jogo *Dark Forces*, 32
jogo *Decision in the Desert*, 17
jogo de corrida *Trak 10*, 7
jogo *Deer Hunter*, 41
Jogo de meio modelo, considerando, 62-63, 66
jogo *Desktop Tower Defense*, 96
jogo *Diablo*, 33
Jogo *Donkey Kong*, 9
jogo *Dungeon Keeper*, 30
jogo *E.T.*, 8
jogo *EarthSiege*, 18
jogo *Earthworm Jim*, 31
jogo *EVE Online*, 84
jogo *EverQuest*, 48-49
jogo *Fable 2*, 20
   de scripts de eventos em, 144
   técnicas interativas em, 146
jogo *Façade*, 143
jogo *Far Cry 2*, 138, 145
Jogo *Fear Factor*, a controvérsia sobre, 45
jogo *Fight Night 2004*, 93
jogo *Grim Fandango*, 32
jogo *GTA IV*, 45

jogo *Guitar Hero*, 26-27, 41
jogo *Half-Life*, 18
   de scripts de eventos em, 144
   elementos do, 131
jogo *Hang-On*, 12
jogo *Hard Hat Mack*, 29
jogo *Hellcat Ace*, 17
jogo *Ico*, 132
jogo *Jedi Knight*, 32
jogo *Karaoke Revolution*, 26
jogo *King's Quest*, 18
jogo *Knights of the Old Republic*, 32
jogo *Left 4 Dead*, 71
   entidade diretório em, 147
jogo *Leisure Suit Larry*, 18
jogo *Lost Vikings*, 33
jogo *M.U.L.E.*, 29
jogo *Magic Carpet*, 30
jogo *Male Order Monsters*, 29
jogo *Maniac Mansion*, 31-33
jogo *Master of Orion*, 17
jogo *Max Payne*, monólogos internos, 145
jogo *Medal of Honor: Rising Sun*, a controvérsia aproximadamente, 47
jogo *Mega Man*, 24
jogo *Mercenaries, Spies and Private Eyes*, 30
jogo *Metroid*, 9, 28
jogo *Micropolis*, 16
jogo *Midnight Club: Los Angeles*, 85
jogo *Mortal Kombat*
   controvérsia sobre, 44-47
jogo *Myst*, 25
jogo *Mystery House*, 18
jogo *Night Trap*, a controvérsia sobre, 44
jogo *One on One: Dr. J vs Larry Byrd*, 29
jogo *Pac-Man*, 8, 21
jogo *Peggle*, 114
jogo *Phantasmagoria*, 18
jogo *Pinball Construction Set*, 29

jogo *Pitfall!*, 28
jogo *Pokémon*, 25-26
jogo *Police Quest*, 18
jogo *Pong*, 7
jogo *Populous*, 20, 29-30
jogo *Portal*, personagem GLaDOS, 148
jogo *Professor Layton and the Curious Village*, 86
jogo *Project X*, 16
jogo *Punch-Out*, 93
jogo *Radarscope*, 9
jogo *Raid on Bungeling Bay*, 15
jogo *Railroad Tycoon*, 17
jogo *Rescue on Fractalus*, 31
jogo *Resident Evil*, 24, 45
jogo *Return to Castle Wolfenstein*, 47
jogo *River Raid*, 28
Jogo *Robotron: 2084*, 112
jogo *Rock & Roll Racing*, 33
jogos
   aspectos legais relacionados à, 43-46
   como modelos, 104
   definição de, 57
   dentro da sociedade, 47-50
   efeitos sobre a violência juvenil, 45-46
   espinha dorsal de, 141
   frames de, 68
   ganhar e perder, 67
   jogar facilitando em, 58-60
   "leis", 68
   objeto escondido, 72
   orçamentos de produção para, 3
   percepção, 43
   proibição de, 47
   qualidades, 56
   questões culturais associadas, 46-48
   reação da sociedade para, 43-47
   Veja também jogos
jogos de ação, descritos, 34, 130

jogos de combate aéreo da Segunda Guerra Mundial, a partir de, 32
jogos de corrida
   descrição, 35
jogos de microfone, 26-27
jogos de objetos escondidos, chamando a atenção em, 72
jogos de role-play on-line multijogador massivos (MMORPGs)
   descrição, 34
   natureza, 40
   nível do sistema para, 102-104
   Star Wars Galaxies, 32
   sucesso, 19
   World of Warcraft, 33
Jogos de RPG de computador (CRPGs)
   da BioWare, 32
   Wasteland, 30
jogos de tabuleiro, jogando para a inspiração, 122
jogos de tiro, o propósito de, 130
jogos *Doom*
   controvérsia sobre, 45
   sucesso, 33-35
jogos do Sid Meier
   Civilization, 17
   Pirates!, 17
jogos *Fallout*, 31, 140
jogos *Geometry Wars*, 78, 96
jogo *Shadow Warrior*, 46-47
jogo *SimCity*, 16, 29
jogo *SingStar*, 26
jogo *Skate or Die!*, 29
jogo *Solo Flight*, 17
jogo *Sonic the Hedgehog*, 27
jogo *Sonic Unleashed*, o objetivo, 130
jogo *Space Harrier*, 12
jogo *Space Invaders*, 21
jogo *Space Quest*, 18
jogo *Spacewar*, 5-7
jogo *Spore*, 16

jogos *Quake*, 33-34, 83
jogos sandbox
   definindo, 137-138
   exemplos de, 138
jogo *Star Wars*, 30, 32
jogos *Tomb Raider*, 28
jogo *Street Fighter*, 24
jogos *Ultimatum* e *Ultima*, 19
jogo *Super Mario Bros*, 27, 130
jogo *Tabula Rasa*, 20
jogo *Tennis for Two*, 4-5
jogo *Tetris*, 22-23
jogo *The Bard's Tale*, 29-30
jogo *The Curse of Monkey Island*, 32
jogo *The Legend of Zelda*, 138
jogo *The Seven Cities of Gold*, 29
jogo *Warcraft*, 33
jogo *Wasteland*, 30-32
jogo *William Gibson Neuromancer*, de 30
jogo *Wing Commander*, 20
jogo *Wolfenstein 3D*, 33, 44
jogo *World of Warcraft*, 33, 49
jogo *Worms*, 29
Jolie, Angelina, 28
Juul, Jesper, 61

K

Kaplan, Larry, 28
Katarn, o personagem Kyle, 32
KKK (Ku Klux Klan), 49
Kohl, Herbert, 44

L

Lazzaro, Nicole, 76
LeBlanc, Mark, 61, 104
"leis", considerando em jogos, 68
leitor de Blu-Ray, impacto sobre a Sony, 13
Levy, Jim, 28
Lieberman, Joseph, 44
lista de banimento, utilizada na Alemanha, 47
lista de eventos de som, exemplo, 98

lista do índice, usando na Alemanha, 47
livro *Game Design Perspective*, 123
livro *Mind and Media*, 40
livro *The Psychology of Everyday Things*, 90
loops de feedback
  concepção, 102-104
  diagramação, 102
  equilíbrio *versus* reforço, 102-103
luta, classificação de, 83. *Veja também* sistema de combate

M

maestria, oferecendo nos jogos, 75-77
Magnavox, a liquidação com a Atari, 7
Magnavox Odyssey, 6
mapas da mente, criando em GUI, 96
Mario Kart, 84
Markkula, Mike, 13
mascotes ascensão e queda de, 27-28
Mass Effect, árvores de diálogo em, 150
Maxwell, Kevin e Robert, 23
mecânica de jogo
  aprimoramento incerteza, 88
  arranjos de jogador, 81-82
  combate, 83
  enigmas, 86
  escolhas e resultados, 88-89
  informações, 86-88
  inventários e coleções, 84-85
  jogabilidade emergente local, 83
  mecânica de núcleo, 82
  recompensas e punições, 85
  simplificação dos, 89
  Veja também mecânica dos jogos
mecânica de jogo, definido, 64

mecânica de jogos, definição, 63. *Veja também* mecânicas de jogo
mecânica de segunda ordem, resultado de, 83
mecanismos de história
  artefatos, 145
  cenas cortadas, 143-144
  de scripts de eventos, 144-146
  eventos acionados, 146
  monólogos internos, 145
  NPCs (personagens não jogadores), 145
Meier, Sid, 17, 88
memória
  curto prazo, 71
memória de trabalho, definindo, 71
metas
  estabelecendo para os personagens, 133
  formando na mente dos jogadores, a 92
  versus ações, 89
método de resolução de problemas, como por exemplo de, 117-118
Microsoft
  lançamento do Xbox por, 13
  o processo federal contra, 45
Microsoft Flight Simulator, 13
Miller, Alan, 28
minijogos do gênero, descritos, 36
Minn, Jay, 85
Missouri, a regulamentação dos jogos de vídeo em, 45
Miyamoto, Shigeru, 9
MMORPGs (jogos de role-play on-line multijogador massivos)
  descrição, 34
  natureza, 40
  nível do sistema para, 102-104
  Star Wars Galaxies, 32
  sucesso, 19

World of Warcraft, 33
modelagem científica, definição, 60-61
modelo abstrato, definido, 60-61
modelo de criatividade Seis Chapéus Pensantes, 120-121
modelo "Elemental Tetrad", 61
modelo MDA, explicação, 61
modelos
  jogos como, 104
  metade do jogo de, 62-63
  tipos de, 59-62
  Veja também os modelos de jogo
modelos de criatividade
  abordagem Wallas, 119-120
  brainstorming, 120
  inspiração, 121-122
  Seis Chapéis Pensantes, 120
modelos de jogo
  meta do jogador, 63-64
  terceira metade, 64
  Veja também modelos
Molyneux, Peter, 30
monólogos internos, execução, 145
Morhaime, Mike, 32

N

narrativa interativa algorítmica, 142
narrativa modular, estrutura, 137
narrativa, utilizando fora de ordem, 146
NES (Nintendo Entertainment System), posicionamento da, 10
Nintendo
  envolvimento com o *Tetris*, 22-23
  início, 9-11
  sucesso, 10
Nintendo Entertainment System (NES), o posicionamento da, 10
Nishikado, Toshihiro, 21
nível de design, considerando, 113-115

nível de dificuldade, calibração, 104-106, 115-116
nível do sistema, utilizando com o MMORPG, 103
Norman, Donald, 90
NPCs (personagens não jogadores)
  escrita, 148-149
  interagindo com, 150
  qualidades de, 145-146
  utilizando para motivar os jogadores, 141
Nutting Associates, 7

O

objetivos dos jogos, design de, 67
objeto de projetos, melhorando, 90
operações, como as regras, 68
orçamentos
  limitações, 132
ouvindo, cultivando, 124

P

padrões de interação, definição, 82
Pajitnov, Alexey, 22-23
Paku, o impacto sobre o *Pac-Man*, 21
parcelas
  revelando em segmentos, 135
paus ou reis, procurando, 108
PCs (computadores pessoais)
  terminologia, 15
Pearce, Frank, 32
peculiaridades psicológicas
  com o objetivo de audiências, 76
  condicionado, 74
  desafios de enquadramento, 73
pensamento
  partilha, 124
pensar é sentir, 71
personagem Jumpman, a criação do, 9

personagem "Lord British", 19
personagem "Lo Wang", 46-47
personagem Mario
  criação de, 9-10
  popularidade de, 27
personagens não jogadores (NPCs)
  escrita, 148-149
  interagindo com, 150
  qualidades de, 145-146
  utilizando para motivar os jogadores, 141
personas, criando, 75
perspectiva de terceira pessoa, considerando, 96
perspectiva primeira pessoa *versus* terceira pessoa, 96
perspectivas, a primeira *versus* terceira pessoa, 96
pesos
  considerando para a escolha, 88
PET (Comodoro), a liberação de, 14
pilha *HyperCard*, criando a partir de *Myst*, 25
plausibilidade *versus* possibilidade, 112
PlayStation, a liberação de, 12
pontos
  salário, 101
pontos de visão
  inclusive em projetos de interface, 96-97
  primeira e terceira pessoa, 96
  visões ortogonais, 95
possibilidade *versus* plausibilidade, 112
posto salva, usando, 110
premissa, o significado de, 111-112
probabilidade
  cálculo, 105
  exemplos de problemas, 106-108
Probst, Larry, 29-31

programa de TV *Os Simpsons*, de, 47
progressão baseadas em hub, explicação, 115
progressão e de conteúdo, considerando, 112-116
progressão linear, explicou, 115
progressão ramificada, explicação, 115
propriocepção, definindo, 96
proteja a história, explicação, 146
protótipos de software, usando, 123
protótipos, utilizando, 122-123
público-alvo, definindo, 75
punição
  definindo, 74
  e recompensas, 85
puzzles
  considerando, jogos, 85-86
  exemplo, 74

Q

questões culturais
  aceitação cultural, 48
  diplomacia, de 47
  humor, 46
  na Alemanha, 47
  na China, 47
  no Japão, 47

R

R.O.B. (Amigo Robótico Operacional), 10
Raros empresa de jogos, 41
recompensas e punições, considerando nos jogos, 85
recursos
  versus economias, 110
reforço negativo *versus* positivo, 74
reforço positivo *versus* negativo, 74
regras
  considerando no projeto do jogo, 67-69

incluindo no modelo metade do Jogo, 62-63
regras explícitas, considerando em design de jogos, 68
regras sistêmicas, definição, 68
reis ou paus, procurando, 108
relacionamento jogador-jogo, modelo de, 66
resolução, incluindo nas histórias, 135
respostas, encontrar em jogos, 86
restrições
   inclusive em projetos de interface, 96-97
resultados de jogos, design, 67-68, 88-89
Revista *Game Freak*, 25
ritmo
   considerando em jogos, 80
   e tempo, 85
Roberts, Chris, 20
Robotic Operational Buddy (R.O.B.), 10
Robyn Miller, e Rand, 24
Rock Band, 26, 41
Rockstar Games, o processo federal contra, 45
Rogers, Henk, 22-23
Romero, John, 32
RPGs (jogos de role-playing)
   descrição, 33
   elementos narrativos de, 131
Rusch, Bill, 6
Russell, Steve, 5-6

S

saídas e entradas, considerando na dinâmica de sistema, 100-101
Sakaguchi, Hironobu, 24
saltando de foguetes, definição, 83
salvando sistemas, tipos de, 109-110
Sampson, Pete, 5
Schell, Jesse, 61, 86

Script Creation Utility for Maniac Mansion (SCUMM), 32
SCUMM (Script Creation Utility for *Maniac Mansion*), 32
Sega
   início, 10-12
sensibilidade ao contexto, incluindo projetos de interface, 95-97
sentimentos
   de jogadores, 69-72
   julgando por meio de jogos, 60
   pensar é sentir, 71
   Veja também emoções
sentimentos negativos, experimentando em entretenimento, 59-60
série *Dragon Quest*, 24
série *Final Fantasy*, 12, 24
série *Game and Watch*, 9
série *Grand Theft Auto*
   controvérsia sobre *III*, 44
   controvérsia sobre *Vice City*, 45
   IV, 93, 147
   sucesso, 12-13, 30, 43, 136
série *Halo*
   níveis, 113
   sucesso, 13, 28
série *Kingdom Hearts*, 24
série *Splinter*, monólogo interno, 145
série *The Sims*, 16, 138
série *Ultima*, 30
série *Virtua*, 12
sete estágios de ações, 90
Shaw, Carol, 28
Sierra Entertainment, a partir de, 18
simulação *versus* emulação, 104-105
simulador de voo *X-Plane*, 104
sistema de combate, exemplo de, 101. *Veja também* luta

sistema de menu
   mapa mental para, 96
sistema Saturno, a liberação pela Sega, 11
sistemas
   definição, 58
   pensamento sistêmico, definindo, 100
   Veja também sistemas de jogo
"sistemas de coprocessador, os", funcionando em jogos, 64
sistemas de jogo
   dificuldade variável, 105-106
   dinâmica de, 100
   elementos, 98-100
   loops de feedback em, 102-104
   probabilidade de, 106-108
   recursos e economias em, 110
   simulação *versus* emulação, 104-105
   sistemas de gravação/carregamento, 109-110
sites
   jogo *Spacewar*, 5
sons do ambiente, considerando nos jogos, 116-117. *Veja também* efeitos de áudio
Sony, o processo federal contra, 45
Sony PlayStation, lançamento do, 12-13
Spector, Warren, 132
Square Co., Ltd., 24
Stealey, J.W. ("Wild Bill"), 16
Stein, Robert, 22-23
Suzuki, Yu, 12

T

Tajiri, Satoshi, 25
Take-Two Interactive, caso federal contra, 45
Tarantino, Quentin, 137
tarefas de psicologia, de desempenho de, 91

Target, processo federal contra, 45
técnica FACS, 76
técnicas narrativas, 132
   clímax, 135
   crescente ação, 133-135
   estimulação, 134
   incitando incidente, 133
   resolução, 134
tema, considerando, 111
tempo
   alterando em jogos, 80
tempo e ritmo, considerando nos jogos, 85
TenNapel, Doug, 31
testes de jogo, 123
The Princess and The Warrior, 18
trama ramificada, estrutura, 137
Tramiel, Jack, 14

U

universo do jogo, interatividade, 146-147
usabilidade, conceito de, 90
usar para transmitir histórias, 145

V

variável demográfica, definição, 75
vários tipos de terreno
   linear, 136-137
   não lineares, 137
   narrativa modular, 137
   quasilinear, 138
   ramificação, 136
   ramificação modificada, 137
versus conotação denotação, 111
Vic-20 (Comodoro), lançamento de, 14
videogames
   atribuição de descritores de conteúdo para, 43
   audiência para, 41-44
   classificação para, 42
   como entretenimento, 39
   crash de 1983, 8
   demografia, 41-42
   estatísticas relacionadas, 42-43
   primeira invenção de, 4
   recurso de, 39-41
   regulação da, 43-44
   rodando em "sistemas de coprocessador", 64
   Veja também os jogos
violência, a associação com jogos, 45-46
violência juvenil, os efeitos dos jogos, 45-46
visões ortogonais, inclusive em projetos de jogos, 95

W

Wallas, Graham, 119
Wal-Mart
   processo federal contra, 45
   video games vendidos por, 41
Whitehead, Bob, 28
Wii
   lançamento de, 10
   sucesso, 41
Williams, Roberta, 33
Wozniak, Steve, 13

X

Xbox Live, lançamento de, 13

Y

Yokoi, Gunpei, 9